普通高等职业教育“十三五”规划教材
“教—学—做一体化”校企合作课改科研成果推荐教材
21世纪高职高专规划教材·旅游与酒店管理系列

餐饮服务与管理

主　编　李晓冬
副主编　禧　琳　李武玲
　　　　云斯琴　张　莹
参　编　李　洁

中国人民大学出版社
·北京·

图书在版编目(CIP)数据

餐饮服务与管理/李晓冬主编．—北京：中国人民大学出版社，2017.10
21世纪高职高专规划教材．旅游与酒店管理系列
ISBN 978-7-300-25057-1

Ⅰ.①餐… Ⅱ.①李… Ⅲ.①饮食业-商业服务-高等职业教育-教材 ②饮食业-商业管理-高等职业教育-教材 Ⅳ.①F719.3

中国版本图书馆CIP数据核字（2017）第250828号

普通高等职业教育“十三五”规划教材
“教—学—做一体化”校企合作课改科研成果推荐教材
21世纪高职高专规划教材·旅游与酒店管理类系列
餐饮服务与管理
主　编　李晓冬
副主编　禧　琳　李武玲　云斯琴　张　莹
参　编　李　洁
Canyin Fuwu yu Guanli

出版发行	中国人民大学出版社		
社　　址	北京中关村大街31号	**邮政编码**	100080
电　　话	010－62511242（总编室）		010－62511770（质管部）
	010－82501766（邮购部）		010－62514148（门市部）
	010－62515195（发行公司）		010－62515275（盗版举报）
网　　址	http://www.crup.com.cn		
经　　销	新华书店		
印　　刷	北京市鑫霸印务有限公司		
规　　格	185mm×260mm　16开本	**版　　次**	2017年10月第1版
印　　张	14.25	**印　　次**	2021年2月第6次印刷
字　　数	340 000	**定　　价**	39.00元

前　言

“餐饮服务与管理”课程是高职院校酒店管理专业的核心专业课程之一，既是“饭店管理理论与实务”等课程内容的延伸，也为“宴会设计理论与实务”等课程的开展奠定了基础。该课程设立的目的在于培养旅游饭店及餐饮企业基层管理者必需的知识与技能。通过学习，学生将系统掌握餐饮服务与管理的基础理论知识，具备今后从事星级饭店餐饮部门和社会餐饮企业服务与管理工作的基本职业能力。

本教材从餐饮企业服务与管理工作的实际情况出发，充分考虑高职高专的教学特点，突出以下特色：

1. 内容编排新颖。本教材突破一般管理类教材的模式，以餐饮经营活动的基本业务流程为主线，分别从餐饮服务基本技能培养，餐饮服务方式，餐饮服务流程，餐厅设立与菜单的设计、筹划，餐饮原料的采购、验收与库存管理，餐饮产品的生产管理，餐饮服务管理和餐饮销售管理等诸多方面进行系统阐述，内容涉及餐饮企业经营管理的主要方面。同时，结合学生惯常的提出问题、分析问题和解决问题的思路，每个任务内容均按照任务导入、基础知识和任务实施的结构顺序编排，有利于学生更完整地掌握所学知识。

2. 突出实践性。本教材坚持工学结合理念，基于餐饮工作流程，共安排九大项目，每一项目都对应设计若干个具体的专业任务，业务流程一目了然，职业针对性强，有利于更好地培养学生的职业能力和综合素质。教材中穿插了大量的“参考资料”和“小案例”，且部分案例和插图来自餐饮企业工作一线，对于学生实践能力的提高很有帮助。

3. 符合学生职业发展规律。本教材项目一介绍了餐饮行业的基础知识，项目二至项目四详细介绍了餐饮服务基本技能、方式和流程，项目五至项目九重点讲解了餐饮管理的基础理论知识。这样的内容安排形式符合餐饮工作人员从认知到服务，再到管理的认识规律和发展轨迹。

本书由长期从事“餐饮服务与管理”课程教学与实践工作的李晓冬老师担任主编，禧琳、李武玲、云斯琴、张莹老师担任副主编。具体写作分工如下：项目五、项目七中的任务三和项目九中的任务三由李晓冬老师（内蒙古财经大学职业学院）编写；项目三中的任务一、任务二，项目八中的任务二、任务三和项目九中的任务一、任务二由禧琳老师（内蒙古机电职业技术学院）编写；项目六和项目七中的任务一、任务二由李武玲老师（山西省财政税务专科学校）编写；项目二中的任务一至任务四和项目四由云斯琴老师（内蒙古财经大学职业学院）编写；项目二中的任务五、任务六，项目三中的任务三、任务四和项目八中的任务一由张莹老师（辽宁现代服务职业技术学院）编写；项目一由李洁老师（内蒙古兴安职业技术学院）编写。李晓冬老师负责全书的框架构建、统稿和定稿工作，禧琳、李武玲、云斯琴、李洁老师负责全书校对工作。

本书既可以作为高职高专院校酒店管理和其他相关专业教材，也可以作为基层和中级管理人才的培训用书及高等职业教育、自学考试人员的辅导资料等。

本书的编纂与出版，得到了香格里拉大酒店（呼和浩特）有限公司、山西海外海餐饮有限集团公司和中国人民大学出版社的大力支持与帮助，特此表示衷心的感谢！

本书在编写过程中参考了国内外同行的许多著作、文献和资料，在此深表感谢。由于时间仓促，作者水平有限，书中难免存在错误和不足之处，欢迎广大读者在使用过程中提出宝贵意见。

编者

2017 年 8 月

目　录

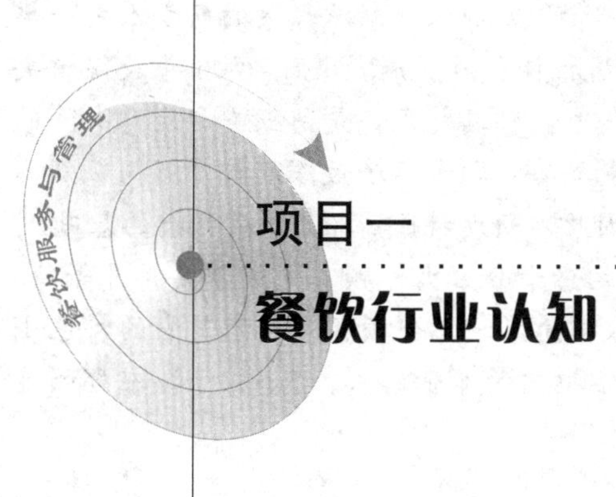

项目一 餐饮行业认知

学习重点和难点

1. 中国与西方国家餐饮活动的起源；
2. 餐饮行业的发展历史及发展趋势；
3. 餐饮企业的主要表现形式；
4. 餐饮企业的经营、销售和服务特点；
5. 餐饮企业的组织结构和岗位职责。

技能点

1. 通过调研，了解并熟悉现代餐饮企业的主要表现形式；
2. 学生能够根据不同类型餐饮企业设计相应的组织结构。

引 例

餐饮企业生存的根本——菜品和服务

如果一个餐饮企业没有过硬的产品支撑，即使营销做得再好，只能成功一时，不可能长久兴盛。只要开发的菜系和菜品符合当地顾客的消费习惯，真正是特色美味的菜肴，提供的服务周到细微，让顾客产生宾至如归的感觉，即使不做任何广告也会借助口碑传播成为知名品牌。

1. 研发特色产品

郑州市的阿五美食酒店，就是靠产品特色营造了良好的口碑和传播，在短短一年时间内连续开了十几家连锁店，都获得了成功。阿五美食的掌门人、新派豫菜的研发人之一樊胜武先生是著名的厨师，曾先后在多家五星级酒店担任行政总厨，并于2006年获得中央电视台金牌厨师金奖。他开发的系列特色菜自成一家，独具特色，是阿五美食生意兴隆的主要原因，也是顾客口碑传播的基础。在阿五美食就餐，顾客感受最深的就是不同级别的官员、不同行业的名人对阿五师傅厨艺的赞扬。因此，研发特色产品是口碑传播的基础。

在郑州还有一个叫“小馆子”的美食小店，生意十分红火，顾客吃饭需要排号等待。小馆子很小，一般能容纳50人左右就餐，装修低档简单。但令顾客难忘的是它的特色小菜和馒头蘸酱，吃起来非常地道和家常，客人常常把它的酱带回家。“小馆子”在郑州连续开了几家连锁店，生意都十分红火。

2. 创建个性服务

在日本有一家西餐厅，从来不打广告，却门庭若市，顾客要就餐需要提前1个月预订，年收入高达15亿日元。这家餐厅的取胜之道是什么呢?

比如，客人还没进门，餐厅的店员就在门口问候并叫出了客人的名字，说：“好久不见，已经有4年11个月没见到您了，很高兴与您再次相见。”进门后，会有人帮客人收好衣物，然后带到已经布置好的餐桌前，打开餐巾，上面竟然缝着客人的名字！当客人就餐完毕，店员会为他们穿上外套，递上包等随身物品。气温骤降，回到家，会在包里发现餐厅特意为每位女性顾客准备的暖宝宝，上面写着“谢谢您光临”。

如此温情式的服务，源于尊重和了解。餐厅里有个专门接听预约电话的场所，他们掌握了约15万顾客的资料，员工通过预约电话了解到客人的爱好、口味，甚至是宠物的信息。然后召集会议，把当天到店的客人信息分享给所有员工，并安排好分工及后续工作，保证每一位到店客人都能感受到自己的特别和家的温暖。

资料来源：http：//www.canyin168.com/glyy/yxch/yxgl/201412/62493.html，http：//www.canyin168.com/glyy/cygl/cyal/201706/69560.html.

【解析】

这些餐饮店并不注重广告，而是注重菜品的质量、顾客的感受和口碑的传播。所有开发的菜系都围绕特色、美味做文章，赢得了顾客的青睐；来这些酒店的顾客大多是回头客，或者是经朋友介绍来的。所以说，口碑传播的第一个要素就是要做好自己的产品和菜肴，正所谓“酒香不怕巷子深”。

个性化、特色鲜明的服务是对顾客潜移默化的营销，企业通过服务向客户推销了自己的形象和品位。同时，顾客在餐厅享受到超值的服务，就会对餐厅留下深刻的印象并向朋友推荐，而顾客推荐常常是餐饮企业经营的关键。

因此，让消费者记忆深刻的餐饮产品和个性化服务是现代餐饮企业生存和发展的根本。

任务一　了解餐饮行业的发展状况

中国历来有“民以食为天”的传统，餐饮业作为我国食品服务业中的支柱产业，在国民收入组成和人们日常生活中发挥着非常重要的作用。随着社会经济的快速发展、生活质量的不断提升以及现代旅游业发展的推动，人们对于吃的感受和探索已经不止于果腹和品味，而是更多地赋予了“吃”丰富多彩的体验内容，即“吃环境、吃服务、吃文化、吃健康”等。在这一背景下，餐饮业呈现出高速增长和多元发展的势头。

任务导入

中国西餐消费市场

西餐过去被中国人称为“洋餐”，随着中国融入全球经济一体化的步伐加快，西餐迅速发展成一个新兴产业，成为中国饮食文化的一部分。据国家统计局统计，近几年中国餐饮业年营业额连续高速增长，其中有相当大的份额是日益兴起的西餐业的贡献，西餐在经营中呈现以下两个特点：

1. 多元化、连锁化经营

经过多年的发展，目前中国的西餐已经呈多样化发展，有以法（国）餐、德（国）餐和意（大利）餐为代表的西式正餐；有以麦当劳和肯德基为代表的西式快餐；还有日餐、韩餐、东南亚餐等；另外还有以甜点、小吃、酒水、饮品为主的酒吧、咖啡厅、茶餐厅。丰富多彩的西餐饮食文化为中国消费者提供了与中华传统饮食文化完全不同的享受。

西餐能够在中国餐饮市场迅速发展并成为一种不可小视的产业，连锁经营是其原因之一。调查发现，16%的西餐企业一进入中国餐饮市场，便以现代化的风格和连锁业态形式推进，从而推进了西餐业的品牌效应。

2. 大城市消费需求明显

曾任中国烹饪协会西餐专业委员会主任的边疆在分析中国西餐市场快速形成的主要原因时说，中国的改革开放使人们的消费观念发生了变化，越来越多的人追求异样的饮食文化，体验不同风格的西餐风味和服务；而人们生活水平的提高和工资收入的增加，又令不少消费者有能力支付饮食的多样化消费；国家间的大量商务往来，也促进了外国人来中国旅游和居住，增加了西餐的消费量，特别是开放度高的城市西餐需求更为明显。

业内人士称，中国西餐消费呈枣核形状，即消费价格低的西餐不太多，特别昂贵的也为少数，大多集中在中间层面，高低差距不大，其消费群体相对集中和稳定。这种相对准确的定位给西餐经营者带来了高效益。

资料来源：http：//catering. yidaba. com/canyin/cysc/3462207 - 1. shtml.

思考：中国的西式餐饮机构该如何适应本土化发展？

基础知识

初闻餐饮业，一定会联想到大众餐饮的快餐店、大排档、街边小吃，精致高档的中西餐厅，或是政府、企事业单位的自助食堂……这些形形色色的餐饮形态构成了规模巨大的行业——餐饮业，它为人们提供一日三餐的各类饮食和服务。从古至今，餐饮业为客人提供饱食就餐服务的社会职能都没有发生改变。

一、餐饮业的发展概况

（一）中国餐饮业的起源和发展

1. 火的使用和食物生产的出现

火种最早源于自然界中的天然火，原始人被烧熟的肉香吸引，发现食物被火加工后美味无比，于是开始利用火，控制保存火，直至学会人工取火。在保留火的过程中，因烧烤地附近的土变质而受启发，人类发明了陶器。根据用途不同，出土的陶器可分为饮食、炊煮和储藏三种。大约 7 300 年前，西安半坡遗址中发现了窖藏和罐藏的粟子。在河姆渡遗址中，有世界上最古老的人工栽培水稻，出土的家畜主要有猪、狗的遗骨。这些遗迹表明食物生产为人们提供了多样的饮食，改善了人们的物质生活，并为餐饮业的形成奠定了物质基础。

2. 食物的多样化和菜系的划分

中国是一个餐饮文化大国，随着人类社会的进步、文明程度的提高、生产工具的创造和使用，人们不断地对食物进行着探索和尝试，促进了食物的多样化和各大菜系的形成。随着时代的变迁，社会经济及对外交流的发展，新的饮食原料和烹饪方式不断涌现出来。例如，在汉唐时期，中原从西北少数民族地区引进了多种蔬菜和水果品种，其中蔬菜有胡荽、菠菜、胡瓜、胡豆、苜蓿等，水果有西瓜、葡萄等，调味品有胡椒、砂糖等。几千年的繁衍和变化，形成了由地理环境、文化传统、气候物产、民族习惯等因素影响下各具特色的菜系。单就汉族的饮食特点而言，目前有四大菜系、八大菜系、十大菜系之说，而且划分系类仍有继续增加的趋势。

3. 饮食文化的形成

中国的餐饮活动经历了几千年的发展，到今天为止，其高超的烹饪技艺、完备的餐饮礼仪以及丰富的文化内涵，堪称世界一流。

自夏商周时期开始，生产力的快速发展、食物品种的增多、各种炊具的发明，使得先进的烹饪方法和技艺非常多样，如煮、蒸、烤、炙、炸、炒等，这些都为中国餐饮业烹饪技术的发展奠定了基础。

自古以来，中国就是“礼仪之邦”“食礼之国”。伴随着饮食业的发展，统治阶级上层从对进食方式的选择，到筵席宴飨，都已有严格的等级之别。据文献资料记载，在周代，饮食礼仪已有完善严格的制度。例如，周代盛行的青铜饮食器具——鼎，便是衡量社会身份等级的标志物：国君用九鼎，卿用七鼎，大夫用五鼎，士用一鼎或三鼎。这些饮食礼仪在古代社会发展实践中不断完善，上至宫廷、官府，下至行帮、民间家庭，都发挥着重要作用。同时古代饮食礼仪对现代社会依然产生着深远影响，成为文明时代的重要行为规范。

中国的餐饮文化还体现了人们在饮食活动中对饮食品质、审美体验、情感活动、社会功能等方面的需求，也直接反映了饮食文化与中华优秀传统文化的密切联系。例如孔子提出“食不厌精、脍不厌细”“不时不食”等理论，反映了中国自古注重餐饮与养生的关系。又如，酒桌宴席是中国人生活中不可缺少的精神舞台。几千年的沉淀发展，酒席之上诞生了异彩纷呈的中国饮食文化，并相伴产生了一些独特的文化形态，例如“行酒令”等，它将娱乐、文学、情感、技艺等融入上层社会和平民百姓的生活中。中国几千年的文明与历史积淀，对今天餐饮文化的消费和接待服务产生了深远的影响。

4. 民间餐饮业逐步形成规模

中国自秦汉以来，为方便传递文书，以及官员来往的途中休息和住宿的需要，设置了官方迎宾馆和驿站，提供住宿与餐食，以帮助官差恢复旅途的劳累。同时，为补充官方馆舍的不足，民间逐步出现了为投宿者提供食宿服务的旅店，古人称之为“逆旅”或“客栈”。随着商品经济和远程贸易的发展，以及商业交通的推动，在一些交通要道和商贾聚集的枢纽地点和城邑，逐渐形成了遍布全国并具有一定规模的旅店业。不论是官方驿站或是民间客栈，它们都是中国餐饮业的雏形。

此后，餐饮业为满足王公贵族、巨商大贾和文人雅士以及平民百姓对社会交往、礼仪、节令及日常餐饮的需要，逐渐从客栈中独立出来，各色餐馆应运而生。餐馆在建筑式样、环境装饰、饮食品种、服务招待上朝着专业化的方向进一步发展起来，民间餐饮业逐步形成规模。北宋著名画家张择端的《清明上河图》以不朽的画卷向后人展示了当时汴梁的市井生活，各色酒楼、茶馆成为画面的重要组成部分。南宋时期的杭州城出现了种类繁多的饮食店，有专卖店（只卖酒）、包子酒店、散酒店（普通酒店）、面食店、茶坊、罗酒店（河北、山东风味）等，西湖上还出现了提供餐食的游船，第一次将宴会和旅游活动结合在一起。

5. 改革开放后中国餐饮业取得长足发展

改革开放以后，随着我国经济的快速增长及居民收入水平的不断提高，社会经济交往活动的频繁和老百姓消费观念的改变，我国餐饮业得到了迅速发展，其发展历程大致可总结为四个阶段，即改革开放起步阶段、数量型扩张阶段、规模连锁发展阶段和品牌提升战略阶段。目前，中国餐饮业发展已经进入了投资主体多元化、经营业态多样化、经营模式连锁化和行业发展产业化的新阶段。餐饮业的发展，为社会提供了大量的就业机会，积极促进了旅游业的发展，还对相关产业具有极强的带动作用，逐渐成为我国国民经济发展中的重要组成部分。中国餐饮业正在朝着科学、创新、理性的方向稳步前行。

（二）国外餐饮业的起源与发展

国外餐饮业起源于古代地中海沿岸的繁荣国家，定型于中世纪。

1. 伊斯兰国家餐饮业的出现

14 世纪，位于亚、非、欧三洲交界处的土耳其形成了以食羊肉为主、烤羊肉为传统名菜的独特烹饪风格。同时期的古埃及人崇尚节制和俭朴，但在餐厅装修和餐具的使用上体现了明显的等级观念。例如农夫和普通手工艺人坐在未经修饰的长条凳上，在低矮的泥屋中使用简单的陶器进餐；而富人的餐厅犹如宫殿，室内富丽堂皇，餐桌上使用绣花织物，坐在镶嵌着黄金或大理石的软垫扶手椅上，使用玻璃杯和金、银、铜制的餐具进餐。这些饮食习俗对伊斯兰国家餐饮业的形成和发展有着重要影响。

2. 古罗马创造了西餐的雏形

古罗马人对当今世界餐饮文明的最大贡献就是创造了西餐的雏形，最早的西餐起源于今日的意大利。现在人们在餐饮活动中使用的餐巾、餐桌上放置的鲜花、举行重大活动时报菜名的服务方式等，均由古罗马人最早使用。16 世纪中期，文艺复兴时期的意大利在吸收各国饮食精华的基础上，形成了追求豪华、注重排场、典雅华丽的风格，成为“欧洲烹饪之母”。相比其他国家，意大利餐的特点是选用食材种类丰富，并可随意调制，其精髓在于表现自我。

3. 法国将西餐的发展推至顶峰

18世纪前后，法国发达的农牧业为发展烹饪和餐饮业提供了优越的物质材料，逐渐使得西餐的发展达到顶峰，法国餐饮从选料、烹饪技艺到服务水平在西方国家中均处于无人可及的地位。同时，由于历史上多位法国国王对西餐烹饪、服务的重视和深入研究，使得法式西餐带有王宫的华贵和高雅的气度与风格。

4. 美式快餐业的兴起和发展

第二次工业革命之后，美国成为世界第一强国，它的烹饪和餐饮是世界各地移民和土著印第安人传统习惯的大融合。由于是移民国家，美国的美食体系并不完善，忽略饮食艺术，但其求新、求快的餐饮形式却深受大众喜爱，并在世界各地迅速流行。例如麦当劳快餐就是在各地小吃基础上的新创造，它以营养丰富、快速简便、口味统一的特点在世界各地得到普遍认可。

纵观中西方餐饮业的发展概况可知，餐饮业起源于人类文明的初期，并伴随着人类文明的进步不断发展和推进。中西方餐饮业在发展过程中既各自独立，又相互渗透。如中餐向西餐学习增加了饮食中蛋白质的比重；西餐向中餐借鉴了增加碳水化合物的比重。中餐吸收了西餐的咖啡、可可等饮料，并从西方引进了许多烹饪食材，例如蔬菜中的荷兰豆、西芹，海鲜中的三文鱼、鳕鱼等，均首先在粤菜中使用；西餐则增加了符合中国人饮食习惯的特有食物，比如麦当劳早餐中的油条、豆浆等。中国餐饮业既要继承发扬优良传统和特色，也要与西方餐饮共同发展、相得益彰，以创造世界餐饮业的新局面。

参考资料

当代发达国家的餐饮业形态与经营理念

1. 美国餐饮业

美国是移民国家，具有丰富多样的食物类型、烹饪技术、饮食习惯。美国餐饮产业是吸纳社会劳动力最多的产业，对相关产业关联效应非常显著，带动了美国经济的发展。经济的发达使餐饮业的消费在美国人饮食消费中占有很大的比重，美国人花在饮食上的钱有47%用在了餐馆。此外，越来越多地出现在美国餐饮市场的快餐、外卖、送餐服务等形式受到人们的欢迎。

2. 澳大利亚餐饮业

澳大利亚是一个旅游大国，餐饮业发达。澳大利亚人的饮食习惯和英国人相似，因为本国居民约有95%为英国后裔，其食物种类丰富、风味多样。根据相关数据统计，2010年澳大利亚餐饮产业的风味统计如下：澳大利亚风味餐占36.1%、中餐占14.5%、海鲜占9.2%，意大利餐占9.1%、泰式餐占4.0%、法餐占2.0%、日餐占1.9%、马来西亚餐占1.1%、希腊餐占1.0%、其他占21.1%。可见澳大利亚除本土餐饮风味之外，中餐很受欢迎。

3. 法国餐饮业

法国是世界三大烹饪王国之一，在国际上声名赫赫。法国餐饮产业在法国国家分类标准中不单独列为一个产业，而与住宿业联合成一个大的住宿和餐饮产业。法国餐饮产业的集中度较高，其中连锁餐饮产业占整个市场份额的70%，且逐年上升，说明法国餐饮业的集中度不断提高。此外，法餐特许经营的发展规模很快，品牌餐饮连锁点遍布全球各地。

4. 英国餐饮业

英国烹饪在西方国家的影响不是很大，受到中餐、印度餐、法餐和意大利餐等外来饮食的影响，呈现出多元化的特点。英国餐饮产业主要有餐馆、酒吧、公共饮食三大类。连锁经营是英国餐饮产业的主要经营模式，连锁餐饮企业的营业额占整个餐饮市场的比重逐年增加。

5. 俄罗斯餐饮业

俄罗斯饮食文化的民族性、地区性特点较为明显。俄罗斯餐饮企业主要有5种类型：街头熟食摊点、快餐店、大众化餐厅、食堂和高档餐厅。其中大众化餐厅占各种餐厅的比例较多，占10%～15%，快餐店占11%，高档餐厅占8%。由于地区收入的不均衡，莫斯科和圣彼得堡是餐饮产业最为发达的地区，占据全国餐饮市场大部分的市场份额。其中莫斯科餐饮产业的营业额约占整个俄罗斯餐饮产业的21%。

6. 日本餐饮业

日本的餐饮业非常发达，其种类主要有五大类：饮食店、日本面馆、寿司店、咖啡店、综合饮食店。日本餐饮消费比率很高，源于日本快节奏的生活和工作，以及人际交往的需要。日本民众在外就餐的频率很高，对于上班族来讲，一周外出用餐5～6次非常普遍，这使得餐饮行业之间竞争激烈又不断创新。从餐饮品种来看，既有日本传统饮食，如生鱼片、寿司、烤鱼等，又不断推陈出新，融入一些欧洲国家和亚洲其他国家的特色饮食进行改良。

综观世界各发达国家的餐饮业发展状况，由于传统的餐厅经营管理模式受到科学技术创新和顾客需求个性化的挑战，餐饮企业在竞争中不断摸索尝试，品牌化连锁经营、集团化管理方式日趋成熟，对现代中国餐饮业的发展具有一定的借鉴意义。

二、我国餐饮业的发展趋势

中国经济的快速增长，带动了旅游业及餐饮业的蓬勃发展。与此同时，居民餐饮消费在生活支出中的比重逐年增加，消费需求不断呈现多样化和个性化的趋势，加之全球各国知名餐饮企业在中国餐饮市场的涌进和资本注入，我国餐饮业无论从经营理念、服务质量标准、文化氛围，还是饮食结构、从业人员素质等方面都面临着全新的挑战。中国餐饮业将呈现以下发展趋势。

（一）确立品牌文化发展优势

餐饮业的品牌文化已成为企业间竞争的关键。消费者在餐厅内消费实物后，脑海中最直观感知、印象深刻的内容则是餐饮企业品牌文化的展现，所以餐饮商家的餐饮体系不仅仅是菜品、味道、服务、环境等，而是综合因素的体现。随着人们就餐需求越来越高，“吃环境”成为消费者选择餐厅的重要因素，良好的就餐环境、具有文化内涵的装潢元素是餐饮业发展趋势之一。将来餐饮市场的竞争，一定是品牌间的竞争，品牌影响力是降低消费者对价格敏感度的重要因素，定位不同，体现文化不同，将继续成为许多餐饮企业的竞争手段。餐饮企业要树立品牌，应从三个方面着手：一是提高市场占有率，任何知名品牌都是从提高占有率开始，餐饮企业要充分利用产品质量、价格因素、销售服务质量等，分析促销方式和产品定位；二是餐饮企业应在服务水平、环境、菜式、经营管理等方面体现差异化，从而营造个性鲜明的企业文化；三是注意品牌的保护和延伸。

（二）大众餐饮持续流行

大众化餐饮是满足消费者日常生活中基本餐饮需要的重要形态，包括早餐、团餐、快餐、地方小吃、社区餐饮、外卖送餐、美食广场、食街排档、农家乐以及相配套的中央厨房配送、网络订餐等服务形式。据中国饭店协会调查分析，2013 年高档餐饮企业近九成营业额同比下降，平均幅度在 40%～50%，较差的甚至达到 80%。与此相反，大众化餐饮企业平均的营业收入增长幅度在 10%以上，占餐饮市场份额的 80%。在国家限制“三公”消费的背景下，高端餐饮企业也纷纷通过转型，改变消费目标人群，扩大大众市场，加大促销力度。相比较高档餐饮，大众餐饮迎合了人们的口味习惯和消费心理，价格经济实惠，消费便利快捷，更好地满足了工薪阶层和城乡居民的饮食需求。作为人口基数较大的中国，大众消费群体仍占主流地位，并将持续流行下去。在今后的发展过程中，大众餐饮应做好以下四点：第一，突出重点区域营销，围绕人口流动集中的商务区、医院、学校、社区等地，建设大众化餐饮服务网络系统；第二，加快发展面向特定消费群体（如老年人、中小学生、医院病人）的餐饮服务；第三，大力拓展、完善社区餐饮外卖服务，满足社区居民、办公聚集区工薪阶层的餐饮需求；第四，规范食街排档，满足进城务工人员的餐饮需求。

（三）扩大连锁经营发展规模

连锁经营具有品牌优势、成本优势、价格优势等。连锁餐饮企业不仅可提高效率、降低成本，更能突破餐饮企业发展中的管理瓶颈等问题。今后的餐饮行业，将整体由单纯的价格竞争、产品质量的竞争，发展到产品与企业品牌的竞争、文化品位的竞争。餐饮企业也由单店竞争、单一业态竞争，发展到多业态、多渠道、连锁化、集团化、大规模的竞争态势。扩大连锁经营规模将是今后餐饮业发展的方向之一。

（四）网络营销方式将被广泛应用

互联网营销已成为炙手可热的一种营销形式，即利用数字化的信息和网络媒体的交互性来辅助营销目标的实现。“好酒也怕巷子深”，从“口口相传”的口碑营销，到餐饮企业营销“电商化”趋势，餐饮企业纷纷利用科技和传统餐饮进行融合，通过微信、APP 将线上客户引流到店内，并完成订桌、点菜、呼叫服务员、结账等工作。餐饮企业通过便捷化的全新网络营销模式赢得了美誉度和客户的信任。

（五）挖掘传统文化和健康养生理念将引领餐饮发展新趋势

中国作为餐饮消费大国，食物种类丰富繁多，《舌尖上的中国》等电视节目的播放，使得消费者越来越多地关注古老烹饪方式、独特风味、特色菜肴及传统饮食手艺，传统饮食深厚的文化气息与现代饮食的精细化操作逐步融合，菜品创新渐成趋势。同时，健康养生、倡导绿色食物的理念深受人们欢迎，许多餐饮企业借养生概念对餐饮产品进行了充分的挖掘和诠释，从对原材料产品的健康、绿色、有机、无污染、原生态特色的宣传和促销，到餐饮养生食谱的推介和电视讲座、烹饪加工数字化养生，再到打造私人订制养生食谱、全面的养生保健等系列产业的开发，现代餐饮企业经营者正致力于把餐饮业真正打造成绿色养生和原生态的新型行业。

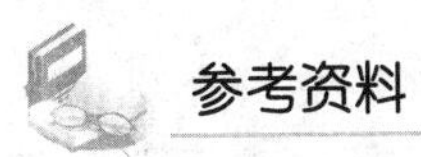

参考资料

中国养生花费显著增长　健康饮食市场风生水起

美国媒体评论：无论是椰子汁还是排毒饮料，中国人对任何被认为健康和天然的东西都非常青睐。过去十年间，随着收入的增加以及健康意识的提高，中国人的养生花费出现显著增长。

在上海、北京等大城市，制作销售排毒蔬果汁等健康饮品的企业如雨后春笋。根据市场研究公司英敏特针对中国植物蛋白饮料的最新研究，将近九成的中国消费者如今都在喝用农作物制作的饮料，比如豆浆、果汁。“由于赶上过饥荒，我的奶奶把糖果和火腿当‘健康’食品给我吃。许多我的同龄人都有过类似经历。现在，他们的健康观念发生变化，开始重新审视饮食习惯。”维果清创始人马天天表示。

当然，不仅仅是蔬果汁，多家餐饮企业亦注意到中国消费者对食品的挑剔。上海的悦衡食集就声明只使用天然无化学成分的食物和原料。北京的 Factory Fresh 则主打健康膳食计划，客户可以获得从早到晚的专属饮食安排。厨师长贝坦表示：“我们的客户都在寻找健康生活方式。不过他们中的有些人还不具备健康膳食的知识，于是我们来了。”

贝坦还说，中国消费者不仅注重健康而且非常挑剔，“他们要求食物不仅有营养，而且味美形佳”。

资料来源：http：//shipin. people. com. cn.

（六）旅游休闲餐饮将会逐步升温

随着人们消费水平的不断提高、生活需求的多样化和休闲假期的增多，休闲旅游成为当下新兴的旅游方式，成为人们生活的必要组成部分。消费者的需求变化对餐饮业提出了更高层次的要求，即从满足饱食的“生理需要”到追求“品味”“休闲”的精神消费。休闲旅游涵盖餐饮、娱乐、休闲、表演、健身等多项内容，这一旅游方式的兴起，体现了当下人们对新的生活态度、新的价值观和新的行为方式的追求和向往。旅游用餐和休闲用餐会有更大的发展，将成为中国餐饮经济的亮点。

（七）餐饮服务的专业化和个性化程度将不断提高

专业化和个性化将是今后餐饮企业发展的主要方向。一方面，随着餐饮行业竞争的加剧，专业化发展是避免被淘汰的唯一出路。做餐饮也应当有“工匠精神”，提供专业研发团队、专业物流配送和专业的服务标准，使整个连锁餐饮企业的采购、分拣、加工、储存、运输和配送等作业系统有机地联系起来。另一方面，针对消费者需求的多样化趋势，餐饮企业应不断提高个性化程度、丰富个性化类型，如客人自带原料，厨师帮忙加工，厨师按照顾客口味加工菜单中的菜品，以及特色的餐厅装饰、与众不同的用餐体验等。

任务实施

1. 中国西餐厅本土化、大众化发展，应以实际情况为主，西餐使用的很多食材不再需要大量从国外进口，在国内就可以找到质优价廉的替代品，现代化的物流配送和质优价廉的原材料使西餐的成本下降，高档西餐逐步具备了以较低的价格向大众推广的条件。即使大多数人不适应西餐的饮食习惯和口味，但是西餐就餐的文化氛围和环境更符合现代人追求时尚、高效的需求，因而将西餐与本土口味结合势在必行。从传统西餐经营方式和制作方式的全面改造，来完成西餐从贵族化走向平民化的转变，不断推出自己的花色品种来刺激和培育客户口味，这将是西餐本土化和平民化的方向。

2. 学生分小组，深入当地各种类型的西式餐饮机构进行调查，了解中西餐在菜品特色、用餐方式、经营理念等方面的差异。

任务二 餐饮行业调研

餐饮业是指利用各种餐饮设备、场所和原料，从事饮食烹饪加工，为社会生活提供服务的生产经营性行业。有些学者认为，餐饮业应该涵盖三个组成要素：第一，必须提供餐食或饮料；第二，应有足够令人放松精神的环境或气氛；第三，设有固定场所，能满足顾客差异化的需求与期望，并使经营者实现特定的经营目标与利润。

餐饮场所有多种称呼，常见的有餐馆、饭馆、酒馆、菜馆、餐厅等。英文中的 Restaurant 一词，据法国百科大辞典的解释，意为使人恢复精神与气力的意思。那么能够帮助人们恢复精力的方法，大都与进食和休息有关，于是西方有人以 Restaurant 作为名称，在特定场所为人们提供简单的餐食、点心、饮料，使客人得到充分的休息，从而产生了最初的餐饮企业。

任务导入

某市市中心准备开设一家档次较高的酒楼，以经营粤菜为主。请在调查当地餐饮企业的基础上，为该家酒楼设计科学的组织结构，并提出相应的管理建议。

基础知识

餐饮企业的经营形式多种多样，包括高档酒楼、旅游饭店、酒店餐厅、西餐馆、家庭餐馆、快餐店、火锅店、食街排档和小吃摊、团体供餐机构、饮品店、茶餐厅等，不同的经营形式对餐厅的装修设计、员工素质、管理水平有不同的要求。同时，认清餐饮企业的经营形式对企业的内部管理具有十分重要的作用，对了解同行情况、进行准确定位及差异化营销具有指导意义。

一、餐饮企业的主要表现形式

中国餐饮企业和西方国家餐饮企业的表现形式有所不同。

（一）中国餐饮企业的表现形式

1. 高档酒楼

高档酒楼以经营高档菜品为主，注重使用高档名贵的食材（如鲍、参、燕窝等）和营造独特而高雅的消费氛围。菜品生产和服务不是大众化流水线生产出来的，所以消费价格偏高，以高端消费群体为主要市场，多用于商务宴请、私人盛宴等场合。随着消费结构的升级，现在企业年会和私人宴会悄然流行，一些高档酒楼的经营方式也在发生改变，如提供外卖服务等，高级厨师、服务人员、保鲜车、食材器具等都可以“打包”到客户家里，专门为有需求的客人提供私人定制服务。

2. 旅游饭店

旅游饭店包括国际旅游饭店和一般旅游饭店，旅游饭店是住宿业和餐饮业的统一，除了为国内外游客提供基本的住宿需求外，其餐厅还拥有良好的就餐环境、高雅的格调、精美的餐具、极具地方特色和完善的服务等，以吸引本地的客源前来就餐。旅游饭店的特点是：饭店的场地大、设备齐全、员工专业水准高，能同时兼具美食宴会、展示会议等多种功能。

3. 酒店餐厅

餐厅是指消费者正式用餐的场所。根据产品口味的不同，酒店餐厅可分为中餐厅、西餐厅两种，其特色如下：

（1）中餐厅。中餐厅是提供中式菜点、饮料和服务的餐厅。除了为酒店住宿客人提供中国菜肴，使其领略中国饮食文化和民俗之外，还为当地居民提供交际应酬、喜宴、家庭聚会等服务。中国民族众多，地域特征差别较大，不同民族和不同地区均有独特的饮食习惯与独特的烹饪方法，即所谓的“南甜、北咸、东酸、西辣”。同时，各地区还形成了自己独特的菜系，如川菜、鲁菜、浙菜、粤菜、皖菜、苏菜、湘菜、滇菜、京菜、东北风味等，不一而足。中餐厅应根据自己所在地域的特点，选择合适的菜肴风味。

中餐厅的室内布局、装饰风格，以及家具与餐具、灯饰与工艺品，甚至服务人员的服装等都应围绕中国文化与民俗展开设计与构思。例如，运用传统的吉祥图案、中国字画、古玩和工艺品等中国元素作为素材，为中餐厅营造中国风的氛围。服务员服饰的选择多以旗袍为主，各式民族服饰为辅，同时搭配与服务员服装相同颜色的丝巾或配饰，体现传统、古典、统一的特点。

中餐厅的销售方式一般有零点用餐、团体包餐、宴会等。不同销售方式具有不同的接待服务流程。餐饮服务人员应当严格按照相应的服务规范，保证做到服务标准化、布置规范化和操作程序化。

（2）西餐厅。西餐厅是指装潢西化、提供西式餐饮并以西餐服务方式为主的餐厅。随着生活方式的变化和社会交往的活跃，国内吃西餐的人越来越多。在涉外关系活动中，为适合国外客人的饮食习惯，有时也要用西餐来招待客人。西餐厅一般比较宽敞，就餐环境高雅别致，多以长条形桌台为餐桌，便于交谈。西餐讲究用餐礼仪，注重规矩。

西餐的上菜顺序大致是汤、沙拉、主菜、甜点及最后的饮料。为了适应中国人的消费习惯和方便客人选择，部分西餐厅会供应套餐，如A套餐和B套餐，有些西餐厅还会提供排骨饭、鸡腿饭等中式菜单让客人选用。因此现在吃西餐并非大款人士的专利，也没有特别讲究的餐饮礼仪，其休闲娱乐的性质大于正餐的性质。

4. 家庭餐馆

由于休闲旅游形式的兴起，乡村旅游受到人们喜爱。一些农户对自家住宅结构进行简易改造，为游客提供一定的餐饮和住宿服务，发展农家乐或者民宿的新形态。农家乐的业主利用当地新鲜的农产品进行食物加工，满足客人的需要，成本较低、消费不高，这种模式被称为家庭餐馆。家庭餐馆朴实的菜品、新鲜的食材、适中的价格以及好客实在的老板都是受到游客欢迎的主要因素。

5. 自助餐

自助餐是在全世界流行的一种用餐方式，近年来，在中国餐饮业中也逐渐发展起来。自助餐价格低廉、供应快速、菜式多样、营养丰富的特点受到社会不同群体的欢迎。目前自助餐形式除广泛运用于学校、机关等团体机构外，还被一般商业型餐厅普遍接受，特别多用于早餐、团队用餐等场合。对顾客来说，用餐时不受任何约束，依照个人口味，随心所欲，想吃什么菜就取什么菜，吃多少取多少；对酒店经营者来说，它不仅可用以款待数量较多的来宾，而且还可以较好地处理众口难调的问题，同时不提供桌前服务，节省了人力成本。顾客自己挑选、取用食物，提高了顾客的参与度和体验感。

6. 茶餐厅

茶餐厅最早起源于香港的快餐，既具有中式餐饮特点，又融合了西式餐饮方式，属于平民化的饮食场所，经营地点多选择在商务办公区及中高档的居民住宅区，营业时间较长。随着餐饮文化的交流，我国一些南方城市到处可寻茶餐厅的踪影。茶餐厅具有多样化的美食、宽松的就餐环境以及适中的价格，基本做到了现点、现烹、现卖，并以独特的卡位形式，成为现代年轻人聚会聊天的最佳选择。

7. 饮品店

传统的冷饮业多见于冰店或者商场里的自动冷饮机，目前市场的冷饮店、咖啡店为迎合人们消费体验的需要，一改传统冷饮店的弊病，以高雅格调的装潢或是连锁的经营方式，呈现崭新的经营风貌。例如近年来比较流行的星巴克、上岛咖啡等以提供咖啡、甜品、商务套餐为基本特征的餐饮机构，多设立于商业活动发达的中心城市，以商务客人作为主要目标市场，产品价格不菲。

8. 摊贩和食街

摊贩即小吃摊，也是餐饮形态的构成部分，往往设立在人潮聚集之处，如集市、街道、学校附近、路口等。摊贩以提供简便的食物为主，供应的食物一般有煎饼、烤面、火腿肠、炸串等，充分利用极小的空间，用最少的人力、物力创造最大的利润，因其合理的价格、较好的口味、购买的方便性，颇受年轻消费者喜爱。不足之处是饮食卫生令人担忧。现代的大城市将某一地区乃至全国的名优小吃集于一个空间之内，采取统一管理的方式，称为食街。相比摊贩，食街食物品种众多，管理统一，可以做到基本的卫生保障，很多发展为当地著名的旅游景点，成为现在比较受欢迎的一种用餐形式，如上海的城隍庙、成都的锦里、天津的食品街等。

9. 团体供餐机构

随着工作节奏的加快，团体供餐机构成为餐饮业延伸经营和规模经营的新领域，主要客户对象为单位工作食堂、学生营养餐以及公共写字楼、交通运输场所、会展饮食供应，或者特殊人群如养老机构等团体。团体供餐机构的特点是：不对外消费，不在自己的用餐场所向消费者提供服务，而是采取内部供应、餐饮上门的服务方式。通过竞标、比较和谈判获得饮食专营权，在食品制作和销售上也都以批量形式进行，只有形成一定经营规模和鲜明特色，才能达到便捷、实惠、品质稳定和营养均衡的目的。目前我国已兴起一批以经营团体供餐业务为主的企业，且发展规模不断扩大。

综上所述，我国餐饮业逐步形成了以大众化餐饮为主体、多种餐饮业态均衡发展的局面。各种餐饮形式满足了不同的客户群体，如食街排档、小吃摊满足“90 后”等年轻消费群体的个性化、特色化需求；快餐、团体供餐、特色小吃等满足企业单位、工薪阶层的需求。随着转型发展的持续推进、供给结构的不断优化，餐饮业应主动迎合市场需求，不断加速创新融合，提高专业服务水平，得到消费者的广泛认可。

（二）西方国家餐饮企业的表现形式

1. 主题餐厅（Theme Restaurant）

主题餐厅最早出现在 20 世纪 90 年代，是欧美国家流行的一种餐厅形式。与一般餐厅相比，主题餐厅最大的特色是就餐环境的布置。餐厅为更好地吸引顾客，往往围绕一个特定的主题对餐厅进行别具一格的装饰，赋予餐厅某种主题文化。餐厅内所有的产品、服务、色彩、造型以及活动都必须与主题相吻合，从而使前来就餐的顾客既可以品尝到美味佳肴，又能体会到某种温馨、神秘、怀旧或热烈的氛围，产生某种情感的共识。

与特色餐厅不同，主题餐厅更强调从菜式到环境的全范围的情感化和特色化，关键在于如何充分调动各种视觉、触觉等因素来推介主题文化，唤起人们当时对饮食与情感文化的统一。而特色餐厅强调的是新意，关键在于菜式上的突破。

小案例

日本爱丽丝餐厅

这家主题餐厅的设计以经典的童话故事——《爱丽丝梦游仙境》为蓝本，选取其中多个奇幻场景在约 228 平方米的空间加以重现、趣味横生。《爱丽丝梦游仙境》是英国作家刘易斯·卡罗尔出版于 1865 年的著名童话故事，讲述了一个名叫爱丽丝的小女孩从兔子洞进入一处神奇国度，遇到许多会讲话的生物以及像人一般活动的纸牌，最后发现原来是一场梦。餐厅的设计灵感就来源于此。

当顾客进入餐厅，首先映入眼帘的是超大号的“书”。它是一个书形模具，或横放堆叠，或竖放罗列。这些比人还要高的书籍，挑战着人们对书的传统印象，在它们的面前，人仿佛成为吃到仙境食物的爱丽丝被魔法附身而变小了，营造出童话般的气息。在用餐空间中，呈现了不同类型的餐位：四人台、多人餐桌、半封闭四人隔间和隐私性更强的私人包间。精心布置的餐台在色彩、布景和配饰上赋予不同的主题。如绿色植被的半封闭四人隔间，隔间上方“种植”统一的、简单几何形状的绿色树，而在绿格子后方就是红桃王后的“纸牌世界”了。此外，私人包房则以红、黑色调为主，餐桌、背景墙和吊灯上都印有魔法纸牌。

最引人注目的，当数以“疯狂哈特的饮茶派对”（Mad Hatter's Tea Party）为场景的主用餐区。餐桌和餐椅都使用不同的造型，带给人无限的惊喜。位于区域中心的“心形餐桌”上方的吊灯也全部由红色的心形卡片装饰。最内侧的一排，墙上绘有爱丽丝会见红桃女王的情形，再搭配粉色座椅，深受女孩喜爱。

总之，新奇、惊喜和快乐的氛围，正是这家奇幻主题餐厅的意义所在。

资料来源：http：//www.psdesign.cn/news_show.asp? id=164.

2. 咖啡馆（Coffee Shop）

咖啡馆起源于欧洲，餐位数通常为35～300个，一般位于繁华地段，消费及服务方式为餐座、卡座、吧台等。咖啡是欧洲人生活中不可缺少的一道饮品，咖啡厅在提供咖啡的同时，还会搭配各种各样的蛋糕、冰激凌和甜点等。不同西方国家对于咖啡厅的认识不同，如法国人注重饮用咖啡的环境和情调，咖啡厅结合法国人的浪漫气息、优雅的情趣，将咖啡文化展示得淋漓尽致。意大利人认为咖啡已经成为他们生活中最基本的生活要素，工作之余的意大利人喜欢以咖啡提神，喜欢喝浓缩咖啡，用小杯盛用，三口品尝完。美国人喜好用大杯喝咖啡，而在欧洲人眼里，“快餐式”咖啡店常被人认为没文化、没内涵的表现。美国人的自由与随性，使得美国咖啡馆有其独特的形式和氛围，像美国快餐文化一样，美国的咖啡馆也大多体现了一种美国社会快节奏的生活方式。

3. 快餐店（Fast Food Restaurant）

“快餐”即为人们提供方便快捷的食品和快速的进餐形式。快餐店的餐位数通常少于100个，一般位于交通要道且容易进出的位置。一提起快餐店，人们就会想到“肯德基”“麦当劳”等西式快餐店，想到炸鸡腿、汉堡包、炸薯条等西式快餐品种。第一家快餐店是1885年在美国纽约出现的。此后，美式快餐开始向世界各国扩张，在世界上掀起快餐之风。西式快餐同中式快餐品种不同，它是机械化、批量化、标准化生产。国外快餐业目前已经步入高级和成熟的阶段，通常都是连锁经营。

4. 俱乐部餐厅（Club Restaurant）

在17世纪的欧洲，随着喝咖啡文化传入英国，世界上第一家会员制俱乐部诞生在英国的一个咖啡馆里。由于参与者有着相同的兴趣爱好，于是他们定期聚会，并共同支付聚会的固定会费给俱乐部。随着时代的变迁，发展到今天的全球俱乐部景象时，俱乐部的会员身份演变成了财富与身份的象征，参加者可在俱乐部寻求一种私密性的社交环境。俱乐部餐厅的服务表现形式呈现多样化，在固定的场所可提供餐饮、聚会、休闲、娱乐等一体化的服务，逐渐成为西方餐饮业新的商业模式。

5. 餐饮外卖（Take Out）

“外卖”指可以带出餐馆享用的食物，最早可追溯到欧洲文艺复兴时期。在古希腊和古罗马，古老的城市市集上就已经出现了路边摊。在19世纪的美国，城市中的工人阶级推动了外卖食品的普及。卖食物的小贩推着手推车在工厂大门外出售各种香肠和炖菜，迎合了那些时间和经济都很窘迫的工人们的需求。工业时期，汽车交通工具的使用也加速了批量外卖的生产和销售。以美国为例，美国的餐饮外卖业十分发达，2012年，美国610亿次的餐馆访问量中，有252亿和餐饮外卖（包括外带、配送）有关，也就是说如果餐馆不提供外卖服务，它们会失去一大块可以增加收入的市场。

二、餐饮企业的经营特点

餐饮企业的经营特点可从生产、销售、服务三个方面进行分析。

（一）餐饮生产的特点

餐饮企业既生产有形的实物产品，如精美的菜肴，又生产无形的服务产品，如温馨的环境和高质量的服务。与其他产品相比，餐饮生产环节具有以下特点：

1. 餐饮产品的市场客源广泛

餐饮企业的接待对象非常广泛，包括国内外各地旅游者、相关团体、政府机关、企事业单位、当地居民等，因此各餐饮企业的规模大小、经营方式、经营结构、产品特色和花色品种也不尽相同。市场上各种类型的餐饮企业可替代产品十分丰富，客人对餐饮产品风味的需求变化多样，希望有更多的选择性。他们既可选择这种风味，也可享受另一种风味，且由于目前餐饮产品缺乏专利保护，产品之间相互模仿现象严重，导致同质化产品较多，过剩的餐饮产能影响了餐饮企业发展的步伐，餐饮业市场竞争非常激烈。餐饮业经营者若想在市场竞争中始终占有一席之地，就必须时刻跟上消费潮流，洞察消费者喜好，不断更新餐饮产品，提高服务质量，以富有特色和优质的餐饮产品，满足广大消费者的需求，培育消费者的口味，获得消费者的忠诚度，从而收到良好的经济效益。

2. 餐饮产品品种多，难以贮存

方面，餐饮生产属于个别定制生产，与工业产品大批量、全部统一规格生产的成品不同，餐饮产品种类多、批量小。另一方面，餐饮原料及成品的质量与时间成反比例关系。大多数餐饮原料为鲜活产品，具有很强的时间性和季节性，如果处理不当极易腐烂变质。同时餐饮产品多以现做现售、即刻食用为佳。厨房菜肴、点心等一经出品，其菜品质量便随着时间的延长而降低。

3. 餐饮产品生产时间短，客人就餐多为一次性消费

客人在餐饮场所确定食物品种后，通过厨师烹饪，一般 20～40 分钟即可呈现在客人的餐桌上。与其他产业的产品生产相比，餐饮产品生产时间短，难以对菜品进行必要的质量检查。同时客人对菜品的消费只能是一次性的，不可反复，不好的菜品质量会严重影响客人的二次消费。因此，一家生意兴隆的餐厅，只有依靠经验丰富的厨师，才能更好地满足客人的需要。

4. 餐饮生产量难以预测

餐饮企业生产的产品数量，可以根据分析以往一定时间段里的客情，掌握其一般规律。但在特殊情况下，客情会受到天气、政治、经济变革、烹饪质量、服务质量等因素的影响，使得餐饮生产需求很难准确预估，生产量的随机性很强且难以预测。

5. 餐饮生产过程管理难度较大

餐饮产品的制作多以手工操作为主。各类餐饮产品各异、制作方法不同，且工艺技术复杂、灵活多变，决定了好的菜品只有通过厨师的手工劳动才能表现出来。如有的食物明火急烹，立等可取；有的则需腌煎熏烤，反复制作，方可完成。同时，餐饮生产从原料的采购、验收、存储、领用、粗加工、切配、烹饪，到最后的出盘和服务，整个过程业务环节繁多，任何一个环节出现差错都会影响到餐饮产品的质量，这使餐饮生产过程的管理难度较大。

参考资料

同工厂的生产加工相比，餐饮厨房产品在加工过程中缺少了哪个环节？请问这一环节对餐饮业的经营会带来什么影响？

提示：同其他工厂的生产加工比较，厨房产品生产在加工过程中缺少了成品储存环

节。因为没有这一环节，餐饮企业厨房在菜肴等产品加工生产出来之后，必须在尽可能短的时间里将产品端上客人餐桌，以减少对餐饮产品质量的影响。

（二）餐饮销售的特点

1. 餐饮产品产、供、销的同步性

当宾客走进餐厅，入座点菜时，即是宾客消费的开始，同时也是餐饮产品生产与销售的开始。其他有形商品的生产、消费和销售可以分离，独立进行，在不同时间、地点，可以不同步进行，其中一个环节出了问题，对下一个环节影响不是太大，可以进行弥补。餐饮消费则不同，没有宾客进入餐厅消费，就没有餐饮菜点与服务的生产与销售。这种产、供、销的同步性，给餐饮产品与服务质量的控制提出了很高的要求，一旦餐饮产品出现了任何质量和服务的失误，均会使消费者产生不愉快的体验，即使及时弥补也难以消除。

2. 餐饮产品销售受时间和空间的限制

消费者的就餐规律大致相同，多集中在早、中、晚时间。进餐时间一到，餐厅人头攒动、高朋满座；用餐时间一过，则门可罗雀，因此餐饮就餐时间、经营状况呈现明显的间歇性。餐饮企业可通过延长营业时间等方法打破这种时间限制。同时，餐饮企业接待客人的人数还会受到餐饮经营空间大小和餐位数量多少的限制，餐饮企业应通过改善就餐环境、提高服务质量的方法增加餐饮的销售量。

3. 餐饮产品信息反馈快

餐饮产品生产和消费的同步性，使得产品的优劣好坏可以得到及时反馈。通过服务员反馈给厨师，厨师可根据客人的口味改进、提升菜品质量，开发新菜品。客人也可根据自己的喜好选择中意的厨师制作产品，并在下次再来餐厅就餐时，指定厨师为自己做菜，无形中提高了客人身份，同时也增强了厨师的责任感。因此，餐饮企业可通过这种方法了解客人的需求和偏好，适当侧重增加某一产品的生产量，从而提高餐饮企业的竞争力。

4. 餐饮经营毛利率高，资金周转快

中高档餐饮企业的综合毛利率都比较高，以三星级酒店为例，餐饮毛利率可达50%左右，四、五星级酒店的餐饮毛利率更高达70%左右。如果做好相关成本的控制和费用的管理，餐饮企业能获得相当可观的纯利润。另外，餐饮产品都是现生产现销售，有相当一部分收入以收取现金为主，且原材料不易长时间保存，原料多为当天采购、当天生产，因此资金周转也较快。

5. 餐饮部门固定成本高，变动成本所占比例大

餐饮生产需要大量硬件设备的投入使用，如各种厨房设备、贮存设备较多且价格高，使得餐饮经营活动中固定成本占有一定比重。另外，餐饮变动成本，如员工的薪资，水、电等燃料的消耗，设备的后期维护，特别是餐饮原材料的支出等则占有更大比重。因此，餐饮企业员工应尽量减少原材料消耗、降低各项费用指标，通过节支达到增收的目的。

小案例

一听可乐卖“天价”

一个炎热的夏天，一个村长去市里办事，事毕恰好路过一家五星级酒店，华丽的装修

加之炎热的天气让他走进了酒店的大堂吧。服务员热情地招呼他入座，并询问他要喝些什么。这位村长看见旁边有人在喝可乐，便忙应着："来一听可乐。"饮毕，服务员递上账单，村长吓了一大跳，"一听可乐，售价 40 元人民币"。

思考题：该家酒店这样做是否有道理？这体现了餐饮销售的什么特点？

提示：这家酒店在给可乐定价上并无过错。一听可乐在不同的消费市场可以卖出不同的价格，在五星级酒店可以卖到 40 元。作为酒店，不仅提供了一听可乐，同时还提供了相应的服务和饮用可乐的场地及环境等。由于各种条件的限制，这位客人没能感受到这些额外的产品。这一事件体现了餐饮经营毛利率高、酒水毛利率更高的特点。

资料来源：李勇平. 餐饮服务与管理（第四版）. 大连：东北财经大学出版社，2010：15.

（三）餐饮服务的特点

餐饮服务可分为前台服务和后台服务两部分：前台服务是指在餐厅、宴会厅、酒吧等营业场所直接面对面为宾客提供的服务；后台服务则是在厨房等客人视线不能及的地方，为保证生产、服务顺利进行而提供的间接性保障服务。前台服务与后台服务互相配合、相辅相成，后台服务是前台服务的基础，前台服务则是后台服务的延续和完善。美味佳肴只有搭配恰到好处的服务，才能受到宾客的欢迎。

1. 餐饮服务的无形性

餐饮服务很难量化，只能在客人当时购买并享用后，根据心理和生理的满足程度来评价其质量的优劣。但是不同的顾客对待同一餐饮产品的认同感却又存在较大差异，这种差异是由客人的口味习惯、个人素质、以往经历等造成的，因此餐饮服务的质量在一定程度上具有很大的主观性。这一特点给餐饮经营带来诸多困难，并且服务质量的提高是永无止境的，这就需要餐饮企业前台、后台一起抓，服务技能、菜品质量一起抓，全方位提高餐饮服务水平。

2. 餐饮服务的一次性

餐饮服务的一次性也称不可储存性，是指服务不能像其他物品一样被储藏留存使用。虽然仓库可以储存酒店在数月内所需的食品原料，但厨房却不能在一天内生产出或提前做出一周营业所需的餐饮产品。由于餐厅的接待能力在一定时期内相对不变，但客人不断变化的需求量却会造成厨房、餐厅应付需求波动的困难，特别是当就餐宾客突然大量增加时，如团队就餐和散客同时就餐，难免会给厨房、餐厅和服务人员带来压力。因此餐饮服务的一次性要求餐饮经营者必须有预见性，主动地把握顾客的需求波动，使顾客的需求量尽量接近餐厅的接待能力，减少因接待能力不足或宾客量的不足所造成的损失。

3. 餐饮服务的差异性

餐饮服务包含着大量的手工劳动，人的工作态度、综合素质、知识水平、技能技巧各有好坏和高低，餐饮服务不可避免地会出现质量和水平上的差异。首先，不同餐饮企业由于管理水平和经营理念的不同，服务员的服务质量存在差异；其次，同一餐饮企业内部，服务人员由于受到年龄、性别、性格、受教育程度、工作经历不同等条件的限制，为就餐者提供的服务肯定不同；再次，同一名餐饮服务人员在不同时间、场合、情绪状况下，对待不同对象时所提供的服务方式和服务态度也会出现一定差异。因此，制定严格的质量标准，提升员工素质，不断地改善服务质量，提高服务技能，是餐饮企业取得成功的必要手段。

洒上汤汁的白西服

某中心城市的一家五星级饭店的宴会厅里，正在举行一个宴会，该市的一位副市长身着白色西服套装，在款待西方的一位政要。宴会进程已过半，宾主双方的交谈渐入佳境，气氛相当热烈。此时值台服务员开始上其中的一道菜，不知由于何种原因，上菜服务员手中的餐盘翻倒在侃侃而谈的副市长的白西服上。顷刻间，宾主与服务员均一脸通红、十分窘迫。宴会经理与其余服务员赶紧将翻落在副市长身上的菜及汤汁去掉，并立即找了一件合身的西装换下副市长身上的白西服，宴会得以继续进行。当宴会将要结束、宾主正要握手分别时，值台服务员手捧整洁如初的白西服出现在宴会厅，这位副市长认真地说："你们的餐饮服务，当然包括后面的补救措施及速度，将使我终生难忘!"

资料来源：http：//www. doc88. com/p－07932219423. html.

思考题：该案例体现了餐饮服务的什么特点？作为餐饮服务员应如何避免这种情况的发生？

提示：该案例中的事件体现了餐饮服务一次性的特点。餐饮服务不可储存，一旦发生过错，没有重新来过的机会。餐饮企业管理者应重视餐饮服务这一特点，平时注重员工基本技能和服务水平的提高，并积极做好补救措施。

三、餐饮企业的组织结构设置及主要岗位职责

组织结构是企业为了适应环境变化，有效地开展经营活动，并为达到组织目标而设立的内部权责配置和分工协作体系，是由一系列职位或职务所明确的正式的人际关系结构。任何一家企业的经营与管理都离不开一个合理的组织结构。正确良好的组织结构能使组织发挥更好的功能，保障组织高效率和有秩序地运行，从而实现组织目标。

餐饮企业的业务活动比较复杂，主要是围绕着经营流程开展，包括食物采购、验收、储藏、发放、加工制作、销售、服务等环节。餐饮组织结构基本上以此为依据，按照这些环节设计工作任务和工作要求。餐饮组织结构的模式，可以分为独立的社会餐饮组织结构和现代酒店餐饮部的组织结构两大类。

（一）餐饮企业组织结构设置的依据和原则

1. 设置依据

每个餐饮企业具体情况不同，在不同的发展阶段应有不同的组织结构模式和特色。一般来说，结构设置的依据有以下三点：第一，结构设置和企业的发展战略相关，企业战略不同，组织结构设置存在差异；第二，组织结构设置应更好地符合企业内部需求和客户需要，保证组织内部分工明确、协调顺畅、信息沟通及时；第三，结构设置和餐饮企业规模与接待能力大小有关，企业规模大，组织结构设置复杂，反之组织结构设置相对简单。

2. 设置原则

（1）专业性原则。餐饮部门的产品生产专业化程度非常高，其组织结构的设置也应专业化，所包含的各层级管理人员和服务人员应有一定的专业知识和能力，具有相对独立的专业管理水平和操作技能，使其在自己的职责范围内能独立开展工作。

（2）弹性原则。在餐饮组织结构的设置过程中，还应注意保持一定的弹性原则，因为任何一个企业都会根据外部市场的变化，或者在内部组织结构不合理的情况下调整组织结构，那么餐饮部门组织结构的设置也应当与所在企业的结构调整相适应，保持灵活性的特点。如组织结构的内部专业分工程度同其生产接待能力相适应，管理人员和从业人员的专业水平和业务能力同其工作任务和市场环境相适应等。

（3）精简和效率的原则。餐饮部门的组织结构是服务于餐饮经营业务活动的，其组织结构的设置必须建立在人员精简和保障效率两个前提下。在满足餐饮经营业务需要的前提下，根据餐饮组织结构的规模大小、层次和形式，为部门配备合适数量和质量的人员，力求将人力成本减少到最低限度，提高效率。

（4）权责对等原则。权责对等原则强调每个工作岗位都应当有相应的权利和责任。有权必有责，有责必有权，权责相当，才能使餐饮管理者更好地实施管理活动。管理者在授权时，应把任务分解委派给不同职位的各级管理人员，落实每人的责任，该负什么责任、怎么负责都应该清楚地列在岗位职责中，促使部门内各岗位人员直接互相协调配合，不推诿不扯皮，从而有效地实现企业的经营目标。

（5）管理幅度原则。管理幅度是指一个管理者能够直接有效地管理下属的人数。管理幅度是有限的，它受到餐饮企业规模、管理人员能力、员工素质、业务部门情况、工作复杂程度等因素的影响。餐饮企业管理者要根据这些因素科学地设计管理幅度。

（6）统一指挥原则。统一指挥原则要求餐厅员工必须服从一个上级的命令和指挥，避免越级指挥和横向指挥。只有这样才能保证政令统一，行动一致。如果两个领导人同时对同一个人或同一件事行使他们的权力，就会出现混乱。

（7）协调原则。餐饮企业的产品生产是一个完整统一的过程，需要全部门、各岗位、所有员工的共同配合。协调原则一方面要求餐饮组织结构设置要服从企业整体利益和发展目标的要求；另一方面，各岗位的分工要明确、权责清楚、互相协调。

小案例

一正八副的饭店领导班子

20世纪90年代，华南某省和中原某省两家地级市市属饭店的领导班子配备，均为饭店总经理一名、饭店副总经理八名的超常配备。俗话说，“一个和尚挑水喝，两个和尚抬水喝，三个和尚没水喝”，当众人都成为领导的时候，往往意味着任何人都不能成为真正意义上的领导，其结果必然是人浮于事、遇事扯皮、内耗不断、企业经营管理不善，最后这两家饭店均宣告破产、解体。

解析：一个餐饮企业的成功与否，组织结构设置好坏起着决定作用，该案例中的结构设置主要问题在于忽略了精简和效率的原则。

资料来源：李勇平．餐饮服务与管理（第四版）．大连：东北财经大学出版社，2010：19．

（二）社会餐饮企业的组织结构及主要岗位职责

社会餐饮企业是指酒店以外的其他组织团体开设的餐饮机构，常见形式有酒楼、快餐店、茶餐厅等。其组织结构通常由两部分组成，即负责餐饮服务的前台和生产餐饮产品、保障餐饮运行的后台。如图1-1所示。

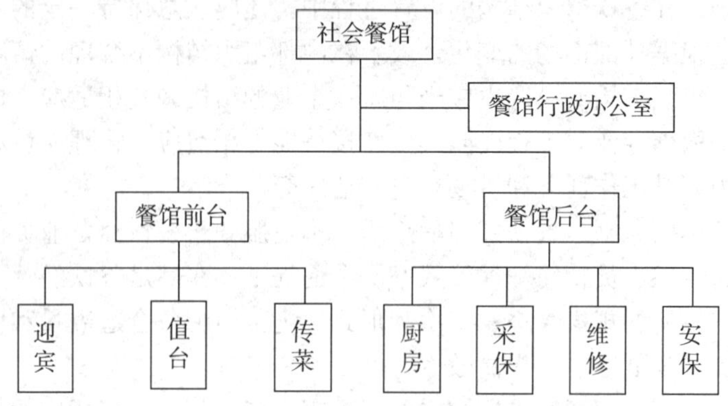

图 1-1 社会餐饮企业组织结构图

1. 前台服务性工作岗位的职责

（1）迎宾员的岗位职责。

迎宾员又称接待员、领位员，是餐厅对外展示企业形象的窗口。其主要岗位职责如下：

1）熟悉服务流程和工作程序，做好每天开餐前的迎宾工作。

2）熟悉当天的订餐和就餐情况，负责领位，将客人引领到座位处，安排客人就座。

3）为散客合理安排座位，示意值台服务员做好点餐接待。

4）引客入座的过程中，倾听客人就餐要求，并积极协助解决。

5）负责安排好候餐客人，做好对等位客人的解释和安抚工作，减少因等位造成的就餐流失率。

6）服从上级领导的其他工作安排。

（2）值台服务员的岗位职责。

1）开餐前做好全面的卫生工作，保证干净优雅的用餐环境。

2）按照质量标准布置餐厅，摆台及补充各种用品，并检查分管区域的设施设备状况及安全情况。

3）熟悉餐厅内菜品、酒水及饮料知识，做好点菜的推销工作。

4）开餐后，按服务质量标准和工作程序，向客人提供优质的餐饮服务，积极处理客人的投诉沟通工作，寻求最佳解决办法。

5）做好巡台服务工作，及时为客人斟酒上菜、清理台面、催菜和更换烟缸、餐巾纸、骨碟、餐盘等。

6）在服务过程中，与其他服务员做好沟通与协作，做好补位服务。

7）客人用餐结束后，配合传菜员及时撤台，并重新迅速摆好台面。

8）负责收档工作，收集、清理台面和地面卫生。

9）服从上级领导的其他工作安排。

（3）传菜员的岗位职责。

1）做好餐厅营业前的工作区域卫生。

2）熟知餐厅菜品特色和制作原理及配料搭配。

3）了解当天预订情况，打印出已下单的菜单，贴于传菜间。

4）准备开餐前各种菜式的配料和传菜用具，保证开餐时使用方便。

5）上菜时要准确细致核对菜名和桌号，避免上错桌。

6）积极配合前台其他服务员工作。

7）安全使用传菜间物品和工具，及时使用垃圾车带走值台服务员撤下的空盘和脏餐具。注意轻拿轻放、避免破损。

8）做好前后台协调工作，及时通知厨房菜品变更情况，做好厨房与餐厅的联系、沟通和传递工作。

9）确保传菜所用餐具清洁、卫生、无缺口。

2. 后台生产与保障性工作岗位的职责

（1）厨师岗位职责。

厨师虽然并不与客人面对面接触，但也影响客人对餐饮工作的满意度。其具体岗位职责如下：

1）做好餐前准备工作，严格按照操作规程及标准出菜，做好成本控制。

2）协助餐厅制作菜谱、菜牌，制定菜品价格。

3）服从分配，按质、按量、按时烹制饭菜，做到饭菜可口，保质保鲜。

4）遵守安全操作规程，正确使用烹饪工具。

5）计划用料，精工细作，节约水、电、燃气等用料，不造成浪费。

6）严格遵守规章制度，搞好厨房卫生。

7）研究新菜式，改善制作方法，不定期推出新菜品。

8）服从上级领导的其他工作安排。

（2）物品采购人员岗位职责。

1）根据采购申请单采购各部门所需的物品和食品。

2）负责餐厅原材料、物料的询价和采购工作。

3）熟悉业务，了解各类食品原料的名称、特征、品质、产地、价格，本餐厅营业率、配料标准和消耗定额。

4）严格执行食品安全法，不采购变质、价格不符的原材料和假货，做到量足、味美、质鲜。

5）严守财务纪律，遵守职业道德，定期报销，结算账目，严禁在采购中假公济私、营私舞弊。

6）严格验收工作程序，协助仓库管理员搞好验收，做到手续清楚，结账及时。

7）因工作失职造成经济损失和事故，采购人员必须负责。

8）服从上级领导的其他工作安排。

（3）仓库保管人员岗位职责。

1）有效管理库房，负责餐具、用具等物料的保管、发放、补充和盘点工作，随时满足对客服务中餐具、用具的使用。根据采购员的发货票数字，对入库物资进行按质量、数量、价格、规格等标准验收入库。不符合的货物退回，发现问题及时上报，严格把好质量关。

2）妥善保管库存物资，预防霉变、虫蛀和鼠咬，减少物资损耗，保证库存物资安全，防火、防盗。

3）严格执行出入库手续，定期盘点库存物品，建立账目，做到账物相符。

4）验收物资按物品的性质、数量堆放在固定位置，合理使用仓位，做到整齐美观。

5）熟悉货物，明确负责保管货物的范围。

6）负责做好仓库的清洁卫生工作。

7）服从上级领导的其他工作安排。

（4）工程设备养护和维修人员岗位职责。

1）及时受理请修要求，有重要问题及时汇报，并提出建议和解决措施。

2）负责工程维修派工工作，安排各种维修工作的具体落实，保证餐饮正常营业需要。

3）掌握餐饮系统设备运行状况，定时巡视设备工作情况，有效保障餐饮设备设施安全、经济地运行。

4）严格审查请求维修手续，完成请修单的登记、编号和分配工作，并在维修完成后，做好记录工作。

5）建立完整的设备设施技术档案和维修档案。

6）服从上级领导的其他工作安排。

（5）安保工作人员岗位职责。

1）维护好企业入口处的交通秩序，引导行人的过往和车辆的行驶，保障行人和车辆安全，使门前疏通无阻。

2）保持高度警戒，若发现精神病患者、衣冠不整及形迹可疑者，坚决拦阻其入内。

3）对待所有来客彬彬有礼，都应表示欢迎。对于乘车来的客人应协助迎宾员照料客人下车，若客人要将车停放在停车场时应引至适当的位置，如果没有车位需要向客人解释清楚，并协同客人将车停放在附近公共停车场。

4）认真学习法律知识和餐厅的各项制度与规定，加强法纪观念，严于律己，克己奉公。

5）着装整齐、精神饱满、仪表大方，对客人的询问要热情礼貌，严禁用粗言恶语对待客人。

6）做好夜间盗窃和消防安全的预防工作，消除各种隐患，保证企业财务及员工和客人的财产安全。

（三）现代酒店餐饮部组织结构及各部门主要职责

1. 酒店餐饮部组织结构

酒店规模大小不一、接待能力不同、经营任务不同，餐饮组织结构形态也各不相同。现代酒店餐饮部常见的组织结构类型如下：

（1）小型酒店餐饮部组织结构（如图 1－2 所示）。

小型酒店餐饮部规模小、员工少、结构简单。一般采用的是直线制组织结构。直线制是组织发展中一种最早、最简单的结构形式。其组织结构特点是：一切管理工作实行自上而下的领导方式，餐饮企业内的各个机构按纵向直线排列，不设专门的职能部门。从管理的最高层到管理的最基层，实行直线垂直领导，每个领导直接下达各项命令，每个下属服从上级的直接领导。该组织结构的优点是机构简单、命令统一、管理费用低、决策迅速、责权明确，缺点是对管理人员的能力要求较高，应当具有计划、协调、控制、指挥等全面管理能力。

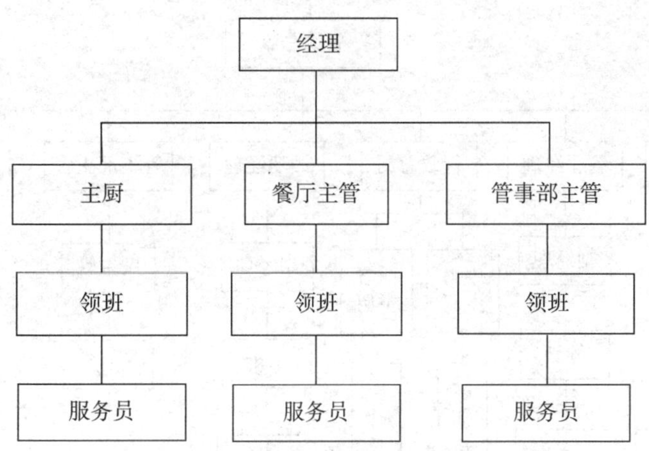

图 1－2　小型酒店餐饮部组织结构图

（2）中型酒店餐饮部组织结构（如图 1－3 所示）。

中型酒店餐饮部规模较大、分工很细、职责明确，一般采用的是直线—职能制。直线—职能制是直线制与职能制的结合，直线部门对下级有指挥权，职能部门只以参谋顾问的形式对下级机构实行业务指导，不能发号施令。该组织的优点是：既保持了直线型组织结构集中统一指挥的优点，又发挥了职能组织结构专业管理职能的作用，有利于提高餐饮企业的效率和整个餐饮企业的专业化管理水平。

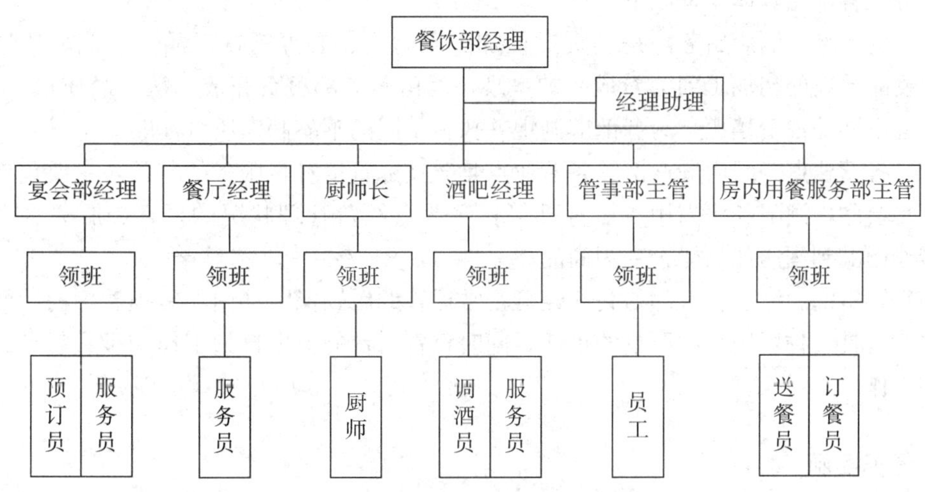

图 1－3　中型酒店餐饮部组织结构图

（3）大型酒店餐饮部组织结构（如图 1－4 所示）。

大型酒店餐饮部规模庞大、客源种类多、分工非常细致，采用的也是直线—职能制结构，但相对于中型酒店而言，结构更为复杂。在组织结构设计上有两种模式：一种是每个餐厅都有相配套的厨房，各个厨房下又有分别负责对应菜品的团队；另一种是厨房实行专业化的管理，饭店设立中央厨房，各个餐厅围绕着中央厨房设立“卫星”厨房，中央厨房和“卫星”厨房最大的优点是保证餐饮产品的安全，实行统一采购、检测、储藏、生产和运输，在一定程度上降低了餐饮成本。

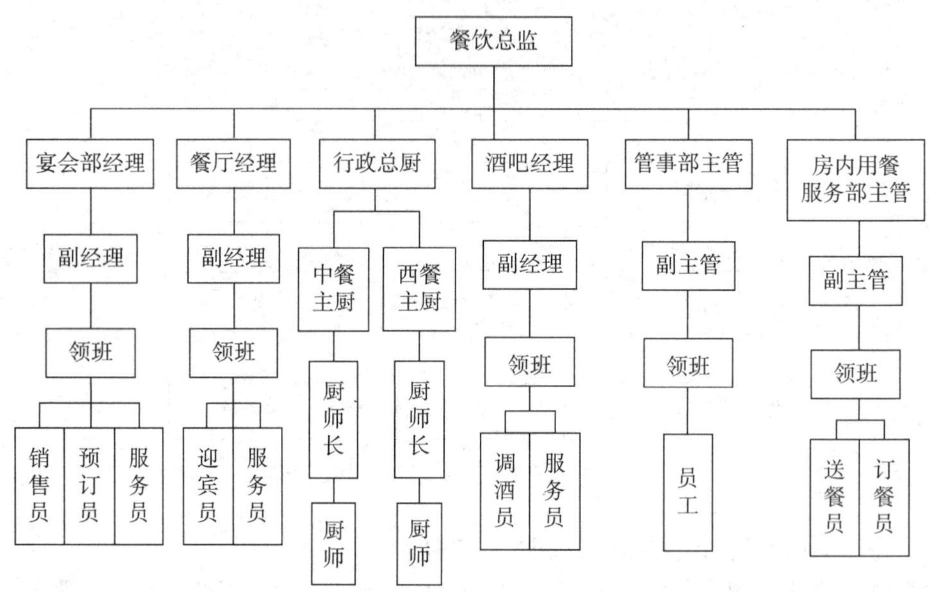

图 1-4　大型酒店餐饮部组织结构图

2. 按功能划分的餐饮部岗位职责

无论酒店规模大小，按照功能划分，可将酒店餐饮部分为厨务部、各营业点和管事部三个部分。各部门具体职责如下：

（1）厨务部。酒店厨务部是负责烹饪加工菜肴、点心等餐饮产品的部门。从过程上看，从食品原料的初加工到菜肴成品的呈现，均由厨务部负责完成。从产品质量方面看，根据顾客不同的消费档次，厨务部应制定并执行不同的菜品制作质量标准。

（2）各营业点。酒店餐饮部的各营业点是餐饮部直接对客服务的部门，主要包括各类餐厅、宴会厅、酒吧和房内用餐服务部等。营业点经营管理状况的好坏、服务水平的高低，最终影响到酒店产品能否变为商品。

（3）管事部。酒店管事部是餐饮经营正常运转的后勤保障部门，承担着为前后台运转提供清洁餐具、物资用品和厨具的重任，同时负责后台的卫生打扫工作和贵重餐具的保管与养护工作。

 任务实施

1. 管理人员首先应对该城市中知名社会餐饮企业的组织结构进行调查，了解其不同的运行模式。餐饮企业组织结构不是一成不变的，也没有固定的模式，而是应该根据市场的变化、餐饮产品的变化、经营目标的变化、工作程序的变化、员工队伍的变化等进行调整，建设智能化的组织结构是企业的追求。

2. 该餐厅是一家以经营粤菜为主的小型社会餐饮机构，组织结构设置应分为前台和后台两部分，前台岗位包括迎宾员、盯台服务员和传菜员，后台岗位包括厨师、采购人员、安保人员和工程设备维修人员，前后台各配置一名主管负责日常运行（可参考图 1-1）。另外粤菜以制作生鲜菜品为主，应在厨房设置中专设水台、砧板等岗位。

项目小结

本项目通过两个任务实施过程介绍了中外餐饮业的起源与发展、餐饮企业的表现形式和经营特点，以及不同类型餐饮企业的组织结构。通过学习，学生应该了解常见餐饮企业的基本形式和组成，掌握餐饮生产、销售和服务的特点，并能为不同的餐饮企业形态设计合理的餐饮组织结构，这是深入学习餐饮服务与管理理论知识的前提。

思考与练习

1. 我国餐饮业的发展趋势有哪些?

2. 餐饮生产、销售和服务的特点分别是什么?

3. 常见的中餐餐饮企业表现形式有哪些? 请调查你所在城市餐饮业的前五位企业并将其排序，写出每个餐馆你喜爱它的理由（至少 4 个）。

4. 掌握不同类型餐饮企业的组织结构，小组分工调查本地两家不同规模和类型的餐饮企业，了解其组织结构形式并分析其合理性。

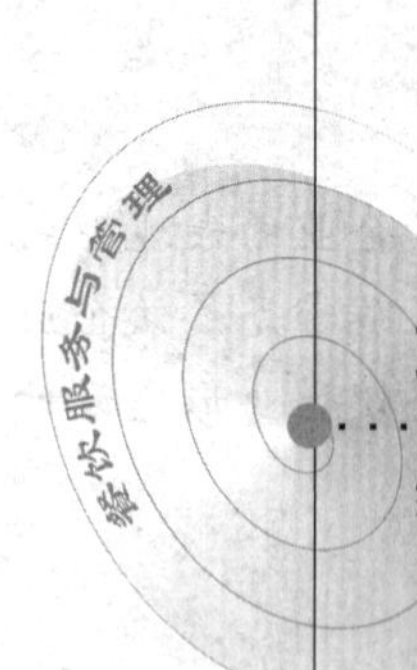

项目二 餐饮服务基本技能培养

学习重点和难点

1. 托盘的种类、规格；
2. 托盘的操作方法与程序；
3. 台布铺设的方法与技巧；
4. 餐巾的种类、用途，餐巾折花的方法、要领与摆放要求；
5. 中、西餐摆台的操作程序与要领；
6. 中、西餐斟酒服务的操作要领与标准。

技能点

1. 分小组练习，模拟托盘、铺台布、折餐巾花、斟酒与中西餐摆台服务技能的操作方法、程序与要求；
2. 能够运用所学知识独立完成各项技能的操作并达到规范与要求；
3. 在具体操作过程中遇到突发状况能够及时并合理解决。

引 例

危险的操作

某高档餐厅，一桌吃火锅的客人正在用餐中，看到锅下面的火小了，就招呼服务员添加酒精，服务员走过来看到火好像是“灭”了，就直接把酒精倒在了酒精炉里，结果火苗突然间一下就蹿了起来，客人吓得急忙跳开，险些把桌子碰翻，服务员急忙拿湿毛巾压火，才把火熄灭。

资料来源：李勇平. 餐饮服务与管理（第四版）. 大连：东北财经大学出版社，2010：31.

【解析】

作为餐厅的服务人员，仅仅具备良好的服务意识是不够的，还应该掌握服务必须具备的基本技能与相应的服务经验，这样，才能够为宾客提供优质的服务，才能使宾客满意。

任务一　掌握托盘技能

托盘，是餐厅服务员进行服务工作最基本的用具，熟练使用托盘也是服务员应具备的最基本技能之一。在服务过程中，服务员使用托盘为客人提供上菜、斟酒、递送餐具、结账等服务，不仅可以使操作更加方便快捷、节约时间和体力、提高工作效率，同时还可以表示对宾客的尊重。

任务导入

失误的操作

某饭店餐饮部的一间宴会厅里，客人都已经就座，大家相互问候，气氛融洽，准备开席，一切都按照饭店的要求在有条不紊地进行。当服务员在为一位漂亮的女士斟倒酒水时，由于左手托盘没有掌握好平衡，托盘瞬间歪斜，已经开封的酸奶瓶也随之倒下，服务员虽然反应较灵敏，及时用手护住了酸奶瓶，但是酸奶还是撒到了客人的衣服上，同时也把客人们吓得不轻，服务员连忙道歉。

思考： 1. 面对这种情况，服务员应该如何解决问题？

2. 作为一名服务员，如何更好地掌握托盘服务技能？

基础知识

托盘可根据各种因素划分为不同的类型。不同类型的托盘，其作用和操作方法也不尽相同。

一、托盘的种类与用途

（一）托盘的种类

1. 按照托盘的制作材料划分

按照制作材料的不同，托盘可划分为木制托盘、不锈钢托盘、塑料托盘、胶木防滑托盘、金属托盘等。

2. 按照托盘的形状划分

按照形状不同，托盘可划分为圆形托盘、长方形托盘、椭圆形托盘、异形托盘等。

3. 按照托盘的尺寸划分

按照尺寸不同，可分为大、中、小三种规格的托盘。

（二）托盘的用途

1. 大号长方形托盘、椭圆形托盘

主要用于运送较重的物品、托运菜品、收运餐具等服务工作。

2. 大号、中号圆形托盘

主要用于提供酒水、摆台、送菜分菜、席间撤换餐具等服务工作。

3. 小号圆形托盘

主要用于递送账单或运送其他体积较小的物品等服务工作。

4. 异形托盘

主要用于鸡尾酒会、冷餐会或其他主题活动的服务工作。

目前，餐厅普遍使用的托盘为胶木托盘，这种托盘具有使用方便、防滑等优点，不足之处在于容易破损、成本较高。

二、托盘的操作方法与操作程序

在托盘的具体操作中，要求服务人员讲究卫生、启运便捷、托平走稳、汤汁不洒、菜形不变、动作熟练、活动自如。按照托盘内摆放物品的重量区分，在使用托盘为宾客提供服务时，有轻托与重托两种操作方法。

（一）轻托操作方法与操作程序

轻托，又称为胸前托，通常使用中型或小型的圆托盘进行操作，用于运送少量的菜肴、酒水，并提供上菜、摆台和撤换餐具等服务，所托的物品重量不超过5千克。由于轻托一般都是在客人面前操作，因此，操作的熟练程度与正确的使用方法尤为重要，它是评价服务人员服务技能水平与餐厅服务质量的重要标志。

1. 操作方法

操作时，左手托盘，小臂垂直于胸前弯曲成90度，肘部与腰部距离约为10厘米，通常为一个拳头的尺寸，手掌心向上，五指自然分开，手指指端与手掌根部成凹形托住托盘底部中间部分，手掌心不与盘底接触，形成六个着力点，在操作过程中利用六个着力点随时调整托盘的平衡。如图2-1所示。

图2-1 轻托

2. 操作程序

（1）理盘。根据所托运物品的要求，选择干净、合适的托盘，在盘内垫上洁净、拧干水分的湿垫布，垫布四边与托盘底对齐，这样既整洁美观又可以避免盘内所托物品的滑动而影响操作质量。

（2）装盘。根据所托物品的体积、形状以及使用的先后顺序合理摆放，以操作安全、便于取用为原则。具体摆放要求是：高物、重物放在托盘的里侧，低物、轻物放在托盘的外侧；先上桌的物品放在托盘的上面和前面，后上桌的物品放在托盘的下面和后面。

装盘时托盘内的物品要均匀分布、安全稳当，物品间要留有一定的距离，注意重心的把握与控制。

（3）起托。起托时左脚向前一步，呈弓形步姿势，将左手与左肘放到与托盘相同的平面上，上身向左向前倾斜，用右手将托盘拉出1/3，左手伸入托盘底部，使托盘靠近胸部边沿放在左手和左肘上；待左手掌握重心后将右手完全放开；随即用右手调整托盘以及托盘内物品，确保托盘使用得安全稳妥；最后将左脚收回，保持站立姿势。

（4）站立与行走。站立时头要正、肩要平，上身保持挺直，两眼目视前方；行走时步伐轻盈、稳健、动作敏捷，精力集中；托盘随着步伐自然、轻微摆动，以酒水汤汁不外溢为基本要求。

（5）卸盘。托盘运送物品到达指定位置后，要做到小心、轻放；取出物品之前，一定要确保托盘已经放平、放稳，以免造成操作失误；取物品时，应该尽量从两边交替取下；随着物品的减少，托盘的重心也在不断变化，这时左手的手指应该不断移动，以掌握托盘的重心；同时将取出的物品按照装盘的要领合理摆放，剩余物品整理集中在一起，保持托盘内与工作台的整洁与美观。

（二）重托操作方法与操作程序

重托，又称为肩上托，通常使用大型托盘进行操作，运送较重的菜肴、酒水、餐具和其他物品等，所托的物品重量多在5～10千克。由于重托运送物品重量较重，因此对操作的熟练程度要求也比较高，如果操作失误，有可能会带来不必要的损失，甚至是人身伤害。重托主要用于传菜员传送菜品时使用。

1. 操作方法

（1）双手将托盘移至台面外，左手五指分开，全掌托住托盘底部中间部分。

（2）在完全掌握好重心后，用右手扶住托盘另一头，左手手腕向上转动，左臂向上弯曲旋转90度，右手起辅助作用，将托盘稳托于左肩外上方。

（3）重托要求盘底中心不允许搁在肩上、盘前不允许靠近嘴角、盘后不允许靠近发际。

（4）右手自然下垂随步伐节奏自然摆动或托住托盘的前部靠近身体的位置。

如图2-2所示。

图2-2　重托

2. 操作程序

（1）理盘。根据所托运的物品类型和数量，将选择好的托盘清洗干净，采用与轻托同样方法垫上清洁、拧干净的湿垫布，起到防滑美观的作用。

（2）装盘。由于重托运送物品一般都是菜肴或较重物品，为保证运送的质量与安全，对装盘这一环节要求较高：摆放物品时要均匀稳定，合理掌握物品摆放的位置，物品之间要留有一定的距离，注意控制整个托盘的重心。例如，在摆放三个同样大小、形状的小汤锅时，就可以摆放成品字形，这样不仅美观，节约空间，同时还可以在运送行走的过程中保证安全操作。

（3）起托。起托时左脚向前一步，呈弓形步姿势，屈膝弯腰，双手将托盘的1/3拉出，按照重托的操作方法将托盘托起；待左手掌握重心后右手离开托盘自然下垂，保持站立姿势。

（4）站立与行走。站立时头要正、肩要平，上身保持挺直，两眼目视前方；行走时步伐轻盈、不宜过大，做到盘平、肩平、物平；托盘不晃动，转动或拐弯不碰角，行走时不摇摆，与身体保持一定的距离。

（5）卸盘。运送物品到达指定位置后，要保持重心并轻放，取物品时，采用先上面或两边交替的方法进行操作；物品要轻拿轻放，注意不要将饭菜汤汁溢出，不要将物品损坏。

目前，大多数酒店已经很少采用重托的方法运送物品了，而改用小型的手推车进行操作，这样既安全又省力。虽然如此，但是餐厅也会要求服务员将此项技能作为基本服务技能进行练习，以备工作中的不时之需。

三、使用托盘行走时的步态

（一）常步

常步是指使用托盘的服务员采用自己平常行走的步态来完成端托操作。此种步态的特点是快慢适宜，步距匀称。

（二）垫步

垫步是指使用托盘的服务员采用前脚进一步，后脚跟一步的行进步态来完成端托操作。此种步态适用于在行进过程中突然遇到障碍或者在即将到达目的地时需要减速以及穿行狭窄的通道时使用。

（三）碎步

碎步是指使用托盘的服务员采用比平时行走时较小的步伐，以较快步速行进的步态来完成端托操作。此种步态适用于端托汤类菜肴，服务员应尽量保持上身的平稳，使汤汁不容易溢出。

（四）快步

快步是指使用托盘的服务员行走步幅稍大，但又为了避免让菜肴汤汁溢出或菜肴变形而不能用跑的步态来完成端托操作。此种步态适用于对上桌时间和速度都要求较高的菜肴，如锅仔类、拔丝类菜肴等，否则会影响菜肴的风味以及口感。

（五）跑楼梯步

跑楼梯步是指使用托盘的服务员采用较大步距，巧妙利用身体和托盘的运动惯性通过楼梯通道的行走方式。具体要求是服务员身体略向前倾，重心前移，上升速度快且均匀，通常适用于餐厅与厨房有楼梯间隔的餐饮企业，达到既快又省力的效果。

参考资料

中西餐对托盘服务的要求不同

中餐服务与西餐服务的操作过程中都会经常使用到托盘，但是在实际的工作中，为什么在西餐服务中使用托盘的次数和机会却远不如在中餐服务中使用的多呢？因为在西餐服务的过程中，有许多的操作动作都需要服务员徒手进行，同时为了使服务更具有观赏性，特别注重在少用及尽量不用服务用具的前提下，用双手来完成，给服务员提供展示服务技巧与个人风采的机会，同时也会给就餐的宾客带来除美食以外更加美好的享受与体验。

资料来源：国家旅游局人教司．宴会厅服务．北京：高等教育出版社，1992：12.

任务实施

1. 发生此类事件时，服务员首先应该诚恳地向客人道歉，安抚客人的情绪。然后立刻帮助客人用餐巾擦拭衣服上的污渍，如果有大面积的污渍，需要将衣服脱下来清洗时，服务员应征求宾客意见，是否愿意穿清洗干净的备用衣服或员工工衣。如果愿意替换，马上去洗衣房清洗后，在客人走之前用最短的时间将衣服送回；如果客人不愿意，可以商量吃完饭后为其找一个地方休息，趁休息时间去清洗。而且，事后应给予客人一定的赔偿或补偿，比如餐费打折、赠送水果、贵宾卡等，还需要餐厅经理亲自出面向客人道歉。

2. 作为餐厅的服务员，掌握托盘的操作是最基本的技能要求之一，也是必备的专业知识之一。餐饮企业要对服务员进行严格的技能培训与服务意识以及心理素质的培养。应该做到不定时的、阶段性的、不同方法的培训，员工通过考核合格后才能够上岗。对于一些心理素质较差的服务员，由老员工带领，多实践，多服务，这样就不会在为客人提供服务时因为技能操作不过关或紧张而造成失误。

任务二　掌握铺台布技能

台布，也可以称为桌布，是指覆盖于台面、桌面上用于防污的物品，也是餐厅摆台必备的物品之一，同时适当的台布还可以起到装饰美化餐厅、增加宾客就餐愉悦感的作用。使用台布过程中，在台布的种类与规格的选择上，应该与餐厅的经营类型、规格大小、装修环境、装修风格、宴会性质等方面相协调，这样才能够更加突出台布的作用与效果。

任务导入

一家四星级的饭店在即将开业之前，要对招聘入职的餐饮部服务员进行台布铺设的技能培训，你认为培训内容的要点是什么？

基础知识

一、台布的种类与规格

（一）台布的种类

台布的种类有很多，按照不同性质划分，主要有以下四种。

1. 按照台布的颜色划分

台布的颜色主要有白色、粉色、黄色、绿色、红色等。其中白色台布使用较多，其他颜色鲜艳的台布多适用于各种主题鲜明的餐厅以及各种主题宴会。

2. 按照台布的质地划分

台布的质地主要有塑料台布、化纤台布、纯棉台布、绒质台布等。其中纯棉台布因其具有吸湿性较强、手感舒适的特点，在餐厅中使用范围较为广泛。

3. 按照台布的形状划分

台布形状主要有圆形、长方形、正方形等。其中圆形台布主要适用于中餐的圆形台面，长方形台布主要适用于西餐不同规格的长条形餐台，正方形台布则常适用于零点方形台或圆台。

4. 按照台布的图案划分

台布花型主要有散花台布、工艺绣花台布、提花台布、团花台布等。其中提花台布因其具有美观、便于清洗的特点，所以在餐饮企业中使用较为普遍。

（二）台布的规格

台布的规格有很多种，在使用时应该根据餐台的大小选择适当规格的台布。餐厅经常使用的方形台布有以下几种规格。

1. 140cm×140cm 台布

此种规格的台布适用于 90cm×90cm 的方形台。

2. 160cm×160cm 台布

此种规格的台布适用于 100cm×100cm、110cm×110cm 的方形台。

3. 180cm×180cm 台布

此种规格的台布适用于直径 150cm、直径 160cm 的圆形台。

4. 200cm×200cm 台布

此种规格的台布适用于直径 170cm 的圆形台。

5. 220cm×220cm 台布

此种规格的台布适用于直径 180cm 或 200cm 的圆形台。

6. 240cm×240cm 台布

此种规格的台布适用于直径 220cm 的圆形台。

7. 260cm×260cm 台布

此种规格的台布适用于直径 240cm 的圆形台。

除方形台布外还有长方形台布，如 180cm×300cm 等不同规格。这类台布主要用于长方形台及西餐的各种餐台，如果在使用过程中一块不够，也可以根据餐台的大小形状选用不同数量、相同规格的多块台布进行拼接，拼接时只要注意将接口处拼接压整齐就可以使用。多数中餐厅也会选择圆形台布，台布大小的基本要求是铺设好的台布应在桌面各边缘下垂 30 厘米左右或接近地面、各边距地面距离相等。

二、台布的铺设

台布铺设是将台布平整舒适地铺在餐桌上的过程。铺台布的基本要求是：台布不接触地面，台布中间折痕的交叉点正好在餐台的中心位置；台布正面凸缝朝上，中心线直对正、副主人席位，台布四角呈直线下垂状，下垂部分均匀相等；铺好的台布应平整没有皱纹。

（一）准备工作

（1）服务人员将双手清洗干净，对准备使用的每块台布进行检查，如发现有破损、油渍、污渍的台布应立即更换。

（2）服务员站在距离餐台 40 厘米处，将叠好的台布放于餐桌上。

（3）中餐铺台布时，服务员应站在副主人席位，将台布放于副主人席位处的餐台上。

（4）西餐铺台布时，服务员需站在餐台的长边一侧，距离餐台 40 厘米，将叠好的台布放于餐桌上。

（二）铺设方法

1. 中餐台布铺设方法

（1）推拉式铺设方法。此种方法是将台布正面朝上打开后放于餐桌上，将台布贴着餐桌台面平行推出去再拉回来。具体做法是服务员站在副主人位置上，右脚向前迈出一步，上身稍微前倾，两只手一左一右距离略比肩宽，分别抓住台布靠近胸前的一边，用两个手臂的臂力将台布沿着桌边向胸前收拢，然后沿着桌面用力将台布向主人位推出再迅速拉回。此种铺设方法多于零点餐厅或较小的餐厅使用。

（2）抖铺式铺设方法。此种方法是服务员将台布正面朝上打开后放至餐桌上，将台布一次性抖开再拉回来。具体做法是服务员站在副主人位置上，右脚向前迈出一步，上身稍微前倾，两只手一左一右距离略比肩宽，分别抓住台布靠近胸前的一边提拿于胸前，身体呈正位站立式，利用双腕的力量，将台布向主人位一次性抖开，拉回再平铺于台面。此种铺设方法适合于较宽敞的餐厅或在周围没有其他客人就座的情况下使用。

（3）撒网式铺设方法。此种方法是服务员站在副主人位置上，将台布正面朝上打开后放至餐桌上，右脚向前迈出一步，上身稍微前倾，两只手一左一右距离略比肩宽，分别抓住台布靠近胸前的一边提拿至左肩后方，上身向左转体，下肢保持不动并在右臂与身体回转时将台布斜着抛撒出去至身体前方，上身同时转体回位，将台布平铺于台面上。此种铺设方法适合于较宽敞的场地或在技能比赛时使用。台布铺设完成后，服务员应将拉出的餐椅送回原位。

2. 西餐台布铺设方法

西餐台布铺设的基本步骤如下：

（1）服务人员将台布横向打开，双手拿住台布靠近身体的一个侧边，将台布推至餐桌的另一侧。

（2）推出后将台布向身体方向慢慢拉回，注意尺寸的把握，以免拉多。

（3）台布正面朝上，中间鼓起部分居中向上，四周下垂均匀相等。

（4）同时铺设几块台布时，台布的鼓起部分方向要一致。

（5）每块台布拼接处边沿最少要重叠 5 厘米。

（6）铺好的台布要求平整，无褶皱。

任务实施

台布铺设的要点有以下几方面：第一，铺设台布时，按照要求站在指定位置且身体不挨餐台边缘。第二，无论采取哪种铺设方法，操作过程中台布不允许接触地面。第三，台布的中心折痕交叉点应该在餐台的中心位置。第四，台布的正面凸缝要朝上，中心线要直对正主人与副主人席位；西餐中心线要直对餐台短边的两位客人。第五，铺好的台布台面要平整。第六，四角下垂，且下垂部分要与地面距离相等。第七，整个操作潇洒、标准，要求一次性完成。

任务三　掌握餐巾折花技能

餐巾，又可以称为口布、席巾，是各类宴席中必不可少的用品。餐巾不仅可以让客人用来擦嘴、擦手，防止油污、汤汁溅到客人身上，从而起到保洁作用；还可以通过各种实物造型点缀席面，美化就餐环境，达到渲染就餐氛围的效果，给宾客以欢快、美好的享受；同时也是宾客就座席位的重要标志和身份的体现。

任务导入

宴会上的黄菊花

时值隆冬，北京街头已是银装素裹、大风呼啸，行人甚是稀少。可是在市中心外的某大酒店里却是一番张灯结彩、充满热闹的景象。今晚，这里有一个盛大的宴会，各国在京的大企业家汇聚一堂，听取某大公司总经理关于寻求合作伙伴的讲话，会后客人们被请到一个大宴会厅，每张桌上都放着一盆大绣球似的黄澄澄的菊花插花，远远望去，甚是可爱。客人们按照指定的桌位一一坐好，原先拥挤的入口处在引领小姐来回穿梭的指引下，很快又恢复了常态。客人们开始了新一轮的谈话。引座小姐发觉，左边几张桌子前仍有几名客人站着，不知是对不上号还是有别的原因，于是走上前去进行了解，原来那些客人都是法国人。由于不懂法语，引座小姐请来了专门的翻译，交谈后获知，法国人认为黄菊花是不吉利的，因此不肯就座。引座小姐赶紧取走插花，换上红玫瑰花束，客人脸色顿时转愁为喜，高兴地坐下了，引座小姐请翻译再三表达真诚的歉意。

资料来源：http：//wenku. baidu. com.

思考：通过案例分析此事件的发生对饭店经营与管理有怎样的启示。

基础知识

一、餐巾的种类

（一）按照餐巾的质地划分

1. 纯棉质餐巾

此类质地的餐巾手感柔软，吸水性与去污力较强，容易折叠成型，折叠效果好，但是容易有折痕，折叠一次后必须清洗、上浆、熨烫，否则会影响二次的折叠效果。

2. 化纤质餐巾

此类质地的餐巾透明感强，颜色亮丽且有弹性，可以多次折叠且不用上浆，但是吸水性相对较差，可塑性不如纯棉质餐巾好。

3. 棉麻质餐巾

此类质地的餐巾质地较硬，一旦折叠成型就会保持较长的时间，折痕不容易消失，必须经过清洗后才可以恢复原来平整的状态。

4. 纸质餐巾

此类质地的餐巾成本较低，方便随时更换，虽然可以循环利用，但是不够环保，正式高档的宴会不宜选择，否则会给人不正式和档次低的感觉。

（二）按照餐巾的颜色划分

1. 白颜色餐巾

白颜色的餐巾给人以干净、卫生、素雅、恬静之感，可以安稳宾客的情绪，虽然不耐脏，但是在餐厅中应用却最为广泛。

2. 冷色调餐巾

此种颜色的餐巾给人以平静、凉爽、舒适之感，如浅蓝色、青色、湖蓝色等，一般适用于西餐厅。

3. 暖色调餐巾

此种颜色的餐巾给人以兴奋、热烈、鲜艳夺目、典雅高贵的感觉，如粉红色、黄色、淡紫色等，一般适用于较为高档的宴会使用。

4. 条状色餐巾

此种颜色的餐巾给人以清爽、不拘一格、焕然一新的感觉，一般在零点餐厅或西餐厅应用比较多。

（三）按照餐巾的规格划分

比较常见的规格有45cm、51cm、61cm见方的餐巾。不同的国家、不同的地区、不同风格的餐厅在规格的选择上也有着不同的标准与要求，但无论选择哪一种规格的餐巾，都要与餐厅的环境、氛围、餐具等因素相匹配。

二、餐巾花的选择原则

餐巾花的种类很多，截至目前，已经使用的就达到200多种，常用的也有几十种，主要包括动物类、植物类以及实物类三种造型。

选择餐巾花时，具体的原则有以下几点。

（一）根据季节的变换选择花型

例如春天适宜选择迎春花、花枝蝴蝶等花型；夏天适宜选择荷花、出水芙蓉等花型；秋天适宜选择海棠花、枫叶等花型；冬天适宜选择企鹅、梅花等造型。

（二）根据宴会的性质选择花型

例如生日宴适宜选择寿桃、一帆风顺等花型；婚宴则适宜选择玫瑰花、比翼双飞等花型。

（三）根据接待环境选择花型

例如视野开阔的厅堂适宜选择形体较大的花型，小型厅堂则适宜选择小巧玲珑的花型。

（四）根据宾客的身份、宗教信仰、当地的风俗习惯选择花型

例如信仰佛教的人喜欢僧帽折花，美国人喜欢山茶花，英国人喜欢蔷薇花，而泰国人则喜欢睡莲造型等。

（五）根据宾主的席位安排选择花型

宴会主人席位的餐巾花应选择体积稍大、美观醒目的花型，能够突出主人在诸多宾客中的地位与身份，如马蹄莲、长颈鹿等。

三、餐巾花的摆放方式与摆放要求

（一）餐巾花的摆放方式

1. 杯花

将折好的餐巾花插入杯中称为杯花。其特点是造型逼真、多样、持久、立体感强，但是杯花折叠一般比较复杂，有的花型必须插入杯中才能完成其造型，因此不仅容易污染杯

具，而且取出后折痕多且不易整平。中餐厅广泛使用的是杯花，也有一些餐厅内逐步改用盘花，但在渲染气氛方面，盘花远不及杯花效果好。

2. 盘花

将折好的餐巾花平放在盘内称为盘花。其特点是造型较大、手法简单、方便储存、打开后比较平整，给宾客以干净整洁的感觉。盘花在西餐厅中广泛使用，随着国际交往的日益频繁，现在一些中餐厅也会使用盘花。

3. 圈花

圈花是将折叠好的餐巾套入直径为3～5厘米金属或其他材质的一个小环内，小环居于的位置根据花型来决定，摆放于每个餐位餐盘的居中位置或所有餐具的右侧，与杯花和盘花相比较，圈花种类较少，折叠手法简单，用时少，给人以简单大方、眼前一亮、体现档次的感觉。圈花广泛使用在高档中餐厅中。

（二）餐巾花的摆放要求

（1）按照席位安排，在主人席位摆放主花，正确选择花型并高于其他餐巾花的高度。

（2）将餐巾花插入杯中时掌握深度，放入盘中时掌握体积大小，保持餐巾花的完整与美观。

（3）餐巾花的最佳观赏面应朝向宾客。

（4）餐巾花间距恰到好处，不影响宾客间注视交谈，不影响服务员席间操作。

（5）相同的中餐餐台，在选择花型时尽量采用不同类别的花型，以示区别。

四、餐巾花的折叠

（一）折叠方法与要领

1. 叠

叠是餐巾折花中最基本的技法，将餐巾一折二、二折四或叠为长方形、三角形、正方形、梯形等，如公主王冠等。叠的要领是掌握好角度，一次叠成，如重复折叠，会使餐巾留下折痕，影响餐巾花的美观与质量。

2. 推

推是打折时为将餐巾折成不同的褶所运用的一种方法。具体操作时两手大拇指相对成一线，指面向外，指侧面紧按餐巾向前推折，两手食指将推折好的褶挡住，两手中指控制好下一个褶的距离，三个手指互相配合做往返运动，如朝阳立扇等。推的要领是推出的褶要均匀整齐。

3. 卷

卷是用大拇指、食指、中指三个手指相互配合，将餐巾卷成各种圆筒状，分为直卷和螺旋卷（如白鹤亮翅）两种。直卷分有单头卷、双头卷、平头卷等。卷的要领是卷紧、卷挺。

4. 翻

翻是在餐巾花折制过程中，把餐巾折、卷的部位翻成所需花样的方法。具体方法是用右手大拇指、食指、中指三个指头配合，把初具成形的餐巾翻成所需形状，分紧翻和松翻两种，如玫瑰花开等。翻的要领是注意大小适宜，自然美观。

5. 拉

拉是在翻的基础上，为使餐巾花造型挺直而使用的一种方法。一般在餐巾花半成形时进行，把半成形的餐巾花攥在左手中，用右手拉出一只角或几只角来，如迎风帆船等。拉的要领是大小比例适当，造型挺括。

6. 穿

穿是将餐巾先推好后攥在左手掌心内，用筷子一头顶在自己身上，一头穿进餐巾褶缝里，然后用右手大拇指和食指将筷子上餐巾一点点向后拨，直至把筷子穿出餐巾为止，穿好后先把餐巾花插入杯子内，然后再将筷子抽掉，否则容易松散，一般可穿一根、两根、三根或四根筷子，视需要而定，如槐花如云等。穿的要领是穿好的褶要平、直、细小、均匀。

7. 掰

掰是使用餐巾折叠花束的方法。将餐巾做好的褶用右手按层次一层一层掰出层次成花蕾状，掰时不要用力过大，以免松散，如鸟语花香等。掰的要领是层次分明、间距均匀。

8. 捏

捏这种方法主要是用于做动物（如鸟）的头部造型。操作时先用右手食指将餐巾一角用力向上顶出一只顶角，然后用食指从顶角上方向下压，用大拇指和中指夹着两边，接着一面抽出食指，一面将大拇指和中指用力捏紧，并同时将捏在手指中的巾角向上，拉直成鸟头状，如比翼双飞等。捏的要领是棱角分明，头顶角、嘴尖角到位。

9. 攥

攥是为使餐巾花型不至于走样或脱落而使用的手法。一般使用左手攥住餐巾的中部或下部，再用右手操作其他部分。攥的要领是攥在手中的餐巾不能挤散。

实际操作中，每种餐巾折花造型都是多种技法的综合运用。

餐巾折花的基本花型如图 2-3 所示。

公主王冠　朝阳立扇　白鹤亮翅　比翼双飞

玫瑰花开　迎风帆船　槐花如云　鸟语花香

图 2-3 餐巾折花基本花型

（二）餐巾花折叠注意事项

（1）操作前要将双手清洗干净。

（2）操作要在干净的托盘或台面上进行。

（3）操作时不允许用嘴叼、用牙咬或借助其他的外力。

（4）放入杯或盘中时，手尽量不要大面积地接触杯或盘。

（5）清楚了解就餐宾客的生活禁忌与风俗习惯，选择合适的花型。

参考资料

餐巾的由来

餐巾的由来可追溯到古代。在15—16世纪的英国，因为还没有发明剃须刀，男人们都留着大胡子。当时也没有发明刀叉，男人们采用手抓肉食的方法，这就很容易把胡子弄得很油腻，无奈他们只得扯起衣襟往嘴上擦。家庭主妇们见到这种既不卫生又失大雅的动作后就想了个办法——在男人的脖子下挂块布巾，这就是最初的餐巾。由于这种大块的餐巾使用时显得过于累赘，英国伦敦有一名裁缝想出了一个新主意，将餐巾裁成一块块的小方块，使用时方便，从而逐渐形成了现在宴席上用的餐巾。在我国古代也有原始的餐巾。《周礼·天官·幂人》载：幂人“掌共巾幂”，即用巾覆盖食物之意。《周礼·天官·冢宰》中又载有“幂人”即专管王室日用巾幂的职官，当时一个“幂人”领导30多人，其中“奄”（行宫刑男奴）1人，“女幂”（制裁巾幂的女奴）10人，“奚”（奚族奴隶）20人。他（她）们都是在王宫中专管罩护食物和伺候餐巾的工作。由此可见，在两千多年前，我国就已用毛巾覆盖食物，这种毛巾，也可算得上世界上最古老的餐巾。到了清代，皇帝吃饭的时候使用的是一种称为“怀挡”的餐巾，这种锈有福寿吉祥图案的餐巾是用明黄（皇帝御用的颜色）绸缎绣制而成，它的一角还有扣拌，便于用餐时套在衣扣上。这种具有中国特色的餐巾，比一般的西方餐巾要华贵得多，而且使用也方便。餐巾作为现代宴会的重要装饰，与丰美的中国烹饪相映生辉，与人们的饮食生活相协调，成为现代餐饮活动一道亮丽的风景线。

资料来源：https：//zhidao. baidu. com.

任务实施

宴会餐巾花的使用是一种艺术，涉及许多美学及其他的学问，特别是高档宴会，更要考虑周全，精心摆设。世界上不同民族对鲜花的好恶程度不尽一致。以黄菊花为例，法国人认为此花会带来晦气，所以很忌讳；日本人却正好相反，因为在日本，菊花是皇室专用的一种贡花，它代表高贵与尊严，所以在宴请日本客人时，如果在花盆中插上几只黄菊花，效果一定非常好；中日两国对待荷花的态度却大相径庭，中国人普遍喜欢荷花的纯洁与高雅，而日本人对它却是毫无好感。所以在餐厅摆放鲜花以及餐巾折花时，一定要提前了解各个国家、各个民族对于不同色彩、不同花型的不同情感，以免弄巧成拙，产生负面影响。

任务四　掌握中餐摆台技能

摆台是指摆放宾客用来进餐所需的所有物品的全过程，包括确定主次席位，摆放餐桌餐椅、餐具用具、水杯酒杯、装饰物，美化席面等。摆台是餐厅服务员必须掌握的一项基本技能，也是一门技术。摆台效果的质量直接影响餐厅的环境、氛围，更会影响到就餐者的心情，也是宴席成功与否、服务质量好坏的重要标志。

摆台要求在整个过程中用托盘进行操作，符合卫生标准与操作标准，做到动作轻缓，摆出的台面符合宴会的性质，方便宾客就餐，同时有利于服务员席间服务，要给人以清洁、整齐、舒畅、符合主题的感觉。

摆台可以分为中餐摆台和西餐摆台两大类，本任务主要介绍中餐的便餐摆台与宴会摆台的基本程序与要求。

任务导入

为总统夫人用中餐备妥刀叉

2001 年 6 月，中国领导人与中亚五国首脑在上海会面。俄罗斯总统普京的夫人忙里偷闲，赴上海老饭店品尝上海菜。服务人员担心普京夫人不会用筷子，特意为她放置了一副吃西餐用的刀叉。普京的夫人为了表示友好，几乎自始至终都在努力地使用筷子，只是在品尝干烧明虾时用了一次刀叉。

资料来源：李勇平. 餐饮服务与管理（第四版）. 大连：东北财经大学出版社，2014：39.

思考：在接待外国用餐者时，如何能做到合适的摆台？

基础知识

一、中餐便餐摆台

（一）摆台准备

（1）提前准备好摆台需要的所有物品，放于餐桌旁备用。

（2）认真检查物品的完整度与清洁度，发现问题及时更换解决。

（二）铺设台布

按照中餐铺设台布的方法与要求完成铺台布工作。

（三）摆转盘

（1）餐位为 8 人以上的餐台要求摆放转盘。

（2）转盘放于餐桌中心位置，转台与餐桌同心，服务员应检查转轨旋转是否灵活。

（四）摆台

1. 骨碟定位

骨碟摆放于每位宾客所对餐桌台面的正中位置，距离餐桌边 1.5cm，要求各骨碟之间的距离相等。

2. 摆放汤碗调羹

汤碗摆放于骨碟左上方，碗与骨碟靠近转盘的一边平行，间距为 1cm。调羹摆放于汤碗内，调羹把朝左。

3. 摆放筷架、筷子

筷架摆放于骨碟的右侧，间距为 1cm，筷架、碗与骨碟靠近转盘的一边平行，筷子置于筷架中间，图案朝上，距离餐桌边 1.5cm。

4. 摆放水杯

水杯摆放于骨碟正上方，间距为 1cm。

5. 摆放餐巾

餐巾花折好后，杯花插入杯中，盘花置于骨碟正中。

6. 摆放公用餐具

公用餐具包括公用盘、公用筷与公用勺，一般 8 人以上餐位要求必须提供两套公用餐具，摆放于主人与副主人位餐具正上方或转盘上，公用盘内筷子在上，勺在下，筷尾与勺把朝右。

7. 摆放牙签筒、调味壶、烟灰缸

牙签筒、调味壶、烟灰缸摆放于台面固定的位置，多数餐厅将其摆放于餐桌的左侧中间位置或台布的中线。

8. 摆放花瓶与席位卡

花瓶与席位卡摆放于餐桌的正中间，高度以不阻挡宾客视线、不影响相互交谈为宜；如果是靠墙的餐桌，则摆放于餐桌靠墙的一侧。

9. 摆放餐椅

摆放餐椅时，首先要先确定正副主人位。4 人餐桌，正、副主人位各摆 2 位或每边各摆 1 位；6 人餐桌，正、副主人位各摆 1 位，两边各摆 2 位；8 人餐桌，正、副主人位各摆 2 位，两边各摆 2 位；10 人餐桌，正、副主人位各摆 3 位，两边各摆 2 位；12 人餐台，正、副主人位置各摆 3 位，两边各摆 3 位。

二、中餐宴会摆台

与便餐不同，宴会是指人们为了同一主题和目的而举行的餐饮餐会，具有聚餐式、仪式化、社交性等特点。

（一）中餐宴会摆台的要求

1. 合理布局

合理布局的目的是有效利用宴会场地，突显出主办人的热情与用意，体现出宴会的风格主题、规模档次，同时还要便于宴会服务员进行服务操作。具体要求如下：

(1) 中餐的宴会一般都是采用圆桌进行，如果是多桌宴会，服务员首先要根据已知桌数、人数，选择好规格一致的圆桌以及餐椅，其次再根据宴会厅的地形、面积、布局设计整体台形。

(2) 根据宴会厅的实际情况留出一条宽敞的通道，作为主要人流线路，以方便宾客出入和服务员提供服务。有条件的宴会厅，宾客的行走路线与服务员的服务路线应区分。

(3) 布局时遵循中心第一、先右后左、近高远低原则。中心第一，即布局时要在众多餐桌中突出主桌，通过主桌所处位置、采光度与照明度、台布颜色与质量、餐用具的规格、花卉的不同以及装饰物的新鲜夺目来体现。先右后左，即在布局时，将仅次于主人地位的其他宾客安排于主人席位的右侧席位。近高远低，即布局时身份较高的宾客距离主人席位较近，身份较低的宾客距离主人席位较远。

（4）多桌宴会一般都会设置主席台，根据宴会性质以及主办人要求进行布置，包括会标、鲜花、屏风以及音响设备等。

（5）多桌宴会的主桌设立专门服务台、配备专门的服务员。

2. 安排席位

（1）确定主人位。中餐宴会一般用圆桌，安排席位的一般原则是：主人面朝宴会厅的入口处，主宾在主人的右侧，副主人在主人的对面，其余宾客可自由选座或视具体情况而定。

（2）座次安排。一般情况下正式的宴会座次都已经在宴会开始之前安排妥当，个别的宴会仅安排部分宾客的座次，其他宾客可以自由选择座次；大型的宴会比较正式且规模较大，邀请宾客之时会将宾客座次打印在请柬上，这样宾客就可以非常迅速地找到自己的座次，减少许多不必要的麻烦。

3. 操作要求

（1）宴会摆台所需要的餐用具比较多，除了体现服务员的专业基本技能以外，同时对体力也是一种考验，因此在具体操作过程中要求服务员按规定与标准进行操作，使用托盘操作，既节约时间，又可节省体力。

（2）在进行操作前，要求服务员双手消毒，全程戴口罩或尽量避免说话，在操作手法上尽量将手与进餐用具的接触面减少到最小，保证进餐用具最后呈现在就餐宾客面前时干净、卫生、光亮。摆台时注意动作轻缓，避免噪声。

（二）摆台

中餐宴会摆台如图 2－4 所示。

1. 摆台准备

（1）准备摆台所需物品，放餐桌旁备用。

（2）认真检查物品完整度与清洁度，发现问题及时更换解决。

图 2－4　中餐宴会摆台

2. 铺设台布

按照中餐铺设台布的方法与要求完成铺台布工作。

3. 围台裙

(1) 将台裙的围边与餐台边平行。

(2) 使用台裙夹或大头针按顺时针方向依次固定在餐桌台上。

(3) 台裙的规格应是餐桌周边下垂 20cm。

4. 摆转盘

按照中餐便餐摆放转盘的方法进行操作。

5. 骨碟定位

骨碟摆放于每位宾客所对台面的正中，距离餐桌边 1.5cm，要求各骨碟之间的距离相等。

6. 摆放汤碗调羹

汤碗摆放于骨碟左上方，味碟置于骨碟右上方，三者之间形成一个等边三角形，间距为 1cm。调羹摆放于汤碗内，调羹把朝左。

7. 摆放筷架、筷子

筷架摆放于骨碟的右侧，间距为 3cm，筷子置于筷架上，筷架在筷子上端 1/3 处，图案朝上，距离餐桌桌边 1.5cm。

8. 摆放酒杯

红酒杯摆放于骨碟正上方，间距为 1cm，白酒杯摆放于红酒杯右侧，杯底部间距为 1cm，水杯摆放于红酒杯的左侧，杯肚间距为 1cm。三杯横向呈直线，与骨碟中线垂直。

9. 摆放餐巾

在操作台进行餐巾花的折叠操作。折叠成型后，从主宾位开始，按照顺时针的方向依次摆放于直饮杯（水杯）中。

10. 摆放烟灰缸

烟灰缸从主人右侧位开始摆放，每两位宾客之间摆放一个，烟灰缸外沿与酒具外沿成弧线，两个架烟孔分别朝向左右两位客人。

11. 摆放香巾托

香巾托摆放于骨碟或汤碗的左侧，间距为 2cm，距桌边为 1.5cm。

12. 摆放公用餐具

(1) 公用餐具包括公用盘、筷子与调羹，摆放于主人与副主人位餐具正上方转盘上，距转盘边 5cm，公用筷子和公用勺置于公用盘内，筷子在上，勺在下，筷尾与调羹把朝右。

(2) 调味壶横向摆放于公用餐具的右侧，壶把朝右，两个调味壶之间距离为 1cm，距公用餐具筷尾为 5cm，将牙签筒摆放于调味壶与转盘边的中间位置，距离调味壶 1cm，距离转盘边 5cm。

13. 摆放公共用品

(1) 摆放香烟、火柴。将香烟与火柴摆放于靠近烟灰缸的位置，具体视台面情况决定；火柴置于烟灰缸外侧上方边沿，磷面向里，店徽向上。

(2) 菜单。菜单摆放于转盘中间位置；较高级的宴会会为每一位宾客提供一份菜单，摆在餐具的右侧，底边距离餐桌边 2cm。

(3) 桌花、台号。桌花摆放于转盘正中间，高度以不阻挡宾客视线、不影响相互交谈为宜，台号摆放于桌花旁边，正对餐厅入口处，方便宾客找寻。

(4) 席位卡。席位卡摆放于酒杯与转盘的中间正上方，高度以不阻挡宾客视线、不影响相互交谈为宜。

14. 摆放餐椅

摆放餐椅时，按照中餐便餐餐椅的摆放方法进行摆放。

参考资料

中餐宴会摆台原则

1. 先摆放骨碟定位，再摆放其他餐具与物品。
2. 先摆放瓷器餐具，再摆放玻璃器皿以及其他餐具用具。
3. 先摆放低的餐具，再摆放高的餐具。
4. 先摆放个人餐具用具，再摆放公用餐具用具。

任务实施

目前国内饭店在为外国宾客提供用餐服务时，并不是在所有场合都要摆放刀叉，通常只在有外国宾客参加中餐宴会时，才会考虑在他们的餐位前摆放刀叉，并在每一个服务区域的服务台抽屉中配置刀叉，以备外国宾客使用。

任务五　掌握西餐摆台技能

中餐与西餐的用餐方式不同，因此，摆台的方法也大不相同。西餐的餐台一般使用长形台或方形台。如果人数较多，则可以将台面进行拼接。西餐摆台与中餐摆台相比较为复杂，不同的菜品配备不同的餐具、用具和酒具。要求在整个摆台过程中服务员使用托盘进行操作，并符合卫生标准与操作标准。

西餐，顾名思义是西方国家的餐食。西餐的准确称呼应为欧洲美食或欧式餐饮。西餐一般以刀叉为餐具、以面包为主食，多以长形桌台为台形。西餐的主要特点是主料突出、形色美观、口味鲜美、营养丰富、供应方便等。正规西餐菜式应包括汤、前菜、主菜、餐后甜点以及饮品。西餐的用餐方式非常讲究，不同的菜品配备不同的刀叉、不同的酒杯。因此在摆台的时候，要求不仅要按照上菜的顺序进行餐具酒杯的摆放，同时还要方便客人使用。

资料来源：http://www.baidu.com.

思考：西餐服务员在摆台时，应该遵循哪些原则？

基础知识

一、西餐便餐摆台

（一）摆台准备

（1）准备摆台所需物品，放餐桌旁备用。

（2）认真检查物品完整度与清洁程度，发现问题及时更换解决。

（二）铺设台布

按照西餐铺设台布的方法与要求完成铺台布工作。

（三）摆台

1. 装饰盘（餐盘）定位

餐盘摆放于每个席位的正中间，盘边距餐桌边为2cm。

2. 摆放餐刀、餐叉

摆放餐刀与餐叉时，遵循左叉右刀的原则。从餐盘的右侧由里向外依次摆放餐刀、汤匙，刀刃朝左，汤匙朝上，餐刀与汤匙之间距离为0.5cm；装饰盘的左侧摆放餐叉，叉尖向上，与装饰盘距离为0.5cm，距离餐桌桌边为2cm；如有鱼类菜肴，需要加摆鱼刀和鱼叉。

3. 摆放面包盘、黄油刀

面包盘摆放于餐叉的左侧，面包盘盘心与装饰盘盘心成一直线，与餐桌桌边平行，间距为0.5cm；黄油刀置于面包盘上右侧1/3处，刀刃向左，刀柄朝下，上下悬空部分相等；黄油盘摆放于面包盘的正上方，间距为3cm。

4. 摆放甜品匙、甜品叉

甜品匙与甜品叉摆放于装饰盘的正前方，平行摆放，甜品叉靠近装饰盘一侧，叉柄向左，与装饰盘间距为3cm；甜品匙摆放于甜品叉外侧，匙柄向右，与甜品叉间距为0.5cm。

5. 摆放水杯

水杯摆放于餐刀正上方的3cm处。

6. 摆放花瓶，烛台，牙签盅，椒、盐盅，烟灰缸，火柴

花瓶摆放于餐台的中心位置；两个烛台分别摆放于花瓶的左右两侧，与花瓶成一条直线，间距为20cm；两个牙签盅分别摆放于烛台两侧，与烛台成直线，间距为10cm；两套椒、盐盅分别摆放于牙签盅与烛台之间的中骨线两侧，与牙签盅间距为2cm，椒、盐盅间距为0.5cm；烟灰缸与火柴摆放于椒、盐盅前方，与椒、盐盅间距为2cm，火柴置于烟灰缸外侧上方边沿，磷面向里，店徽向上。

7. 摆放餐巾

将餐巾折叠成餐巾花摆放于装饰盘正中心位置。

8. 摆放餐椅

依据席位将餐椅一一对应摆放，餐椅靠背中心与装饰盘中心对齐。

二、西餐宴会摆台

西餐宴会摆台如图2-5所示。

图 2-5　西餐宴会摆台

（一）摆台准备

（1）准备摆台所需物品，放餐桌旁备用。

（2）认真检查物品完整度与清洁度，发现问题及时更换解决。

（二）铺设台布

按照西餐铺设台布的方法与要求完成铺台布工作。

（三）摆台

1. 装饰盘（餐盘）定位

餐盘摆放于每个席位的正中间，盘边与餐桌边间距为 2cm。

2. 摆放餐刀、餐叉、汤匙

摆放餐刀与餐叉时，遵循左叉右刀的摆放原则。

（1）摆放餐刀、汤匙。摆放餐刀、汤匙，从餐盘的右侧由里向外依次摆放主菜刀、鱼刀、汤匙、开胃品刀，各相邻餐具之间距离为 0.5cm，刀刃朝左，汤匙朝上，鱼刀距餐桌桌边距离为 5cm，其他均为 2cm。

（2）摆放餐叉。摆放餐叉，从餐盘的左侧由里向外依次摆放主菜叉、鱼叉、开胃品叉，各相邻餐具之间距离为 0.5cm，叉尖朝上，鱼叉距餐桌桌边距离为 5cm，其他均为 2cm。

3. 摆放面包盘、黄油刀

面包盘摆放于餐叉的左侧，面包盘盘心与装饰盘盘心成一直线，与餐桌桌边平行，间距为 0.5cm；黄油刀置于面包盘上右侧 1/3 处，刀刃向左，刀柄朝下，上下悬空部分相等；黄油盘摆放于面包盘的正上方，间距为 3cm。

4. 摆放甜品匙、甜品叉

甜品匙与甜品叉摆放于装饰盘的正前方，平行摆放，甜品叉靠近装饰盘一侧，叉柄向左，与装饰盘间距为 3cm；甜品匙摆放于甜品叉外侧，匙柄向右，与甜品叉间距为 0.5cm。

5. 摆放杯具

（1）水杯摆放于主菜刀正上方的 5cm 处。

（2）红酒杯摆放于水杯右后方，两杯杯肚间距为 1cm。

（3）白酒杯摆放于红酒杯右后方，两杯杯肚间距为 1cm。

（4）三杯成直线，与餐桌边缘成 45 度角。

6. 摆放花瓶，烛台，牙签盅，椒、盐盅，烟灰缸，火柴

花瓶摆放于餐台的中心位置；两个烛台分别摆放于花瓶的左右两侧，与花瓶成一条直

线，间距为20cm；两个牙签盅分别摆放于烛台两侧，与烛台成直线，间距为10cm；两套椒、盐盅分别摆放于牙签盅与烛台之间的中骨线两侧，与牙签盅间距为2cm，椒、盐盅间距为0.5cm；烟灰缸与火柴摆放于椒、盐盅前方，与椒、盐盅间距为2cm，火柴置于烟灰缸外侧上方边沿，磷面向里，店徽向上。

7. 摆放餐巾

将餐巾折叠成餐巾花摆放于装饰盘正中心位置。

8. 摆放餐椅

依据席位将餐椅一一对应摆放，餐椅靠背中心与装饰盘中心对齐。

参考资料

西餐就餐刀叉礼仪

一、刀叉的使用

1. 进餐时，餐盘在中间，刀子和勺子放在盘子的右边，叉子放在左边。一般右手写字的人，西餐就餐时，很自然地用右手拿到刀或勺，左手拿叉，杯子也用右手来端。

2. 在餐桌上摆放刀叉，一般最多不能超过三副，三道菜以上的套餐，必须等摆放的刀叉用完后随着新上的菜再摆放刀叉。

3. 刀叉由外侧向里侧按顺序使用，摆放时要由内向外，外侧是最先使用的。

4. 进餐时，一般都是用左右手互相配合，即一刀一叉成双成对使用。有一些例外，喝汤时，则是把勺子放在右边，用右手持勺；食用生的牡蛎时，一般也是用右手拿牡蛎叉使用。

5. 刀叉各有不同的规格，按照用途不同来区分其尺寸大小。吃肉时，不管是否需要使用刀切，都要使用大号的刀；吃沙拉、甜食或一些开胃小菜时，要用中号刀、叉或勺；喝汤时，要用大号勺，而喝咖啡、吃冰激凌时，则用小号为宜。

6. 忌讳用自己餐具为他人布菜。

7. 不能用叉子扎着食物进口，而应该把食物铲起入口。当然现在这个规则已经变得不那么严格了。英国人左手拿叉，叉尖朝下，把肉扎起来送入口中，如果是烧烂的蔬菜，就用餐刀把菜拨到餐叉上送入口中。美国人用同样的方式切肉，然后右手放下餐刀，换用餐叉，叉尖朝上，插到肉的下面，不用餐刀，把肉铲起来送入口中，吃烧烂的蔬菜也是这样铲起来吃。

8. 如果食用某道菜不需要刀，也可以用右手握叉，例如意大利人在吃面条时，只使用一把叉，不需要其他餐具，那么用右手来握叉倒是显得简易方便；如果没有大块的肉需要切，如素食餐，蔬菜和副食也不用刀切，按理也可以用右手握叉来进餐。

9. 为了安全起见，手里拿着刀叉时切勿指手画脚。发言或交谈时，应该将刀叉放在盘上才合乎礼仪，这也是对别人的一种尊重。

10. 叉子和勺子可以入口，但是刀不可以，不管它上面是否有食物，除了礼节上的要求，刀子入口也是很危险的。

二、刀叉的摆放

在西餐就餐时，刀叉的摆放也是有含义的，宾客的食用状态都是通过刀叉的摆放来传达。

1. 我尚未用完餐：盘子没空，如果你还想继续用餐，把刀叉分开放，大约呈三角形，那么服务员就不会把你的盘子收走。

2. 我已经用完餐：可以将刀叉平行放在餐盘的同一侧，即使你的盘子中还有食物，服务员也会明白你已经用完餐了，会在适当的时候把盘子收走。

3. 请再给我添加饭菜：盘子已经空了，但是你还想用餐，把刀叉分开放，大约呈八字形，那么服务员会再给你添加饭菜。此方法只有在准许添加饭菜的宴会上或在食用有可能添加的那道菜时才适用；如果每道菜只有一盘，你就没有必要把餐具摆放成这样了。

资料来源：https：//www. baidu. com.

任务实施

西餐摆台的原则：

1. 装饰盘居中，叉子在左，刀匙在右，刀口向左，刀尖、汤匙向上。

2. 装饰盘前摆放甜品匙与叉，甜品叉在内，叉柄向左；甜品匙在外，匙柄向右。其余用具酌情摆放。

3. 酒杯放在刀匙上方，从上到下，依次为水杯、红酒杯、白酒杯。

4. 西餐餐巾用盘花，整理成型居中摆放于盘内。

任务六　掌握斟酒技能

中国有句俗话，叫做“无酒不成席”，所以不论是何种形式的宴席，都少不了酒。通过酒，宾客之间可以进行更多的沟通与交流，不仅可以增加彼此间的感情，同时也可以活跃宴席的气氛。因此，作为餐厅的服务员，为宾客提供斟酒服务时，要求按照规范的操作方法与标准进行，在体现餐厅服务水平、服务员职业素养的同时，为宾客创造良好的就餐环境。

任务导入

挑剔的客人

一天，某高级餐厅来了几位日本客人，他们点了一瓶高档的红葡萄酒。服务员由于自己随身携带的开瓶器找不到了，于是请吧台的服务员帮他开了红葡萄酒。当他回去准备为客人斟酒时，客人坚决认为这瓶酒是其他客人退掉的，要求服务员再重新取一瓶未开封的酒。

资料来源：http：//wenku. baidu. com.

思考： 1. 你认为这位客人挑剔吗？请说出你的理由。

2. 餐厅应该如何解决此类问题？

基础知识

一、准备酒水和酒杯

在各种宴会或酒席开席之前，服务人员需将各种酒水准备好，还要了解不同酒水的最佳饮用温度并采取相应的措施，同时根据酒水的种类与宾客要求，配备各种与酒水相匹配的酒杯。

（一）准备酒水

1. 冰镇

不同的酒最佳的饮用温度是不同的，很多酒品的最佳饮用温度都低于室内温度，因此在饮用此类酒品之前，要通过冰块冰镇、冰箱冷藏冰镇和酒杯酒瓶降温的方法进行处理，以达到最佳饮用温度。如白酒的最佳饮用温度是 21℃～35℃，啤酒的最佳饮用温度是 4℃～12℃，白葡萄酒的最佳饮用温度是 8℃～12℃，香槟酒最佳饮用温度是 4℃～8℃等。

2. 温酒

另有一些酒水需要在饮用前将酒的温度通过水烫温酒、燃温温酒、烧温温酒或将饮料与酒品相互融合的方法进行温度升高，这样，酒的味道就会更加甘醇、独特，比如中国黄酒中的加饭酒、日本的清酒等。

（二）准备酒杯

1. 不同的酒水应配备不同的酒杯

不同的酒在饮用时要配备不同的酒杯，在达到酒品的最佳饮用温度与味道的同时，还可以营造出轻松、浪漫的饮酒氛围，使宾客在饮酒的过程中，同时达到味觉、嗅觉与视觉的美妙享受。例如葡萄酒杯呈郁金花型，此种酒杯底部比较大，斟酒至杯中面积最大处时，酒与空气保持充分接触后，会使酒更好地发挥它的香醇味道；黄酒酒杯体积较小，一般采用瓷质且杯壁较厚的小杯饮用，这样能够保持黄酒的最佳饮用温度，同时黄酒给人的感觉比较深厚，与厚重的酒杯搭配，更显其浓厚的特点。

2. 保证酒杯的完整与清洁

不管使用什么样的酒杯，酒杯的干净、卫生与完整是最为重要的。因此不仅要使用没有破损的酒杯，还要在使用前清洗、擦拭、消毒直至达到要求为止。

参考资料

中西餐厅常用的酒杯种类

白酒杯：中餐厅中专门用来喝中国白酒的。由于中国的白酒度数比较高，需要小杯品尝，因此白酒杯的容量较小，可以使用玻璃的，也可以使用瓷器的。

黄酒杯：黄酒杯一般比白酒杯的体积大 1～2 倍，多采用瓷器，杯壁较厚，也有专门的保温杯，因为黄酒讲究加热饮用，这样才会更显黄酒的浓厚。

葡萄酒杯：葡萄酒在宴会或便饭时都可以饮用，度数较低，营养价值又高，还有美容的效果，因此受到大家的青睐。酒杯选用容量大的高脚玻璃杯，晶莹剔透，样式美观，与酒的颜色搭配，更加秀色可餐。

鸡尾酒杯：鸡尾酒杯的样式与其他酒杯不一样，较夸张且种类多，不同方法、不同原料调制出的酒名称不同，配备不同的鸡尾酒杯，更体现出鸡尾酒的不同主题以及浪漫与神秘。

啤酒杯：玻璃壁较厚，带把柄，体积大。

香槟酒杯：分为两种，一种是桶形状的香槟酒杯，另一种是高脚玻璃杯，无论是哪种形状，杯身都比较修长。

资料来源：沈群．餐厅服务手册（第二版）．北京：旅游教育出版社，2009：12－13.

二、示酒与开酒

（一）示酒

1. 检查

示酒前，首先检查酒瓶是否有破裂，酒水是否有变质，如发现有问题立即进行调换，确保酒瓶与酒水的质量。

2. 示酒

准备示酒时，服务员站在点酒客人的右侧，左手托酒瓶底部，右手扶酒瓶瓶颈，将酒的商标朝向客人，请客人确认是否是自己所点酒水，待客人确认无误后，准备开始斟酒服务工作。

（二）开酒

酒的种类很多，但是酒瓶的封口常见的只有两种：一种是瓶盖，另一种就是瓶塞。正确的开酒方法不仅可以体现服务员的服务技能，同时还可以提高服务效率。

1. 使用合适的开酒器具

根据酒瓶的两种封口来选择正确的开瓶器具。一类是针对瓶盖的启盖扳手，一类是针对瓶塞的酒转。

2. 操作时动作要轻缓

开酒时将酒瓶置于干净平整的桌面，动作娴熟、准确。瓶盖酒瓶在开启的同时要将瓶盖握于手中，以防掉到其他地方或伤害到他人；瓶塞酒瓶在开启时如果木塞有断裂，可将酒瓶倒置，利用酒液的压力顶住木塞，然后再继续旋转酒转，直至开启为止。

3. 开启后要擦拭检查

开启瓶盖瓶塞后，要用干净的布巾擦拭瓶口溢出的酒液；检查瓶口是否有破损；再次确认酒液是否有质量等问题，确保没有任何问题时再供宾客饮用。

4. 开瓶后的整理

成功开启后，将酒瓶的包装、瓶盖瓶塞以及其他杂物进行整理，不可以放在操作台上和宾客的餐桌上。

三、斟酒服务方法

斟酒的服务方法有两种：一种是桌斟法，另一种是捧斟法。下述斟酒方法是以斟倒白酒为例进行介绍。

（一）桌斟法

桌斟法又可以分为两种：一种是徒手斟酒，另一种是托盘斟酒。

1. 徒手斟酒

(1) 采用徒手斟酒方法时，服务员双手消毒、检查酒水质量，准备好干净的布巾。

(2) 站在客人身后右侧，以不贴宾客身体为宜，左手持叠整齐的布巾背在身后，右脚向前一步跨入两椅之间，以方便斟倒为宜。

(3) 身体侧向客人，上身略微前倾，右手持酒瓶下半部分进行操作。

(4) 斟酒过程中，酒瓶商标始终朝向被服务宾客。

(5) 斟酒时瓶口不碰酒杯，与酒杯保持 1～2 厘米距离，同时利用臂力和手腕掌握酒瓶的倾斜度并控制好酒液流动的速度。

(6) 斟酒至八分满时，将酒瓶缓缓抬起，顺时针旋转 45°后收回酒瓶，使最后残留的酒液流回瓶身内，操作完毕后用左手手中的布巾擦拭瓶口的酒水。

(7) 按照以上要求依次为所有宾客提供斟酒服务。

2. 托盘斟酒

(1) 采用托盘斟酒方法时，服务员双手消毒、检查酒水质量，准备好干净的布巾，按照要求与规范将所需酒瓶合理摆放于托盘内。

(2) 站在客人身后右侧，右脚向前一步跨入两椅之间，以不贴宾客身体为宜。

(3) 左手托盘向后，注意托盘不要碰到客人身体。

(4) 侧向客人，上身略微前倾；斟酒过程中，向客人展示酒水饮料，示意客人选用，待客人选定后，右手从托盘取下客人所需酒水，注意随时控制托盘重心。

(5) 持酒瓶下半部分进行操作，酒瓶商标始终朝向被服务宾客。

(6) 斟倒时瓶口不碰酒杯，与酒杯保持 1～2 厘米距离，同时利用臂力和手腕掌握酒瓶的倾斜度并控制好酒液流动的速度。

(7) 斟酒至八分满时，将瓶缓缓抬起，顺时针旋转 45°后收回，使最后残留的酒液流回瓶身内。

(8) 按照以上要求依次为所有宾客提供服务。

(二) 捧斟法

(1) 采用捧斟法时，服务员双手消毒、检查酒水质量。

(2) 站在客人身后右侧，以不贴宾客身体为宜。

(3) 右脚向前一步跨入两椅之间，以方便斟倒为宜，身体侧向客人，左手将宾客酒杯拿起，略微向后撤出，距离以方便操作为宜，右手持酒瓶下半部分进行操作。

(4) 斟酒时瓶口不碰酒杯，与酒杯保持 1～2 厘米距离，同时利用臂力和手腕掌握酒瓶的倾斜度并控制好酒液流动的速度。

(5) 斟酒至八分满时，将酒瓶缓缓抬起，顺时针旋转 45°后收回酒瓶，使最后残留的酒液流回瓶身内，斟倒完毕后将酒杯放回原位。

(6) 按照以上要求依次为所有宾客提供服务。

四、斟酒顺序与时机

(一) 中餐斟酒顺序与时机

1. 客人入座之前的斟酒服务

一般是在宴会开餐前 10 分钟左右开始，将烈性酒和葡萄酒按照先主宾后主人的原则，顺时针方向依次将所有宾客酒杯斟满。

2. 客人入座之后的斟酒服务

从斟倒啤酒和饮料开始，斟倒之前询问客人需要，根据客人需要按照男主宾、女主宾、再主人的顺序进行斟酒服务；如果是两位服务员同时提供服务，一位从主宾开始，一位从副主人开始，按照顺时针方向依次进行。

3. 宴会进行中的斟酒服务

要求在客人举杯的前或后及时添加；当宾客杯中酒水不足1/3时及时添加；每上一道新菜之后及时添加；宾客讲话、相互敬酒时暂时停止斟酒服务，待结束后根据情况及时添加。

（二）西餐斟酒顺序与时机

（1）西餐宴会用酒比较多，每上一道菜都会上一种酒，不同的菜品配不同的酒水，不同的酒水配不同的酒杯，一般遵循先斟酒后上菜的原则。

（2）斟酒的顺序按照第一女主宾、女主宾、女主人、第一男主宾、男主宾、男主人的顺序依次进行。

五、斟酒的标准与要求

（1）中餐宴会为宾客斟倒酒水时，一律以八分满为宜。

（2）西餐宴会为宾客斟倒酒水时，常用的几种酒如香槟酒斟至2/3杯为宜，白葡萄酒斟至2/3杯为宜，红葡萄酒斟至1/2杯为宜，

（3）斟倒啤酒时，将酒瓶瓶口搁置于靠近服务员一侧的杯沿上方，控制好力度使酒杯略微倾斜，让酒液顺酒杯杯壁缓慢流入酒杯，此种方法虽然稍慢，但形成的泡沫较少，也不易使酒液溢出酒杯。

（4）当酒瓶内的酒水不足斟满一杯时，不易为客人斟酒，应该重新开启新的酒水，避免一杯酒用两个酒瓶同时斟，否则会让客人感觉到不礼貌。

（5）无论是中餐宴会还是西餐宴会，在为宾客续酒时，可以不拘于规定的次序，可以根据具体情况提供斟酒服务。

任务实施

本案例中的客人并不挑剔，客人的不满是服务员违反操作规定引起的。餐厅服务规程中要求，当客人点好酒水以后，在开瓶之前一定要向客人示酒，当客人确定是自己点的酒水时，服务人员应与客人确认是否需要打开。如果客人同意打开，一定要在客人面前进行操作，否则就违反了操作规定与要求，因为客人无法确定是什么时间开启的酒水，有权拒绝付账。如果客人坚决否认是新开的酒水，作为餐厅来说，就应该为自己的工作失误付出代价，应该为其再换一瓶，之前一瓶酒水的费用应该由服务员承担。

项目小结

本项目阐述的主要内容是餐饮服务员必须掌握的基本技能。一共包括六部分的内容，即托盘技能、铺台布技能、餐巾折花技能、中餐摆台技能、西餐摆台技能以及斟酒技能，

分别介绍了各项技能的操作程序、方法以及标准。这些基本的技能是餐厅服务员必须具备的实践操作能力，是为宾客提供服务的基础，也是餐厅优质服务的质量保证与体现。通过学习，学生掌握各项技能的操作方法、标准与要求，为餐饮服务与管理工作奠定基础。

思考与练习

1. 托盘操作有哪些方法？
2. 台布铺设有哪些方法？
3. 餐巾花折叠的方法有哪些？要领是什么？
4. 中餐、西餐摆台的程序与原则是什么？
5. 斟酒的标准与要求是什么？

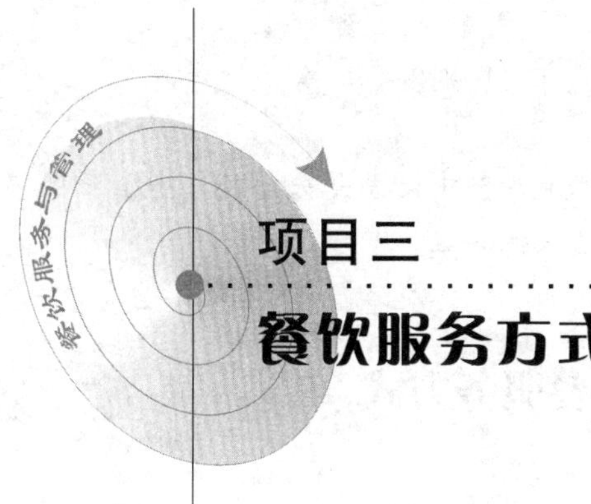

项目三 餐饮服务方式

学习重点和难点

1. 西餐、中餐及自助餐的用餐与服务方式；
2. 西餐、中餐常见服务操作程序；
3. 自助餐特点及布置要求；
4. 客房送餐服务程序；
5. 根据餐饮活动性质，有针对性地灵活安排用餐服务；
6. 区分不同用餐服务方式及特点。

技能点

1. 掌握不同餐饮服务方式的特点及操作程序；
2. 根据顾客需求，选择恰当的服务方式，提供个性化服务；
3. 根据自助餐布置原则，对酒店自助餐设计做出合理建议；
4. 能够按照规定为客人提供客房送餐服务。

引 例

中西餐服务差别

小张毕业后来到了当地一家四星级酒店中餐厅工作，一天西餐厅忙不过来请小张帮忙。客人点完菜后，小张按照惯例给客人先上菜，然后上点心，最后上汤。结果用餐客人皱着眉头，一脸不高兴。请分析原因。

【思考】

中餐和西餐的用餐方式是否一样？如果不一样，有何区别？

【解析】

中西餐服务总体来讲，上菜顺序无太大区别，但是西餐中汤总是先上的，小张照搬中餐上菜顺序，难免会出错。

任务一　掌握西餐用餐服务方式

西餐服务，是指服务人员接待食用西式餐点的宾客时提供的服务工作。西餐零点服务是西餐厅服务中最普遍、最经常的接待工作，要完成客人西餐就餐的服务，服务员必须掌握西餐的服务方式、西餐的菜肴知识、西餐菜肴与酒水的搭配知识、西餐餐具知识、西餐的服务程序和操作规范要求。同时，由于中、西餐在就餐内容、方法和餐具上的区别以及宾客饮食习惯上的不同，所以西餐在服务方式上与中餐零点服务存在一定的差别。

任务导入

市内新开了一家西餐厅非常火爆，小张请女朋友共进晚餐。请问如果你来为其服务，需要怎样完成二位的就餐服务工作？

基础知识

西餐服务起源于欧洲的贵族家庭，经过多年的归纳、总结和演变，各国各地区的服务方式及摆台方式都不尽相同。目前，国际知名饭店常见的服务方式有美式服务、俄式服务、法式服务和英式服务四种。除某些特色餐厅为追求一种风格而采用一种服务方式外，现在大多数餐厅为适应客人需求都采用两种以上的服务方式。

一、美式服务

美式服务又称“盘式服务”，是一种根据客人点菜需要，由厨师将菜肴在厨房中装好盘，服务员直接把菜肴送至客人的西餐服务方式，是餐厅服务中最普遍、最有效的服务方式之一，一名服务人员可以同时提供几张餐台的服务接待工作。

（一）服务原则

传统的美式服务是将装有菜点的餐盘用左手从客人左侧端到客人面前。因为传统餐盘较重，服务员又同时给不同的客人服务，使用力气大的右手同时端多个餐盘更容易保持平稳，故而用左手从客人左侧上菜。目前，传统美式服务已经发生变革，欧美各国均习惯从客人右侧上菜，并使用托盘上菜，在送下一道菜之前，必须先用右手从客人右侧撤掉用过的盘子和杯子。

（二）服务程序

（1）引领客人入席，拉椅让座，撤掉多余餐具。

（2）递菜单，在客人考虑点菜时，提供斟水服务。

（3）协助客人点菜和酒水。

（4）酒水服务，上菜前可从客人左侧供应面包和黄油。

（5）用托盘依次上开胃菜、汤、配菜、主菜、甜品。此外，在上每一道菜品之前，需要先上与之搭配的酒水。

（三）服务特点

美式服务便捷，速度快，人工成本低，空间利用率及餐位周转率高，用餐费用经济，是西餐厅、咖啡厅中十分流行的一种服务方式，但该种服务方式缺乏表演性内容，餐厅气氛略显不足。

二、俄式服务

俄式服务起源于俄国沙皇时代，拿破仑战争时期传到欧洲，通常由一名服务员为一桌客人服务。虽然俄式服务也采用大量的银质餐具，但由于其简便迅速的服务优势，很快超越当时占统治地位的英式服务和法式服务，成为当时欧洲王室里最流行、最时髦的服务方式，被视为“宫廷式服务”，至今仍被许多豪华餐厅所采用。

（一）服务要求和技巧

服务顺序为：引宾入座、接受客人点菜、送饮料、上菜并分菜、撤碟及撤换烟灰缸、送账单和收款。

（1）每桌配备一名服务人员对客服务。

（2）上菜前，服务员先用右手从客人右侧送出空盘，按顺时针方向依次绕桌摆放。

（3）用大银盘上菜，先向客人介绍并展示银盘内的菜肴，使客人有机会欣赏到厨师的手艺，漂亮的菜肴也能增进客人的食欲。再用左手垫餐巾托着大银盘，右手持服务叉匙，从主人右边的女士开始进行派菜，派菜的顺序为从客人左侧按照逆时针方向绕台进行。

（4）斟酒、上饮料和撤碟都在客人右侧操作。

（5）在食品派送过程中，服务人员对食物的供应量要留有一些余地。如果能给客人一些额外想要的菜，会使客人高兴。所有未从大餐盘中分给客人的食品应直接送回厨房。

（6）俄式服务中汤的派送方式有两种：一是用汤盘盛，热汤盘放在大银盘子里，中间垫一块叠好的方餐巾，接着从厨房把汤端到客人面前；如果汤盛在大餐碗里，应从大餐碗里舀到客人的汤盘里。二是将汤盛在一个银杯里，直接把盛汤的银杯送给客人。汤的派送是俄式服务中唯一能够采用两种方法进行的服务。

（二）服务特点

俄式服务讲究优美、文雅的风度，服务效率和空间利用率较高，节省人力，大量的银器使用能增添餐桌气氛，且每位客人都能得到比较周到的服务。桌边分菜的形式可减少不必要的浪费，未分完的食物还可回收。但在俄式服务中，银器的使用量大，投资较高。最后分到菜的客人，可能会因大银盘菜肴所剩无几而不悦，如果用餐人数较多，最后分派的菜无法保证规定的食用温度，从而影响菜品质量。

俄式服务是一种受欢迎的服务方式，目前欧美各国的豪华饭店大多采用这一服务方式，但是零点餐厅的客人所点菜肴不同，无法装在一个大银盘中，所以俄式服务主要用于西餐宴会服务，尤其是大型宴会。

三、法式服务

法式服务是由西查·里兹（Ritz）于20世纪初创造的一种豪华服务方式，因此这种服务方式也称为“里兹服务”。法式服务在欧洲国家，特别是法国、英国高级餐厅里世代沿袭而来，十分讲究礼节。法式服务的宗旨是让宾客享受到精致的菜肴、尽善尽美的服务和优雅浪漫的情调。

（一）服务原则

法式服务要求将所有食品菜肴放在手推车上，在客人面前烹调或加热后送给客人，手推车放至靠近餐桌处，车上放有火炉以保持食品温度。法式服务需由两名服务人员共同完成，两名服务人员既有分工，又互相合作。

（二）服务员分工

法式服务对服务人员要求严格，专业服务人员必须接受训练，经过实习之后才能升为助理服务员。助理服务员不能单独从事服务工作，它必须与首席服务员一起工作两年后方能成为正式服务员。

1. 首席服务员的主要职责

如图3－1所示。

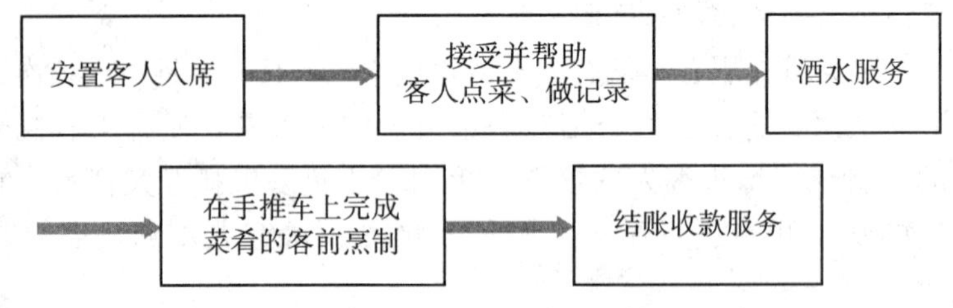

图3－1　法式服务首席服务员的主要职责

2. 助理服务员的职责

助理服务员要服从首席服务员的指挥。其职责如图3－2所示。

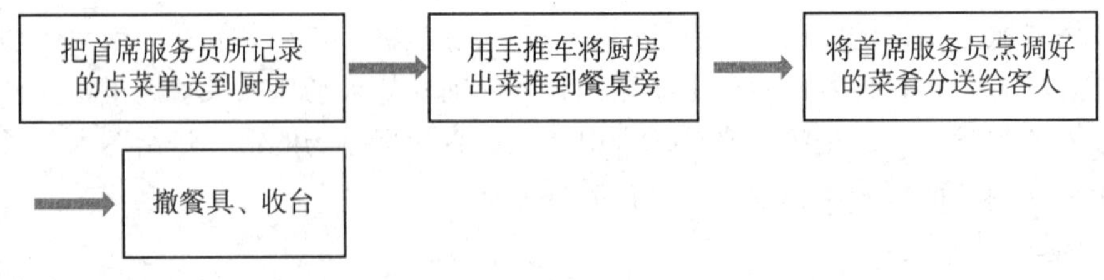

图3－2　法式服务助理服务员的主要职责

（三）服务方法

（1）首席服务员把厨房初步烹调过的菜肴（即成品或六七成熟的食品），在餐厅当着客人面完成最后阶段的烹调。助理服务员在厨房将菜肴放在大银盘后，端进餐厅或用手推车推进餐厅，将其放在火炉上保持温度，然后由首席服务员加工、去除骨刺、加调味品以及完成必要的装饰。

（2）首席服务员把客人挑选的菜肴从大银盘里放入客人餐盘时，助理服务员应用手端着客人餐盘。

（3）法式服务中，除了面包、黄油碟、配菜外，其他菜品和汤必须从客人的右侧供应。首席服务员应注意盛装菜肴的分量，避免因供应太多降低了客人食欲。

（4）菜肴所用餐具应热菜用热盘、冷菜用冷盘，有些菜肴需用一些特制餐具，如蜗牛叉、蜗牛夹、牡蛎叉等。

（四）服务特点

法式服务是一种最讲究礼节的豪华服务，注重表演，服务周到，每位客人都能得到充分的照顾。缺点是服务节奏缓慢，浪费人力，对服务员要求很高，用餐费用昂贵，并且餐厅空间利用率和餐位周转率比较低。单独采用法式服务的餐厅很少。

四、英式服务

英式服务是一种非正式的、用于餐厅包间或家庭的服务方式，又称“家庭式服务”。该服务主要适用于私人宴会，是由主人在服务员协助下完成的特殊餐饮服务方式。

（一）服务要求和技巧

（1）服务员从厨房取出烹制好的菜肴，盛放在大方盘里，放到主人面前，由主人亲自动手切配并分在菜碟里，站在其左边的服务人员充当主人的助手，将主人分好的菜碟按主人吩咐依次端送给每一位客人。

（2）英式服务开始常常是上汤，通常将第一碗汤递给女主人。

（3）调味品、沙司和配菜都摆放在餐台上，由客人自取或相互传递。

（4）甜点由女主人分好，服务员进行装饰后再递给客人。

（5）所有饮料都由男主人调制。

（6）英式服务从右边开始，清理碗盘从左边开始。

（二）服务特点

英式服务家庭氛围很浓，许多工作由客人自己动手，较省人力，但弊端是节奏缓慢，不适合酒店接待客人，因此在欧美酒店行业中早已被淘汰。

参考资料

肉类菜肴的成熟度

一般而言，肉类菜肴的成熟度不同，其口感和营养成分有很大的区别，西餐烹饪中尤其重视肉类菜肴的老嫩程度。西餐肉类菜肴以其风味独特、营养丰富、鲜美多汁的口感受到了人们的喜爱。

西餐烹饪时对牛肉、羊肉的老嫩程度很讲究。服务人员在进行点餐服务时，一定要征求顾客对肉类菜肴老嫩程度的需求，以便厨师烹制出符合客人口感需要的菜肴。肉类菜肴制作时一般有五种不同的成熟度，即全熟（Well Done）、七成熟（Medium Well）、五成熟（Medium）、三成熟（Medium Rare）、一成熟（Rare）。

资料来源：易红燕，李萍娥. 餐饮服务与管理. 天津：天津大学出版社，2011.

任务实施

1. 情侣用餐一般不希望有过多的干扰，哪怕是服务员热情、主动的招呼，因此在服务时，我们应该了解用餐者的心理状态。请你模拟为情侣用餐的服务，从接受点菜、上菜、斟倒酒水饮料环节至用餐结束。

2. 请按照小组形式分别进行情景模拟，每组4～5人，按照法式服务、俄式服务、美式服务的不同服务要求进行情景模拟练习。

任务二　掌握中餐用餐服务方式

我国幅员辽阔，各地人们的饮食习惯不尽相同。经过几千年的发展，形成了不同的菜系，像川菜、粤菜等。而中餐的服务方式正是综合了这些菜系的不同特点，形成了自己独特的服务风格。服务方式是一个地区、一个民族在长期的餐饮发展过程中逐步形成的饮食习惯，并且作为约定俗成的、相对固定的形式得到人们的承认。中餐是中国固有的菜式，其就餐方式也有独到的地方，特别是现代饭店餐饮行业中中餐厅的服务方式与传统的家庭用餐又有很大的区别，更趋于规格化、科学化。

中餐在其长期的发展过程中，逐步形成了与中餐菜肴相适应的服务方式。同时，随着人们对卫生要求的提高和对就餐方式的多样化需求，中餐的服务方式经历了和正在经历着一定程度的变革，出现了许多新的方式。目前，具有使用价值和推广意义的中餐服务方式有：共餐式服务、转盘式服务和分餐式服务。

任务导入

你不能从别的地方上菜啊？

一位老先生带着全家老小来到某零点餐厅用午餐。上菜时，由于客人较多，坐得很稠密，服务员小周看两个孩子之间空位较大，就选择这个位置上菜。当时女主人就有些不高兴，说了句："你不能从别的地方上菜啊？"小周忙说："对不起。"过了一会，传菜员看小周正忙，就直接帮他上菜，无意中又选择了两个孩子之间。这时女主人可就生气了："不是给你们说了，怎么还在孩子那儿上菜？烫着孩子你们负责啊？"小周知道后马上道歉，说这是自己的过失，马上改为在其他空位上菜，并送给小朋友们小礼物，小朋友很高兴，大人也就不计较了。

资料来源：http：//www. canyin168. com.

思考： 1. 本案例中，为什么不能从孩子中间的位置上菜？

2. 中餐服务过程中应如何选择正确的上菜位置？

基础知识

一、共餐式服务

传统的共餐式服务，是由就餐者用自己的筷子到餐盘中夹取菜肴，今天的共餐式服务已在此基础上做了较大改进，就餐时客人普遍使用公筷、公匙、公勺盛取喜爱的菜肴。

（一）服务形式

共餐式服务比较适合 2～6 人的中餐零点服务。其服务程序和形式如下：

（1）摆台时，根据餐桌大小和用餐人数摆放 1～2 副公筷、公匙。

（2）上菜时服务员站在适当的位置，将托盘中的菜盘摆放到桌上。

（3）报出菜名，向客人介绍菜肴特色。

（二）注意事项

餐厅在提供共餐式服务时，应注意如下事项：

（1）中餐上菜常常是所有菜点同时上桌，服务员要注意台面不同菜肴的搭配摆放，尤其是荤素和颜色的搭配。

（2）菜肴上桌时，注意配上适当的公用餐具，方便客人取菜，避免使用同一餐具。

（3）台面上的菜肴放不下时，应征求客人意见，对台面进行整理，撤、并剩菜不多的盘子，切勿将菜盘叠加起来。

（4）如遇有外宾用餐，应主动为其提供刀、叉、匙等西餐餐具。

（5）整鸡、整鸭、整鱼等菜肴，应协助客人分割成易于筷子夹取的形状。

（6）所有的菜肴上完后应告知客人，并询问客人品种、数量够否，最后祝客人用餐愉快。

二、转盘式服务

转盘式服务在中餐服务中是一种普遍的餐桌服务方式，适合用于大圆台的多人就餐服务，既可用于旅游团队、会议等团体用餐，也适用于中餐的宴会服务。转盘式用餐是在一个大的圆桌面上，安放一个直径为 90 厘米左右的转盘，将菜肴等放置在转盘上面，通过旋转转盘，供就餐者夹取的就餐形式。

转盘式服务方法和程序如下：

（一）台面布置

（1）在台面上按照铺台布的要求铺好台布。

（2）将转盘底座转轴摆放到桌子的正中央。

（3）将干净的转盘放到转轴上，试验其是否转动自如。

（4）根据便餐或宴会的要求摆台。

（二）转盘式便餐服务

（1）在台面上摆放 2～4 副公筷、公匙。

（2）服务员从适当的位置上菜，报出菜名，介绍特色菜肴。

（3）客人用公用餐具为自己取菜。

（4）服务员协助客人分派整鱼、整鸡、整鸭等大菜。

（5）在多骨、多刺和口味截然不同的菜肴之间为客人调换骨盘，换盘时注意：先撤后上，先女后男，先长后幼，先宾后主。

（三）转盘式宴会服务

（1）服务员站在适当的位置为客人上菜、分菜。

（2）当一位服务员单独服务时，按以下程序分菜：收撤脏盘；介绍新上菜肴；沿转盘边放好干净骨盘；用公用餐具分派；请客人享用新上菜肴。

（3）当有两位服务员协作服务时，按如下程序分菜：收撤脏盘；换上干净骨盘；介绍菜肴；两人配合分菜，一人分菜，另一人递盘，注意分清主次先后；请客人享用。

参考资料

特殊菜肴的分让方法

1. 造型菜肴的分让方法：将造型菜肴均匀地分给每位客人。如果造型较大，可先分一半，处理完上半部分造型物后再分其余的一半。或者保留具有代表意义的造型，不可食用的，分完菜后撤下。

2. 卷食菜肴的分让方法：一般情况是由客人自己取拿卷食。需要分菜服务时的方法是，服务员戴上食用标准的一次性手套将吃碟摆放于菜肴的周围；放好铺卷的外层，然后逐一将被卷物放于铺卷的外层上；最后逐一卷上送到每位客人面前。

3. 拔丝类菜肴的分让有两种方法：一种是在操作台（间），由一位服务员取菜分菜，另一位服务员快速递给客人；另一种是桌前分餐，用公筷将甜菜一块块夹起，随即放在凉开水里浸一下，再夹到客人盘碗里。分菜的动作要快，即上、即拔、即浸、即食。

4. 鱼类菜肴的分让方法：鱼要先剔除鱼骨，待鱼汁浸透鱼肉后，再用餐刀切成若干块，按宾主的先后顺序分派，鱼腹部分要分向主宾。

5. 肘子等大块肉食的分让方法：用公筷压住肘子等，再用刀将肘子切成若干块，按宾主次序分派。

资料来源：http：//blog. sina. com. cn/s/blog _ 6a0869920101hic7. html.

三、分餐式服务

分餐式服务主要用于官方的、较正式的、高档的餐厅。

分餐式服务是吸收了西餐服务方式的优点，并使之与中餐服务相结合的一种服务方式。人们又将这种服务方式称为“中餐西吃”的方法，它比较适用于官方较正式的高档宴会服务。分餐式服务又可分为“边桌式服务”和“派菜式服务”两种。

（一）边桌式服务

边桌式服务是在宴会餐桌旁设置一个固定的或可手推的流动服务边桌，在边桌上放一些干净骨碟和其他餐具，以完成宴会所需的分菜服务。其服务程序是：

（1）服务员将菜肴用托盘送至餐桌上，向客人介绍菜肴特色。

（2）将菜肴放回到服务边桌上，准备分菜。

（3）两名服务员配合，一名分菜，另一名将餐桌上前一道菜用过的脏盘撤下，然后将新分好菜的骨盘置于每位客人的面前。

（4）将菜盘中剩余的部分菜肴整理好，放回到餐台上，以便就餐者需要时及时添加。

边桌分菜服务同西餐中的法式服务极其相似。

（二）派菜式服务

派菜式服务的基本程序是：

（1）服务员给客人换上干净的骨碟。

（2）服务员将菜肴送上餐桌，报出菜名，为客人介绍菜肴特色。

（3）将菜肴放到铺了干净垫巾的小圆托盘上，左手托盘，右手拿服务匙、服务叉分菜。

（4）分派的次序依照主宾、主人，然后按顺时针方向绕桌进行，分菜时建议从客人的左侧进行，这样可以避免托盘与匙、叉的交错。

（5）每完成一次派菜，服务员应退后两步，再转身给下一位客人服务。

（6）最后将剩余的那份菜肴整理好，放回到餐桌上，以便客人需要时及时添加。

派菜服务同西餐中的俄式服务相似。

（三）分餐式服务时应注意的问题

（1）掌握好分菜服务的时间、节奏，分派的整个过程应尽可能短，不致使后派到菜的客人等候过久。

（2）无论是边桌服务，还是托盘派菜要操作稳健，不出声响。

（3）注意分派菜肴的分量，分派需均匀。放回餐桌的多余菜肴一定要整理好，不要给人以残羹剩菜的感觉。

概括而言，上述几种中餐和西餐的常用服务方式，在特定的场合各有其实用价值和优点。在进行餐饮服务管理中，管理者要培训服务人员正确、熟练地运用上述方法提供服务。同时，一个餐台或一次宴会，不必拘泥于某一种服务方式，可以根据就餐的人数和不同的菜肴，选用不同的方法交叉使用。

任务实施

1. 中餐服务过程中，遇到特殊客人应注意哪些内容？例如，遇到有小朋友坐在上菜口时，应注意避让，更换塑料餐具。此外，热水热菜也要放置到小朋友不易够到的位置。请你练习为小朋友、老人以及用餐有困难的客人进行服务，体验服务过程中需要注意的事项。

2. 中餐服务中，正确的上菜位置应首选距离厨房最近的位置、主人左侧的位置和餐桌周围空隙最大的位置，再综合考虑餐桌上其他客人的就座情况。

3. 请按小组进行中餐服务方式练习，每个小组 4～5 人，分别模拟练习共餐式、转盘式服务和分餐式服务。

4. 思考：中餐服务中，高档宴会常用分餐式服务，其中的边桌式服务和派菜式服务分别是受到了西餐中哪些服务的影响？

提示：中餐宴会服务中的分餐式服务源于西餐。具体来说，边桌式服务的服务形式主要是受到法式服务的影响，由法式服务演变而来；派菜式服务的服务形式则主要借鉴了俄式服务。

任务三　掌握自助餐用餐服务方式

自助餐是一种由宾客自行挑选、拿取菜肴或自烹自食的就餐形式，有中式自助餐、西式自助餐和中西结合式自助餐。自助餐食品台上菜肴丰富，装饰精美，可供品尝的菜肴品种繁多，又各具特色，就餐者可随意挑选自己中意的菜品。而且，自助餐就餐速度快，餐位周转率高，宾客进入餐厅后无须等候，适合现代化社会快节奏的工作方式和生活方式。服务员只需提供简单的服务，餐厅节省了人力成本。因此，会议、旅游团队用餐多以自助餐形式为主，在酒店的咖啡厅或其他餐厅里，早餐、下午茶甚至午、晚餐也都有自助餐的用餐形式。

请为某四星级酒店的早餐厅设计一西餐自助餐台，此饭店的床位数为300个，住房率为80%，房费中含48元的早餐费用。

自助餐用餐形式活泼，宾客的选择性强，不拘礼节，打破了传统的就餐形式，迎合了宾客心理，正被越来越多的人所接受。自助餐的收费略低于零点或者宴会用餐，需要的服务员数量少，可以在很短的时间内供应多人用餐。结合自助餐以上的优点，我国很多自助餐厅综合了中西餐菜点，受到客人的喜爱。

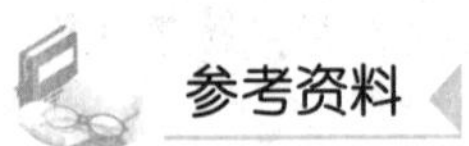

自助餐的起源

据说自助餐的真正起源是8—11世纪北欧的斯堪的纳维亚半岛，那时的海盗们每有所猎获的时候，就要由海盗头出面，大宴群盗，以示庆贺。但海盗们不熟悉也不习惯当时中、西欧吃西餐的繁文缛节，于是便独出心裁，发明了这种到餐台上自选、自取食品及饮料的方法。以后的西餐从业者将其文明化、规范化，逐渐形成了今日的自助餐。

一、自助餐的布置

自助餐场所布置应根据自助餐的主题，利用背景装饰、餐桌布置及食品陈列来表达构想，主题可根据节日、纪念日、客人聚餐活动的特殊要求等来确定。

（一）自助餐食品台布置

食品陈列台可安排在餐厅的中间或靠墙的一边，形式多样，布置时主要注意以下几方面：

1. 富有吸引力

自助餐台要布置在显眼的地方，根据不同季节、不同时期，经常变换主题，给客人以艺术美感。

2. 便于客人取菜

自助餐台的大小要考虑客人人数及菜肴品种的多少，位置要考虑客人取菜时的人流走向。食品的摆放既要讲究艺术性，又要方便客人取菜，尽量避免客人排队取用食品。

3. 台裙遮盖台脚

自助餐台需整理好台布、台裙，台裙要下垂至离地面约5厘米，既遮盖住台脚，又不会被人踩着。

4. 经常变换台型

自助餐台要经常变换台型，如T形、S形、C形、L形、半圆形、椭圆形等。根据场地拼接出各种新颖别致、美观流畅的台型（见图3-3）。

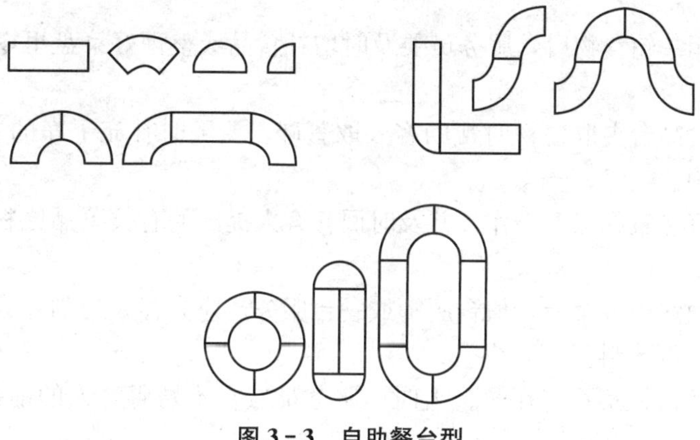

图3-3　自助餐台型

（二）自助餐台面设计

(1) 客人盛菜用的餐碟放于食品台最前端，要叠放整齐，不可堆得太高。

(2) 摆放菜肴通常遵循中西餐习惯的用餐顺序，例如西餐食品台按沙拉、开胃品、汤、熏鱼、热菜、主菜、甜品、水果的顺序摆放。

(3) 某些特色菜可分台摆放，如甜品台、水果台，或切割烧烤肉类的服务台等。

(4) 保持菜肴的适宜温度，凡热菜必须用保温锅或加热炉保温，冷饮等用冰块保冷。

(5) 每盘菜肴前都摆放有一副取菜用的公用叉匙和中英文菜牌。

(6) 摆放菜肴时应注意色彩搭配，各种菜配的调味品、沙司等要与该菜放在一起，做到美观整齐。

(7) 重点推销的菜肴放在前面，会得到较好的促销效果。所有餐盘都应该留出离桌边5cm以上的距离。

(8) 摆放菜肴时注意色彩搭配，摆放整齐，自助餐台中间或背景可用冰雕、果蔬雕、鲜花、水果等装饰点缀，增加餐厅的气氛。

（三）餐桌安排

自助餐厅餐台一般不铺设台布，餐桌可用圆桌或方桌。桌面摆设按自助早餐或自助午、晚餐要求摆放，桌椅摆放不能太密，以免影响客人在餐厅内走动。

二、服务环节

（一）餐前准备

(1) 开餐前做好餐位摆放、食品陈列等一切准备工作，为加热的酒精炉点上火，使其保温。

(2) 开餐时间到时，服务员与现场烹饪厨师都要衣着整洁地站好，迎接客人光临。

（二）引领服务

(1) 客人到时，热情迎客，微笑说：“您好，欢迎光临!”并把客人引领到自助餐区，及时拉椅让座，打开餐巾。

（2）为客人斟倒冰水或供应客人所需饮料。

（3）向客人推荐食品台上的菜肴。

（三）餐台服务

（1）客人取用一轮食物后，服务员要及时增补食品或整理好菜盘里零乱的食品，保持食品的外形美观。

（2）客人来食品台夹取食物时帮助客人取餐碟。要随时补充干净的餐碟、公用叉匙，保持餐碟数量适中。

（3）随时做好热菜的保温工作，并及时回答客人提出的有关菜品原料、制作方法、食用程序等问题。

（4）如有大块烤肉等菜肴，值台厨师或餐台服务员应为客人切割并分派至客人的餐盘中，并根据需要分派蘸料。

（5）当客人不慎将菜肴落在餐台上时，服务员应在不妨碍客人的前提下，立即清理，擦拭干净污渍。

（四）餐桌服务

（1）客人用餐过程中，服务员要勤于巡视，随时撤走客人用过的餐碟。客人离座取食物时，可帮助客人把餐巾叠整齐放在桌面上。

（2）及时补充餐巾纸、调料等用品。

（3）巡视餐厅各处，随时保持餐厅卫生，并随时准备为客人服务，及时为不习惯或者不方便自取食物的客人取送菜品、饮料。

（4）客人用餐结束后，及时、准确地为客人进行酒水的结账工作。主动向客人告别，并清理台面，重新摆台，以便不影响后来的客人用餐。

（五）其他事项

（1）尽量采用合理的方式提示客人注意量力而行，多次少取，以避免浪费，节约成本。

（2）随时注意观察食物供应量的变化，及时添加食物。

（3）餐厅布置、菜单设计要尽量科学合理，便于用餐服务、调控成本。

参考资料

在自助餐消费过程中，用餐者拿了过多的食品，又没有完全消费掉，服务人员该如何处理？

操作建议：

1. 服务人员首先应检查自己酒店或餐厅的相关规定中是否事先告知了用餐者如何进行自助餐消费。

2. 应看消费者属于恶作剧，还是贪吃又没有能力消费掉。属于前者除了批评教育之外，还应按规定收取相应的费用；如属后者，一般作善意的批评，给予提醒即可。有些餐厅还设定某些规定以防止食物的浪费，如所剩食物超过规定重量需要罚款等。

任务实施

在为四星级酒店设计自助餐台时，需考虑以下方面的因素：

1. 学生以4～6人为一小组，参观酒店早餐厅，并从酒店方了解餐厅的基本情况，如经营风格、餐厅面积、有无梁柱、餐厅主要供应菜品种类等。

2. 自助餐台型设计。按照了解的餐厅情况，可将自助餐台设计为一字形、L形、半圆形等形状，以最好地利用空间，并保证客人用餐为宜。

3. 根据任务要求，该自助餐台需满足以下条件：第一，菜品种类、菜品陈列次序等方面符合西餐早餐要求。第二，酒店早餐主要为满足住店客人需要，按照酒店300个床位数和80%的住房率，早餐用餐人数应为240人左右。第三，自助餐菜品的提供既要体现四星级酒店的档次，又要将成本控制在48元/人之内。

任务四　掌握客房送餐服务方式

酒店客房送餐服务是高星级酒店的一项常规服务，是指根据客人要求在客房中为客人提供的餐饮服务。该种服务是高星级饭店为方便客人、增加收入、减轻餐厅压力、体现饭店等级而提供的服务项目。

任务导入

小赵到外地出差，因不适应南京的高温天气出现了中暑的症状，到了中午，小赵想起了酒店的送餐服务，想让服务员将饭菜送到房间，于是打通了送餐电话……

思考：如果你是客房送餐员，你需要如何进行送餐服务？针对客人的特殊情况，服务人员应当提供哪些人性化服务？

基础知识

送餐服务具有严格的时间限制。正常情况下，送餐的标准时间为：事先填写好的早餐卡不超过预订时间5分钟；临时订早餐在25分钟内；小吃在25分钟内；中餐、晚餐在40分钟内。由于客房送餐服务有很强的时效性，在设计客房送餐菜单时应充分考虑菜肴的烹饪时间，一些烹饪时间较长（超过20分钟），如炖、蒸类的菜肴应避免列入菜单。此外，因送餐路径较长，需要从餐厅到客房，对于一些容易变色或改变口味的菜肴也应避免列入菜单。客房送餐服务体现了高星级酒店高水平的服务质量，因此送餐菜肴必须注重品质，送餐服务必须及时细致。

小案例

房内用膳

20:00左右，酒店的订餐电话响起，原来是8121房客人打来的订餐电话。“先生，这里是送餐部，请问您有什么需要?”“一碟酱牛肉、一条红烧鲤鱼、酸辣土豆丝、番茄蛋汤加两碗饭。”“好的，先生。”说完便搁下电话立即通知餐饮部，大约过了20分钟，8121房的客人又一个电话，还未等服务员开口便一顿骂：“想把人饿死吗？还说是五星级，到现在还没送来。”服务员刚要道歉，对方已经将电话挂断，服务员再次催促厨房，5分钟之后晚餐终于送进了客房。

资料来源：李勇平. 餐饮服务与管理（第四版）. 大连：东北财经大学出版社，2010.

思考题：此案例中的送餐服务出现了哪些问题？如果你是送餐服务员，面对这种情况应该怎么解决比较合理？

提示：酒店的送餐服务是高星级酒店的一项常规服务，它具有严格的时间限制，也跟点餐的人数、菜品烹饪时间有关系。此案例中客人所点的菜品中红烧鲤鱼的烹饪时间较长，所以订餐员首先要告知客人一个明确的等候时间，若某一菜品制作较麻烦，应向客人事先说明，避免引起投诉。

在实际服务过程中，送餐服务普遍存在送餐速度慢、餐具回收推诿、服务规范不到位等问题，具体应注意的服务与管理程序如下。

一、客房送餐餐前准备工作程序

（一）备品准备

擦净所有餐具，要求无水迹、无破损，分类摆放整齐；检查餐巾有无脏迹，按标准叠整齐，摆放好；检查日常用品种类和数量，保证种类齐全、数量充足，提前将账单准备好。

（二）送餐车准备

菜品较多时需用送餐车，餐车的布置也是体现送餐服务品质的重要因素，应充分考虑客房用餐的舒适度和美观性。服务员要做到送餐推车清洁，保养良好；桌布、口布清洁，熨烫平整；推车上摆放鲜花或装饰品；对外宾服务时应提供西餐餐具并按西餐摆台要求摆放。如选用托盘，需将托盘整理干净，垫好口布。

二、客房送餐的订餐服务程序

（一）了解当天供应食品

（1）每天定时了解当天供应食品情况。

（2）准确记录菜单上食品实际供应的变动情况，详细记录特别推荐食品的原料、配料、味道及制作程序。

（3）及时将食品信息通知给每位送餐服务员。

（二）接受客人预订

1. 接听订餐电话

送餐服务的订餐电话必须具备来电显示功能，以便准确掌握客人的房间号码；订餐员应在电话铃响三声以内接听电话，准确记录并复述客人所点食品和酒水的种类、数量、特殊要求，客人的姓名、人数，要求的送餐时间等内容；告知客人送餐预计需要的时间；向客人道谢并等客人挂机后再挂断电话。

2. 填写订单并记录

订单一式三联，第一联送厨房，第二联送收银台，第三联留厅面。订餐员按照头盘、汤、主盘、甜食等顺序（中餐顺序有所不同）将客人所订食品依次填写在订单上。若客人需要特殊食品或有特殊要求，要附文字说明，速同订单一起送往厨房，必要时订餐员须向厨师当面说明。

三、客房送餐服务程序

（一）准备送餐

接到送餐单，检查日期、姓名、房号、人数等项目是否准确，然后分发到各操作间负责人手中，根据人数准备好餐具。食品准备完成后，所有食品必须加盖，或封保鲜膜，采取保温措施，做好送餐记录，包括所有送餐餐具的数量和品种。用托盘或送餐车将食品送至房间。同时带上账单、笔，以便为客人结账。

（二）送餐进房

按门铃两声或用右手中指和食指轻声叩门三下，每次间隔 2 秒钟，并报“客房送餐”，然后端正地站立门外，等候客人开门。客人开门后，根据点菜单上所记客人的姓名，向客人问好：“××先生（小姐），您好，您所点的食品已经准备好，我可以送进来吗?”

（三）房内服务

进入房间后，按照客人的意图摆好餐具，揭开覆盖物，指示食品，介绍名称，并询问客人是否还有其他需要。

（四）结账服务

有礼貌地问清客人的付账方式，如客人要求签字（事先弄清此房间客人是否可以签单），应立即拿来账单给客人签字；如客人付现金，点清钱款，并向客人说明：“您付的是××钱，应该找回××元，请慢用，零钱和发票一会儿送来。”向后退两步，再转身离开房间。然后及时将账单交收银员入计算机，谨防漏账；现金交收银员，并取回零钱和发票，进房交给客人，提醒客人，“可以收餐具的时候，请拨电话……我会来收取的，谢谢!”

参考资料

住店客人如何签单

当宾客出示本店的“房卡”（有的饭店叫欢迎卡）要求签单时，值台员应该和总服务台联系，确认该宾客是否符合签单要求（信用、预付金、担保人等）。经确认以后，值台员应请宾客在账单上填写房间号码及本人的签名。宾客签完字后，需将账单连同房卡交收款员核对。收款员收到宾客账单并核对无误后，将正本留下入账，二联则交总服务台，以便宾客离店时结算，房卡则交值台员送回宾客处。

资料来源：易红燕，李萍娥. 餐饮服务与管理. 天津：天津大学出版社，2011.

（五）收拾餐具

收餐具与进房程序相同，要求动作要轻、要快，同时检查餐具是否有遗失、损坏。核对无误后，向客人道别，返回后做好餐具收回记录。

四、客房送餐服务注意事项

（一）迅速、准确、周到

接到客人要求送餐服务的信息时，须准确、快速开出点菜单，并能准确复述房号、姓名、菜点、数量及特殊要求，适时推销酒水。如没有客人所需的菜点，应礼貌地向客人解释，并推荐同类菜点。

（二）控制客人等待时间

客人所订菜点、酒水必须及时供应，按照早、午、晚餐规定的时间送到客房，不能让客人久等。

（三）准备齐全

提供送餐服务时一定要将调味品准备齐全，连同菜点、酒水一起送入房内。

（四）送餐员的知识储备

送餐员必须熟记客人订餐的品种、价格、主要风味特点以及特殊菜点的制作方法等，以便客人有疑问时随时回答。如遇外国客人，最好能用流利的外语回答客人的提问。

（五）其他注意事项

对送餐员的其他要求还包括：

（1）送餐时携带额外的口布。

（2）对于热的器具要进行提示。

（3）熟悉菜品加工时间，不要承诺无法履行的递送时间。

（4）提供客房送餐服务时，客人若直接使用客房冰箱内的饮料时，要将客房饮料签单和客房用餐的菜点账单分开，以免混淆。

（5）要求送餐的客人有特殊需求时，如残疾人或生病的客人，送餐员应提供周到、细致入微的个性化服务。

（6）送餐员收取餐具时应注意卫生，及时把餐具送到洗碗间清洁、消毒。

任务实施

1. 送餐服务过程中可能会遇到许多特殊情况，例如生病及有特殊要求的客人订餐时，可向客人建议适合的饭菜，并提前跟厨师说明情况，制作合适菜品。请分角色表演有特殊要求的客房送餐服务。

2. 模拟客房送餐服务程序，要求严格按照服务操作流程进行。

项目小结

本项目通过四个任务实施过程，介绍了常见中西餐服务方式，以及自助餐和客房用餐的服务方式。目前中餐所使用的服务方式大多源于西餐，尤其是高档用餐场合，因此要学好餐饮服务，应从熟悉和掌握西餐服务方式开始。西餐主要有美式、法式、俄式、英式服务，中餐服务方式主要包括共餐式、转盘式和分餐式服务。自助餐主要适合会议、团队用餐，对餐厅和餐台的布置要求较高。客房送餐是满足客人特殊消费需要的一种服务方式，应严格按照流程提供服务。

思考与练习

1. 哪种西餐服务必须由两个服务人员同时进行？
2. “里兹服务”是哪种服务方式？这种服务方式的主要特点是什么？
3. 西餐常用服务方式中，哪种最普遍、最有效？为什么称其为“盘式服务”？
4. 自助餐主要适合于何种用餐场合？如何进行操作？
5. 中餐的主要服务方式有哪些？分别适用于何种用餐场合？
6. 客房送餐进房的服务程序是怎样的？请你示范。

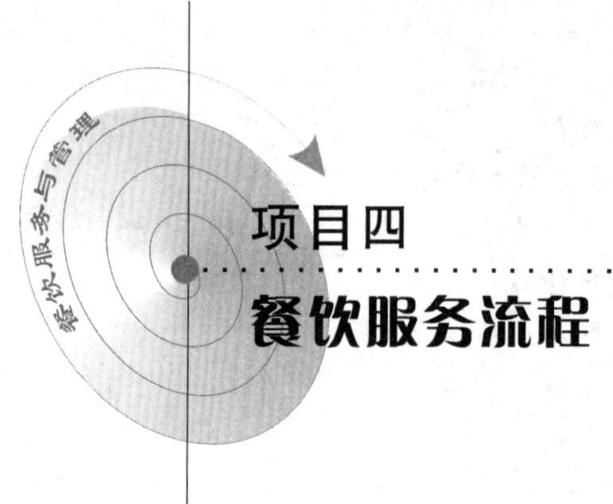

项目四 餐饮服务流程

学习重点和难点

1. 餐饮服务主要环节的服务内容与服务项目；
2. 各项服务流程的规范性操作；
3. 服务中各环节细节问题的把控；
4. 突发状况的处理方法与技巧。

技能点

1. 熟悉餐饮服务中各环节的服务流程；
2. 掌握服务的内容与操作方法；
3. 对突发事件能够采取正确合理的解决措施；
4. 能够独立、高标准地完成餐饮服务各环节的工作；
5. 5～8 人为一小组，模拟中餐零点服务基本流程。

引 例

顾客想吃家乡菜

一天，一个由32位台湾老人组成的旅游团来到某高星级饭店，要求尝一尝地道的家乡菜。可是，饭店管理人员并不知道他们到底要吃哪儿的菜，喜欢什么口味，有什么特殊要求等。于是，饭店经理经过与台湾老人的交流，了解到这些客人都是从浙江宁波去往台湾的，而且经理还打电话到台湾老人入住的酒店，了解了他们之前的就餐情况。当服务员为客人们送上一桌地道的宁波菜时，老人们仿佛孩童一般地欢呼起来，不一会儿，这些菜就被一扫而光。老人们非常满意，他们说，这是他们到大陆后吃到的最香、最满意、最开心的一顿饭，并向饭店表示诚挚的感谢。

资料来源：http：//www. canyin88. com.

【解析】

真正超值的服务并不是简单地满足顾客的要求，而是在满足他们要求的同时给他们带来意外的惊喜。台湾老年团要求吃家乡菜，估计很多人以为是台湾菜，但是这个饭店的经理通过了解发现他们都是从宁波去的台湾，家乡自然就是宁波，所以才有了老人满意与感谢的结果。

任务一 餐前准备

宾客来餐厅就餐，餐厅服务人员为宾客提供的完整服务一共包括四个环节，即餐前准备、开餐服务、就餐服务和餐后服务。要求服务员认真按照标准与规范进行操作，以使宾客能够在餐厅不仅享受到美食，同时还可以享受到“宾至如归”的感觉，更能体现餐饮服务工作的专业性。其中，餐前准备环节是整个服务工作的基础与保证。

任务导入

餐具上的裂痕

一位翻译带着四位德国客人走进了西安某三星级酒店的中餐厅。入座后服务员开始接受他们的点菜。客人点了一些菜品和啤酒、矿泉水等饮料。进餐过程中，一位客人突然发出诧异的声音，原来他的啤酒杯有一道裂痕，啤酒顺着裂缝流到了餐桌上，翻译急忙让服务员过来换杯。与此同时，另一位客人用手指着小碟子让服务员看，原来小碟子上有一个缺口。翻译赶忙检查了一遍桌上的餐具，发现碗、碟、瓷勺、啤酒杯等用品均有不同程度的损坏，上面都有裂痕、缺口或瑕疵。

翻译站起身把服务员叫到一旁，说：“你们这里的餐具怎么都有毛病？这可会影响外宾的情绪啊！”“这批餐具早就该换了，最近太忙还没有来得及更换，您看其他餐桌的餐具也有毛病。”

“这可不是理由啊！难道这么大的酒店连几套像样的餐具都找不出来吗？”翻译有点火了。“您别着急，我马上给您换新的餐具。”服务员急忙改口。翻译和外宾交谈后又对服务员说：“请你最好给我们换个地方，我的客人对这里的环境不太满意。”经与餐厅经理商洽，服务员最后将这几位客人安排在小宴会厅用餐，餐具也使用质量最好的，并根据客人的要求摆上了刀叉。

望着桌上的餐具，喝着可口的啤酒，这几位宾客终于露出了满意的笑容。

资料来源：杜建华. 酒店餐饮服务技能实训. 北京：清华大学出版社，北京交通大学出版社，2010.

思考：餐饮企业应如何做好餐前准备工作？

基础知识

餐前准备工作是指餐厅服务人员在餐厅开门营业前，客人还未到来时，按照服务程序以及要求完成的一系列准备工作，是一天服务工作的开始，也是之后服务工作成败的关键因素。餐前准备工作主要包括以下五个方面。

一、员工准备工作

（一）仪容仪表准备工作

餐饮服务员仪容仪表总的要求是端庄典雅、美观、落落大方、精神振作，给人以亲切感。

具体表现为以下几点：

(1) 餐厅服务人员在上岗之前按照餐饮企业规定穿着干净整洁的工作服，佩戴工号牌，口腔不能有异味，不吃刺激性食物等。

(2) 女服务员发不过肩，长发按照要求盘发并佩戴发饰，男服务员头发长度不超过发际线，头发除黑色外不允许染色，不准涂抹有色指甲油。

(3) 女服务员不浓妆艳抹，但必须化淡妆；一般不允许戴饰品，如遇特殊原因则要求以简单大方为宜。

(4) 面带微笑，精神饱满，注意力集中。

（二）心理准备

1. 吃苦耐劳的准备

由于餐厅就餐的宾客很多，一天的工作量较大，服务员在体力方面压力较大，因此服务员要做好不怕苦、不怕累的心理准备。

2. 灵活处理意外情况的准备

就餐的宾客来自四面八方，由于年龄、职业、性格、身份等不同，对服务的标准与要求也有所不同，要求服务员在为其提供服务时必须做到认真、仔细、周到、耐心，眼观六路、耳听八方，同时应做到遇见突发事件不慌忙，能够冷静对待与处理，保证服务工作的顺利进行，提供优质的服务质量。

参考资料

在服务中，服务员心情欠佳怎么办？

月有阴晴圆缺，人的心情也有起伏，这是正常的事情。但是，一位真正优秀的服务员在上班时应该做到能够理智地控制自己的情绪，尽量不要在工作中表现出来负面情绪，更不要在工作中发泄，而应该面带微笑，给客人留下良好的印象。从心理学来讲，情绪是可以适当控制的，而且控制情绪是一种有修养的表现，如万一难以控制，可以向领导申请休假，避免因为自身的情绪影响了宾客的就餐气氛。

资料来源：吴克祥．餐厅领班读本．沈阳：辽宁科学技术出版社，2004.

二、任务分配工作

任务分配即餐厅将所有餐台按照一定的规律划分为几个服务区域的过程。理想的分配结果是就座客人的数量相同、服务员到厨房和餐具柜的距离相同、座位的受欢迎程度大致相同。这项工作一般在服务员签到后进行。

（一）任务分配方法

为了方便，餐厅经理经常会采取给餐桌编号的形式，将一组编号的餐桌固定设为一个区域，然后再按照区域分配给服务员。常见的餐厅任务分配方法有两种：一种是服务员从告示栏得知具体的任务分配工作以及操作规范与标准；另一种是餐厅管理人员通过例会形式向服务员给以特别交代。

（二）任务分配的内容

（1）根据当天的工作任务分配服务区域。

（2）根据当天的工作任务分配每一位服务员的工作任务。

（3）根据当天的工作任务了解所负责区域餐位的预订情况。如果预订，应了解客人是否有特别要求，并放置预留卡；了解本区域内是否有重要宾客，如有，应按照餐厅要求做好准备工作。

三、环境准备工作

（一）卫生清洁整理工作

（1）地面的清扫，门窗玻璃、楼梯扶手以及装饰物等的擦拭。

（2）餐桌餐椅的擦拭与工作台的抹尘、整理。

（3）棉织品的检查与更换。

（二）设施设备的准备工作

（1）主要包括餐厅内灯光与音响的检查与调试。

（2）餐桌餐椅的检查与更换。

（3）装饰物的检查、添置等。

（三）物品准备工作

（1）根据当天的接待任务，服务员应对所需骨碟、汤勺、汤碗等餐具，餐巾、台布、调料瓶、花瓶、水杯、酒杯等物品和器具进行检查，确保干净无破损后摆放于备餐柜备用。

（2）快速、准确地准备好各种型号的托盘、开瓶工具、冰桶和冰块夹、毛巾夹、餐巾等服务用品。

（3）准备好茶叶、酒水、饮料、冰块等，以根据宾客要求提供，检查酒水饮料的质量，发现问题及时更换。

（4）准备好餐厅最新的菜单供宾客点菜，要求菜单干净无破损。

四、熟悉菜单工作

服务人员对餐厅菜单是否熟悉，直接影响着服务质量与经营效果。几乎所有的餐厅在培训服务员时，都会将菜单的培训列入培训项目中。服务员在开始为客人服务前，主要应熟悉菜单以下方面信息。

（一）了解菜单的变化

餐厅的服务人员在为客人提供服务前要准确了解菜单的具体变化情况以及实际可供应

的菜品。餐厅的菜单制作完成后，不是一成不变的，因为季节的变换、原料的供应、成本的增加、菜品的推陈出新等因素，有些餐厅没有来得及更换新的菜单。通过提前了解菜单的变换，可以避免给服务工作以及宾客就餐造成不必要的麻烦。

（二）知晓菜单的种类

一些餐厅的菜单分为很多种，如从菜单的种类来讲，可以分为儿童菜单、情侣菜单、甜品菜单、饮品菜单等；从烹调方法来讲，可以分为火锅菜单、锅仔菜单等；从价格方面来讲，可以分为精美菜肴菜单、家庭套餐等。

（三）熟悉菜单的内容

餐厅菜单所列菜肴品种丰富、样式繁多，服务员应提前熟悉菜品的排列次序和品种类型，特别是餐厅当日特色菜的供应情况。只有掌握了菜单的准确内容后，服务员才能根据点菜者以及用餐者的年龄、口味等要求进行适当的推荐、参谋，以此增加宾客的满意度，从而提高餐厅的服务质量。

（四）熟悉菜肴的烹调方法

为宾客提供点餐服务时，客人经常会询问一道菜的制作方法、所需时间、选用的原料等问题。服务员要虚心学习，了解菜肴的基本内容，以利于向宾客推荐和回答他们的询问。这样，不仅能够使宾客吃到自己喜欢的菜肴，同时还可以提高餐厅的经济效益。

参考资料

熟悉菜肴的烹调方法

烘——在烘炉中，用干燥的、持续不断的高温制作。

煮——在100℃的沸水中制作，水泡会不断上升并随之分解，特点是汤菜各半，汤汁稠浓，口味清鲜。

焖——将经过炸、煎、炒或水煮的原料加入酱油、糖等调汁，用旺火烧开后再用小火长时间加热成熟。特点是制成品的形态完整，不碎不裂、汁浓味厚。

炸——在灼热的食用油中煎炸制作，有的用少量食用油制作，有的在大量食用油中翻滚深炸。

烤——将经过腌制或加工成半成品的原料，放入以柴、炭火、煤气为燃料的烤炉或红外线烤炉内，利用辐射热能直接把原料加工熟。

烩——将加工成片、丝、条、丁的多种原料一起用旺火制成半汤半菜的菜肴。

氽——沸水下料，一滚即成。

爆——将脆性原料放入中等油量的油锅，用旺火高温快速加热制熟。

蒸——在有压力或没有压力的锅具中利用蒸汽制作。

炖——在能淹没食物的足够热水中慢火制作。

煨——在水还没有煮沸到最高沸点的情况下用文火慢慢地烧煮。

资料来源：李勇平. 餐饮服务与管理（第四版）. 大连：东北财经大学出版社，2012：67.

五、餐前短会

当服务员将所有准备工作就绪后，餐厅就会以整洁、干净、舒适的就餐环境迎接宾客的到来。此时，还需要餐厅经理、主管或其他相关负责人主持召开一场简短明了的餐前会，再一次确保服务工作的顺利开展。有些餐厅也会把餐前短会放在餐前准备环节的第一步进行，便于任务区域的划分。餐前短会的具体内容有以下几点：

（1）认真检查服务员仪容仪表、精神状态是否达到餐厅规定的要求与标准。

（2）再一次说明当天工作的注意事项，要特别强调工作中特殊的安排与要求。

（3）将提前预订客人的一些已知情况和特殊要求告知服务员，使服务员做到心中有数，做到有针对性的服务，从而提高服务质量。

（4）通过餐前短会，使服务员在意识上进入工作状态，能够全身心地投入工作中，尽可能地避免失误。

任务实施

从客人进入餐厅门口的那一刻，餐厅的地面、温度、菜品、桌椅都是服务员需要注意的问题，本案例说明了餐前准备工作的重要性。餐前准备中物品准备工作这一环节，应做好检查，以尽量避免顾客对用具、菜肴、环境等的不满，同时也可提高餐饮服务中的工作效率，做到忙而不乱，提高客人满意度。检查分为对用具用品的检查、就餐环境的检查、菜肴的检查等，管理人员可以根据不同的时间段或职务进行分工，做到责任到人。

本案例反映的问题不单是餐前准备工作的问题，同时也是管理上的问题。三星级的酒店竟然把坏的餐具摆在台面上，而餐前检查却未发现，可见其管理上存在的漏洞。

任务二　开餐服务

开餐服务是餐厅对客服务的关键环节，意味着餐厅对客服务的正式开始。整个过程包括热情迎宾、安排就座、落座服务、接受点菜、递送菜单等环节。

任务导入

重复的预订

一个晚上，酒店中餐厅客人络绎不绝，餐厅引领员忙着迎来送去，满头大汗。这时 6 位香港客人在一位小姐的引导下来到了二楼中餐厅。引领员马上迎了过去，满面笑容地说“欢迎光临，请问小姐贵姓?”这位小姐边走边说：“我姓王。”“王小姐，请问您有没有预订?”“当然了，我们上午就电话预订好了牡丹厅。”引领员马上查看宾客预订单，发现确实有一位姓王的小姐在上午预订了牡丹厅，于是就迅速把这批客人带进了牡丹厅。

过了半个小时，餐厅门口又来了一批人，共有 12 位客人，当领队的王小姐报出自己昨天已经预订了“牡丹厅”时，餐厅引领员发现出了问题，马上查阅预订记录，才发现原来今晚有两位王姓小姐都预订了厅房，而引领员在忙乱中将两组客人安排进了同一间厅房。餐厅引领员为了弥补错误，立即就把客人带到了“紫荆厅”，客人进房一看更加不满意了。王小姐满脸不高兴地说：“我们预订的是一张 12 人台，这是一张 10 人台的厅房，我们 12 个人怎么坐得下?”王小姐不耐烦地径直到牡丹厅一看，里面的客人已开席了，12

人台只坐了7个人，引领员看了看这么多的客人，为这不恰当的安排而再次赔礼道歉，但是这12位客人仍然怎么也不愿意坐进紫荆厅这间10人厅房。“你们这么大的酒店，居然连预订都会搞错，还开什么餐厅！同意了我的预订就要兑现，我就要去牡丹厅，其他的厅房我都不去！今天我的客户很重要，这样让我多没面子，把你们的经理找来！”王小姐突然生气起来。“十分抱歉，这是我们的工作失误，这几天预订厅房的客人特别多，我们弄乱了，请你们先进房间入座，我们马上给你们加位好吗？”餐厅经理急忙过来好言好语地解释。“我们这么多人坐得如此拥挤，让我多么没有面子！好像我宴请朋友非常小气一样。”“对不起，这是我们的错误，今天客人太多，请多多原谅。”看着客人最终进了紫荆厅，经理和引领员才松了一口气，但看到他们坐得那么拥挤，引领员心里又过意不去，这正是因为自己工作失误引起的。

资料来源：http：//www.canyin168.com.

思考：1. 餐厅应该如何解决此问题？

2. 餐厅应该如何避免此类事件的再次发生？

基础知识

一、热情迎宾

迎宾是餐厅开餐后的第一项工作，通常由餐厅经理或专职引领员负责。迎宾会使客人感到受欢迎，能对餐厅留下美好的第一印象。具体要求如下：

（1）在宾客到达餐厅之前，迎宾员应该站在门口等待宾客的到来。

（2）宾客到达后，热情礼貌地问候宾客：“您好，欢迎您光临！”并将宾客引领入座。

（3）如果宾客有物品，要主动帮助提拿，行走的过程中步伐与宾客保持一致，遇到拐弯或台阶时，注意提醒宾客。

（4）宾客就座前，帮助其将衣物挂好，注意保持衣物的平整，避免兜内物品滑落。如果有专门的衣帽间，尽量记住每一位宾客的衣物样式、颜色等，以备就餐结束后为宾客提供针对性的服务。

二、安排就座

无论是大型的星级酒店还是小型的餐饮机构，合理地安排宾客就座，首先会让宾客感觉餐厅服务规范、秩序井然，其次可以使餐厅将宾客的流量以及座次处于有效的控制范围之内。即使宾客选择自己挑选座位，引座员合理的建议也是非常有必要的。具体有以下几点需要注意：

（一）了解客人有无预订

安排就座时，引领员应询问宾客有无预订，如果客人有预订，应将客人带领到指定的座位；如果没有预订，根据餐厅实际情况提供合理的建议，但尽量不要违背客人的意愿，真正满足宾客的需求才是最好的服务。

（二）安排座位时应注意灵活和合理搭配

（1）为老年宾客和残疾人宾客安排就座时，应该尽量安排在安静、舒适、离餐厅门口较近的地方，这样就可使他们减少行走，尽快就座得到休息。

（2）为带有小孩的宾客安排就座时，尽量安排在餐厅安静、宽阔的地方，因为小孩比较好动，这样可以使他们有相对较大的活动空间；同时为年龄较小的儿童及时提供儿童座椅。

（3）将过生日、聚会或其他比较吵闹的宾客安排在餐厅的一角，以免影响其他宾客就餐。

（4）年轻的情侣应被安排到安静、容易观赏优美景色的角落或窗边的餐桌。

（5）服饰漂亮的客人应安排在餐厅的中心位置，起到引人注目、渲染餐厅气氛的作用。

（三）注重候餐客人的安排

有时，由于餐厅就餐人数较多，一些客人需要排队等候餐位，餐厅需要做好登记先后次序的工作，一旦有空余餐位，根据次序安排宾客用餐。对于等候餐位的宾客，服务员应安排其在一旁就座并提供茶水服务，或先让客人翻看菜谱，这样可以节省点菜时间，方便宾客尽快用餐。如果客人等候时间确实太长，引领员应善意地征求客人意见，或推荐客人到附近餐厅就餐。

三、落座服务

（1）引领员将宾客引领至餐台时，主动为客人拉椅让座，服务中应遵循女士优先、特殊人群优先的原则。

（2）宾客落座后，引领员离开，服务员为宾客将餐巾打开置于餐碟下，按照先宾后主、先女后男的顺序依次为宾客递送香巾和斟倒第一杯茶水。

（3）详细询问宾客就餐人数，根据人数及时增减餐具、用具。

（4）将餐桌装饰物、席位卡撤下，放于工作台上。

（5）如果有宾客还未到来，服务员斟倒好第一杯茶水，递上菜单和酒水单，让宾客浏览，服务员退出，站在门口随时准备提供服务。

四、接受点菜

（1）点菜时，服务员将菜单双手递给宾客，为主人或是主人指定的其他宾客提供点菜服务。

（2）服务员端正地站在宾客的左侧，身体前倾弯腰，认真倾听宾客的点菜要求与询问。使用点菜器点菜时，要注意及时、正确的输入；使用点菜单点菜时，要注意记录清楚、书写工整。无论使用哪种方法点菜，一定要做到规范的操作，这样不仅有利于厨师正确配菜炒菜，同时也可以保证宾客吃到自己喜欢的菜肴。

参考资料

服务员如何正确记录客人点菜信息

服务员填写点菜单时，通常应根据菜单上的项目次序分类填写。同时应完整清楚地记录客人要求。例如：

1. 饮料中是否要加冰块；

2. 选用何种色拉调味汁；

3. 肉排要做到什么程度，通常有生、半生、适中、七分熟、全熟；

4. 烤土豆配酸奶油还是黄油；

5. 鸡蛋的嫩、老程度；

6. 选用什么蔬菜配菜；

7. 什么时候上咖啡。

资料来源：李勇平. 餐饮服务与管理（第四版）. 大连：东北财经大学出版社，2010：71.

（3）点菜过程中，服务员要主动为宾客推荐特色菜肴，但要尊重宾客的意愿。

（4）对于宾客的特别交代，如少放辣椒、不加酱油等情况要仔细记录清楚。

（5）回答宾客有关询问时，一定要实事求是，不能含糊不清。实在不清楚时，请客人稍等，待问清楚后再回答客人，不要不了了之或胡乱回答，给宾客带来被欺骗的感觉。

（6）对于一些拿不定主意的宾客，服务员要耐心，直至宾客点到自己满意的菜肴为止。

（7）点菜结束后，服务员要向宾客复述所点菜肴以及特殊要求，待宾客确认准确无误后，及时将点菜单送至厨房并请客人稍等。

小案例

不合格的点菜服务

两位客人在一个小方桌前坐下。服务员递上菜单，客人开始点菜："先来冷盆。这'家乡咸鸡'是什么鸡做的？是农民喂养的草鸡，还是饲养场买来的肉用鸡？""不知道，我没吃过。"服务员老老实实地回答。"'佛跳墙'是什么菜？怎么那么贵？"客人指着菜单问道。"好多东西都放在瓦罐里煲，很鲜的。"服务员总算比较含糊地回答了这个问题。"那'海鲜佛跳墙'与'迷你佛跳墙'有什么区别？"客人要有所选择。服务员嗫嚅了。客人不悦地对服务员说："算了，算了，你讲不清楚，我们也怕白花冤枉钱，那就点别的菜吧。""再来两碗小刀切面，不要汤水，有什么调料？"服务员借机推销："我店新推出的XO酱，味道很好。""XO不是酒吗？怎么变成了酱？"客人感到新奇。"这是新产品，您试试，开开眼界。"服务员对客人循循善诱。客人还是打破沙锅问到底："XO酱是什么玩意儿？""当然是用XO酒配制成的！"服务员胡诌一气。待酱端上来，客人一看，有红油、有辣子，不吃了。他训斥服务员："根本没有XO酒，我不吃辣的，退掉。"服务员态度还算好，颇有几分委屈："我从来也没吃过，怎么知道是什么味。"

最后客人还要上些水果，菜单上有新奇士橙和新会橙两种，但价格差别很大。客人又提出疑问。服务员答道："新奇士橙是进口的，新会橙是国产的。""进口的？哪国进口的？进口也不该那么贵！"显然，服务员简单的回答并没有说服客人。"那还是吃西瓜吧，西瓜总不会是进口的。免得被宰。"由于不放心，客人改变了主意。

资料来源：http：//www.doc88.com/p－917707416891.html.

【提示】

从以上案例可见，餐厅服务员对菜肴的知识十分贫乏，几乎是一问三不知，或是错误百出。这种问题出在缺乏必要的培训上。许多酒店上岗培训结束后，没有再实施与工作实践紧密结合的业务培训。不懂业务知识，就没有服务质量，客人不会满意，酒店好的产品卖不出去，也就得不到好的效益。有的酒店请餐饮部经理、厨师长和优秀服务员经常给服务员上课，必要时，可安排服务员聚在一起，让他们品尝酒店菜品。在品尝的同时，又给他们讲授知识，这种现场品尝式的培训效果特别好。

案例中出现的三道菜品和配料，可做如下解释："家乡咸鸡"用的鸡，都是从农民家中收购来的三斤左右的公鸡，味道鲜。腌制的配方是师傅自己研究出来的，口感是咸中透出清香。"佛跳墙"由许多珍贵的原料烹炖而成。因为其香味诱人，以致和尚也忍不住跳过墙去偷吃。近年来，海鲜盛行，餐厅在原来鱼翅、海参、干贝、香菇等主料的基础上，又增加了新鲜的鱼、虾、贝、蚌等，内容更丰富，共由 18 种原料组成，要卖到 138 元一盅。有时候，客人消费水平不太高，或是有些大型会议要人人品尝下，于是餐厅推出了较为大众化的"迷你佛跳墙"，原料在品种和数量上有所减少，但用的汤还是原汁炖出来的，卖价只有 78 元一盅。"XO 酱"与"XO 酒"毫无关系。它是用日本瑶柱、金华火腿、高汤和香辣酱放在一起炒制而成，其香无比，拌煎食品，胃口大开，辣度是根据客人要求配置的。

五、递送菜单

（1）服务员点好菜后，经收银员确认，应立即将点菜单中的一联送进厨房交给厨师长，厨师长根据点菜的先后顺序为宾客安排配置原料，并安排厨师进行烹饪。

（2）无论是以哪种点菜方式点菜，都需要服务员再次将点菜单上宾客的特殊要求与特别交代的问题与厨师长进行沟通，确保顺利、准确上菜。

（3）递送点菜单后，服务员应立即返回餐厅，为宾客补斟茶水，并再次请宾客稍等。

参考资料

西方人为何不吃蛇、鸽等菜?

这和西方人的社会观念、饮食习惯有关。他们把鸽、狗、猫等动物视为宠物，认为是不可以吃的；而蛇、鳗鱼等无鳞的动物，西方人从饮食习惯上来讲又不吃这些东西。因此，我们认为的美味佳肴，西方人未必认同。各个国家之间、各个地区之间在饮食原料的选择和饮食口味的偏好方面存在很大差异，餐饮管理人员应了解这些不同。

任务实施

1. 引领员与经理均应对客人诚恳道歉。餐厅引领员为了弥补错误，立即把客人带到了 10 人台的厅房"紫荆厅"；为客人提供额外的优惠，如送果盘、甜品或打折等，以此表达餐厅因为本身工作失误给客人造成麻烦的歉疚之意；再次当众向王小姐一行客人表示歉意，使她在朋友们面前挽回面子，也充分让客人感觉到他们是餐厅重要的客人。

2. 引领员应该在为客人预订的时候把客人的中文全名和联系电话记录下来，在客人到达时引领员要先核对客人的全名和电话，再把客人带到预订好的厅房就餐；即使出现厅房预订错误也应尽量安排客人到座位数与人数相应的房间。此事件应作为经验教训，用于培训全体员工，规范服务流程，务求所有员工明确"顾客第一"的意识。

任务三　就餐服务

就餐服务也称台面服务，是指服务员在规定时间内将宾客所点的菜肴、食品与饮料送到桌面，并在整个就餐过程中提供标准化、规范化的服务，随时为客人解决突发事件的服务过程。就餐服务环节包括准备饮料酒水、出菜服务、上菜服务、席间服务、特殊情况处理等。

任务导入

一碗豆面引出的话题

一天，有十位客人来到餐厅就餐，当进餐即将进入尾声时，客人点了主食，每人一碗豆面。服务员将豆面送到每一位客人面前后，客人们并未立即食用，而是继续交谈。大约过了十分钟，有的客人开始吃面，其中一位客人刚吃了一口，便放下了筷子，面带不悦地对服务员说："这豆面怎么这么难吃，还都粘到了一起，你知道吗？这顿饭对我来说非常重要。"服务员连忙解释到："先生，我们都是现点现做的，一般面条在做出来几分钟后就会粘到一起，而豆面的黏性比其他面的黏性要大，如果做出来不马上吃的话，必然会影响到面条的口感和味道，我通知厨房再给每一位客人重新做一碗好吗？"客人说："不用了，再做一碗也挽不回我们的损失！"

此时，正好餐厅经理走了过来，服务员立即向他汇报了情况。餐厅经理让领班为客人送上水果并对客人说："对不起，先生，由于我们未能及时向您介绍豆面的特性，没有让您圆满地结束用餐。如果您对我们今天的服务感到不满意的话，我代表酒店向您以及您的客人赔礼道歉。"客人说："服务态度没有问题，不过我希望服务员在上菜时能够给我们介绍一下。"

资料来源：https：//www. baidu. com.

思考：针对此类菜肴，餐厅服务员应该如何为宾客提供服务？

基础知识

一、准备饮料酒水

（一）准备酒水酒具

递送完点菜单后，服务员回到餐厅，为客人准备所点酒水。根据酒水的特点与宾客要求，配备相应的酒杯，需要加热与降温的酒水提前做好准备工作。

（二）斟倒酒水

如果宾客没有特殊要求，一般在第一道菜肴上桌之前，服务员将酒水斟好，斟酒方法按照斟酒的具体要求进行操作。

二、出菜服务

为了避免发生事故，很多厨房都设置进、出两扇门，传菜员在出菜时应遵循以下要求：

（1）认真核对菜肴，避免错拿其他客人的菜肴。

（2）检查菜品是否摆放整齐、装饰是否美观。

（3）菜肴应平稳地摆放在托盘上，按照托盘的具体要求送到餐厅。

（4）行走过程中注意保持平衡，以免发生意外。

三、上菜服务

（一）上菜时机

（1）根据宾客点菜时间、厨房闲忙程度和菜品制作是否复杂，及时与厨房沟通，掌握上菜时机，必要时进行催菜，以免宾客等得太久而产生不满的情绪。

（2）上菜时，一般从副主人位置旁边进行，或根据餐厅的实际情况而决定。

（3）先将冷菜按照要求上桌，与主人及时沟通，询问宾客是否到齐，确定热菜上桌的时间。

（4）有时也会出现由于宾客较少，厨房出菜较快，冷热菜肴上桌的先后顺序之间没有间隔而导致客人没有时间品尝冷菜，或觉得服务存在问题等现象。此种情况下，就需要服务员与厨房及时沟通，控制出菜的速度。

（5）在主人讲话的时候或其他宾客敬酒的时候，不要上菜，即使已经出菜，也要将菜品放置工作台上，待讲话敬酒后立即上桌。

（6）如果是多桌宴会，上菜的速度应该以主桌为准，跟随主桌上菜，全场做到统一。

（二）上菜顺序

如果没有特殊情况或主人没有特别的交代，一般按以下顺序上菜：

（1）中餐：冷盘、热盘、汤、主食、甜点、水果。

（2）西餐：开胃品、汤、副菜、主菜、主食、色拉、甜品。

（三）上菜方法

（1）上菜时要趁热，厨房出来的菜品要用不锈钢或其他材质的盖子盖好，等上菜时再取下，以保证菜肴的热度与口感。

（2）餐厅规定，上菜必须由盯台服务员将菜肴摆放至餐桌。因此，传菜员只要将菜送至餐桌旁即可，特殊情况下传菜员也可以将菜摆放在餐桌上，视情况而定。

（3）上菜时注意操作规范，选择合适的上菜位置，避免将菜肴的汤汁洒到宾客的身上。

（4）上菜时，将菜的种类、颜色、原料、形状以及器皿进行搭配摆放，每上一道新菜时，要转动转盘将新菜转至主宾与主人席位中间，菜肴的最佳观赏面朝向两位宾客。

（5）如果转盘外圈没有地方摆放新菜，可以将最先上的菜、已经吃掉一半的菜或不受宾客青睐的菜推入转盘的中间，少量的菜品装入小盘中重新上桌，也可以将所剩不多的菜肴分给宾客，但是分派时必须征得宾客的同意。

（6）每上一道新菜时要准确清晰地报出菜名，特殊菜肴还需要服务员介绍它的制作方法、典故以及吃法等。

（7）注意与菜肴配备的辅料、餐具、用具等要随着菜肴一起上桌。

传错的菜

某酒店的宴会部二楼和三楼同时接待了两个规模比较大且标准比较高的婚宴。但是由于人手紧张，宴会部申请从各个部门调配人手。各部门的人员到位后，都集中安排在备餐间负责传菜工作。在传菜的过程中，一名保安因为没有听清楚传菜要求，误将三楼的“香辣霸王肘”传送至二楼，导致二楼多上了一道菜，三楼由于菜肴上错、时间耽搁而导致上菜速度变慢，最后客人有意见。事件发生后，经理采取了及时有效的措施，没有造成客人的更大投诉，但是给部门造成了一定的损失。宴会结束后，部门当即召开了紧急会议，对事件进行了细致的分析，要求当事人写出书面经过，并对相关人员进行批评及处罚，要求在以后的工作中杜绝类似的事件再次发生。

资料来源：杜建华. 酒店餐饮服务技能实训. 北京：清华大学出版社，北京交通大学出版社，2010：124.

思考：造成此类事件发生的原因是什么？

提示：此类事件的发生是由于服务员以及管理人员工作责任心不强、工作不仔细造成的，具体分析如下：第一，备餐间主管及领班应该在班前会上将传菜的要求准确地传达给外来帮忙的员工；第二，盯台服务员应该在菜肴上桌之前仔细核对菜单；第三，宴会厅管理人也应该在宏观上把握上菜的程序以及要求。

（四）分菜服务

（1）需要进行分派的菜肴必须先向客人进行展示、介绍后再进行分菜操作，在尽可能短的时间内完成操作，以免菜肴变凉；如果是多桌宴会，分菜的标准与方法应该一致。

（2）分菜时如果没有特殊要求，按照先宾后主、先女后男的顺序进行分菜；也可先给老人与小孩分派。

（3）分菜有两种方式：一种是备餐柜操作，此种方法用于较为复杂、需要切割、用时比较多的菜肴；另一种是餐桌上操作，此种方法适用于操作简单、用时比较短的菜肴。

（4）如果是配有佐料的菜肴，分菜时要蘸好佐料再分派给宾客，或者将佐料上桌，让宾客自己取用。

（5）分菜时，服务员要把握好菜肴的总量，根据实际的宾客数量做到分派均匀，每一道菜分完后，盘中要求剩余 1/10 的菜肴，以此显示菜肴的分量实足，同时以备还有客人需要，及时添加。

（6）分菜时，将菜肴最可口的部分分派给重要的宾客或特殊人群，切记将菜肴的头、尾、残骨、剩菜剩汤分派给宾客。

（7）整个操作过程要求干净卫生，手法熟练，以免汤汁溅出，影响宾客就餐。

四、席间服务

（一）补斟酒水、茶水服务

（1）席间在提供其他服务的同时，要注意宾客饮酒的速度与频率，随时进行添加。

（2）酒水即将饮用完时，要主动与主人协商，是否需要添加，如果是多桌宴会，是否需要添加酒水要与主办人协商，不可随便补充，如添加应及时与收银员沟通，计入消费。

（3）及时为宾客提供茶水服务，当茶水至1/3时应及时添加，当茶水变凉时及时为客人更换热的茶水。

参考资料

宴会客人开始祝酒，服务员该怎么做？

宴会客人开始提祝酒词时，服务员要停止手中的一切工作，在服务桌旁站好。中餐宴会的进餐程序一般是客人在用餐前讲话，也就是客人入座后不久，所以首先服务员要尽快将客人酒水斟满。小型宴会的要求是每位客人杯中有酒，大型宴会客人祝酒词要在祝酒台进行，客人祝酒词完毕后，服务员用托盘送上提前斟满酒的酒杯，以便祝酒客人与来宾共饮。

有一些主人会在祝酒词之后与每桌客人敬酒，要求服务员跟在客人身后，准备随时添加酒水。客人在讲话的时候，服务员不可以随便走动，立正站好，表示对客人的尊重，同时也体现出服务员自身的修养。

资料来源：沈群. 餐厅服务手册（第二版）. 北京：旅游教育出版社，2009：115－116.

（二）撤换餐用具服务

（1）一般宴会不必每道菜换一次餐盘，高档宴会就必须遵守每道菜换一次餐盘和酒具的原则。

（2）当吃过甜食、鱼虾或味道特别、汤汁较浓烈的菜肴，或餐盘中残渣较多时，服务员需要立即更换餐盘。

（3）上甜点与水果之前需要更换餐盘。

（4）撤换餐盘时注意操作标准，不能越过宾客的头顶，以免将客人衣服弄脏，动作轻缓，以免打扰到客人。

（5）由一种酒水更换为另一种酒水时需要更换酒杯。

（6）一般要求，烟灰缸内的烟头不得超过三个，否则就必须更换新的烟灰缸。

（7）撤下的脏餐盘及时清理干净，不要堆放在工作台上，以免影响整体环境。

（三）清理台面服务

（1）随时观察餐桌上的具体情况，需要清理时要用专业的工具，不可以用手直接拿。

（2）清理时注意操作方法，以免将残羹掉到宾客身上，弄脏宾客的衣服。

（3）如果台布上有菜渍或其他污渍，影响美观，应该用干净的餐巾纸或口布将其盖住并铺设平整。

（四）添加用品服务

餐桌上的餐巾纸或其他物品，当使用完或宾客提出更换要求时应及时添加。

（五）更换香巾服务

（1）一般宴会使用的香巾都是一次性的，高档宴会用的香巾都是经过消毒的湿毛巾，在用餐过程中，服务员应派送三次，分别是开餐前、用餐中、用餐即将结束时。

（2）递送香巾，应该注意根据季节的变换来掌握香巾的温度，冬天采取加温、夏天采取冰镇的方法，或者可以根据宾客具体要求提供服务。

热情周到≠服务质量好

五月的一天晚上，深圳某三星级酒店的餐厅来了4位熟客，看得出来他们是久未相见的老朋友。在点菜时，实习服务员小李很热心地向客人推荐餐厅特色茶花鸡，客人欣然接受，当茶花鸡上桌时，小李又热情地向客人介绍本餐厅其他特色食品，在座的客人非常满意小李的服务。在客人们津津有味地品尝茶花鸡时，小李看到客人的骨碟已满，就走近一位年轻人说："对不起，先生，给您换一下骨碟好吗？"此时客人右手正拿着一只鸡翅，见状忙侧身让开，为避免碰到小李，客人还把右手举过了肩膀，小李发现骨碟中还有一只鸡脚时，便提醒客人："先生，还有一只鸡脚呢！"客人又连忙用左手拿起那一只鸡脚，手拿鸡脚和鸡翅的客人为不影响小李更换骨碟而双手高举作投降状，一旁的年老客人看到后便打趣说："怎么，是不是喝不下酒向我投降啊？"客人一听，连忙自嘲说："我是向漂亮的服务小姐投降，要说到喝酒，我哪会怕您。等小姐换好碟，我好好与您喝几杯。"等到小李换好骨碟，两位客人果真要比拼喝酒。当两人干完第一杯酒后正凑在一起说话时，小李过来说："对不起，先生，给您倒酒。"两位客人不约而同地向两边闪，小李麻利地为两人斟满酒，两人又干了一杯，然后又凑在一起说话，小李又不失时机地上前说："对不起，先生，给您斟酒。"此时的年轻客人突然对着小李大声怒吼道："没看到我们正说着话吗？你烦不烦啊！"服务员小李一脸的茫然，不知道该怎么办才好。

资料来源：http：//www.canyin168.com.

【提示】

随着社会的不断进步和生活质量的提高，顾客对服务质量的要求也越来越挑剔。中国服务行业近几年来也不断地思考着如何提高服务质量，以吸引更多的国内外客人。大多数酒店的餐厅制定了一系列的服务规程和规范来确保酒店服务质量。例如大多数酒店的餐厅服务规程明确规定：当客人餐碟中的菜骨杂物超过三分之一时必须及时撤换；当客人杯中酒水不足三分之一时应及时添到八分满；当桌上的烟灰缸里有两个烟蒂时必须更换等。这些规定对保证酒店的服务质量有一定的作用，但关键是酒店服务应以不打扰客人为原则，否则服务规程就显得毫无意义。有的酒店和服务员在执行规程的过程中，一味追求执行规程的规范性，忽视了酒店服务的基本原则，更加没有顾及客人的个性需求和在一些特殊情况下服务的灵活性。

本案例中的小李严格按照酒店的服务规程为客人提供服务，最终却导致客人的怒吼，应该引起所有酒店从业人员的深思。不可否认，案例中服务员小李的服务态度和服务礼仪、服务规范都做得不错，但她的错误就在于其服务非但没有给客人们带来舒适和享受的感觉，反而使客人生气。其实服务员小李在第一次换餐碟，而听到客人的玩笑话中有话时，就应该注意到自己服务中的不足。在此后的斟酒服务时，应该等待客人谈话告一段落后再倒酒，才会使客人满意。本案例充分说明酒店在提供规范化服务的同时，更应该注意顾及客人的个性需要，并要求服务员灵活应变。

五、特殊情况处理

餐饮服务员的工作任务是努力使每一位就餐的客人用餐愉快、满意，但要做到这一点并不容易。服务员工作时会遇到形形色色的客人和各种各样的事情，面对每一种情况，服务员都应秉持诚恳的态度，用所掌握的服务方法最大限度地照顾客人。餐饮服务中遇到的特殊情况种类众多，常见的有以下几种：

（一）对年幼客人的接待

（1）对待年幼客人要耐心、愉快，最好提供儿童座椅，使小朋友坐得舒服，并且尽量不要使小朋友的座位靠近过道。

（2）在不明显的情况下，可把花瓶、糖罐等易碎物品移到小孩够不着的地方。

（3）尽量为小孩提供围兜、坐垫和餐厅提供的小礼品，以使其父母开心。

（4）如果小朋友在过道或其他公共区域玩耍打闹而影响了其他客人就餐，应向其父母建议，从孩子安全角度考虑，管理好小孩。

（5）注意各种风俗习惯，不要抱小孩、逗小孩或用手抚摸小孩的头，也不可给小孩吃东西或提供药品等。

（二）对醉酒客人的处理

（1）餐厅值班经理应先确定客人是否已经醉酒，再决定是否继续为其提供酒精饮料。

（2）如果客人确已喝醉，餐厅经理应该礼貌地告诉其陪同人员不可以再提供酒精饮料，同时安排醉酒客人到不打扰其他客人的、靠近里面的席位或没有客人的雅间内休息。

（3）如果遇到客人呕吐或带来其他麻烦的情况，服务员应有耐心，迅速处理污物，不要抱怨。

（4）如果醉酒客人为本酒店住店客人，在无人搀扶不能回房的情况下，应通知保卫人员陪同客人回房间。如果客人不在酒店入住，也应交由保卫人员陪同客人离开。

（5）事故及处理结果应记录在餐厅工作日记上。

（三）对残疾客人的接待

服务员对残疾客人的帮助应该适度，避免因过分热情而被客人视为同情。

（1）对待坐轮椅就餐的客人，应将客人推到餐桌旁，尽量不要安排在过道边，客人的拐杖要放好。

（2）盲人就餐时，服务员要小心地移开桌上的用品，可适度帮助客人选择菜肴，待上菜完成后，要告诉客人放在什么地方。

（3）接待失聪的客人要学会使用简单手势示意，上菜和酒水时要轻轻地用手触碰客人，表示从哪边提供上菜服务。

（4）对在用餐中突然发病的客人要保持镇静，不可随便搬动，应马上通知医生和经理前来处理。

（四）对停电事故的处理

（1）服务员保持冷静，安抚客人情绪。餐厅经理尽快询问工程部或相关部门，查明原因。

（2）尽快了解恢复供电时间，然后决定是否停止营业或向上级汇报。

（3）向客人说明正在采取措施恢复供电，对由此给客人带来的不便表示歉意。

（4）如果恢复时间很短，餐厅可继续营业，并尽快给各餐桌点上蜡烛。

（五）对衣冠不整客人的接待

（1）引领员或餐厅经理应向客人说明餐厅有关宾客衣着的规定，欢迎客人换好衣服后再次光临。

（2）感谢客人的理解与支持。

（3）如果客人仍感不满，服务员应请示上一级领导协助解决。

任务实施

经了解，这位客人宴请宾客是在饭桌上谈生意的，因生意没有谈成，所以心情不好。加之豆面的不可口，更加增添了客人的不愉快。服务员在上豆面时，如果及时向客人介绍豆面的黏性特点，并提醒客人立即吃才会有好的口感，那么客人的不愉快应该是可以避免的。包括其他对食用时间有较高要求的菜肴，也应做好相应的提醒和介绍服务。服务员在对客服务的过程中，应该要把工作做得更加细致一些，不可有半点马虎。

任务四　餐后服务

餐后服务是指宾客在用餐结束后，餐厅为其提供的相关服务，包括结账收款服务、征求宾客意见服务、送客离店服务、整理台面服务、记录工作等。宾客在餐厅的用餐结束，并不意味着服务的结束，优质的餐后服务可以给宾客留下深刻的印象，使宾客再一次光临。

任务导入

盘子该不该收？

某四星级酒店的风味餐厅里，晚餐时间客人非常多，服务员忙得手脚不停，到了接近营业结束的时间，客人们渐渐离去，大伙这才缓了一口气。这时服务员小李环顾了一下四周，看到一位先生与一位小姐还在那里聊天。小李走近餐桌看到盘里的食物已经没有多少了，两位客人也不再吃了，他自认为客人已经吃好，便想把桌上的盘子撤掉，只留下水杯，以便为客人提供更好的谈话环境。

小李走过去为客人添加茶水时，对客人说："如果您不吃了，我可以把这些盘子撤掉吗？"谁知客人听后不高兴了，说："你的意思是让我们走啊？"小李连忙道歉说："对不起，我不是这个意思，请您慢用。"客人听这么一说才消了气。时间不长，两位客人看到餐厅就剩他们了，才起身离开餐厅。

资料来源：杜建华. 酒店餐饮服务技能实训. 北京：清华大学出版社，北京交通大学出版社，2010：163.

思考：服务员这样做正确吗？为什么？

基础知识

一、结账收款服务

现代化的饭店和餐饮企业，为了提供更加人性化的服务，有很多结账方式供宾客选择，常用的结账服务有以下几种方式。

（一）现金结账

在宾客就餐即将结束，并确定没有其他需要时，服务员应该提前通知收银员将账单做好，宾客提出结账时，在最短时间内将账单放入托盘或者收银夹内递到客人手中，也可以将宾客引领至收银台进行结账。

（二）签单结账

如果是协议单位的客人，确认宾客单位、姓名等信息无误后，宾客对账单没有任何异议时，请其在账单上进行签名确认；如果是住店客人，确认宾客房号、姓名无误后请宾客签字，然后将消费计入宾客消费账户，采取离店时一次性结账。酒店住店客人签单结账时，服务员应提前向前台核实客人账户余额是否充裕。

（三）信用卡结账

宾客提出使用信用卡结账时，服务员应该确认宾客使用的信用卡是否为餐厅所接受。然后将宾客引领至收银台，宾客对消费确认无误后按照操作方法为其提供结账服务。

结账的方式还有很多，如支票、转账、微信支付等，但无论宾客采用哪一种方式，服务员都应该热情周到。当宾客对账单提出疑虑时，要耐心进行解释，既要让宾客满意，同时也要维护饭店的利益。

小案例

结账风波

郑先生等一行10人到一家高级宾馆的餐厅吃四川菜。在点了一桌丰盛的酒席后，大家兴致勃勃地推杯换盏、夹菜品肴，热闹了起来。席间，两位服务员小姐的服务颇为周到，又是上菜，又是报菜名，又是换菜碟，样样俱到，菜肴的味道也让大家很满意。郑先生得意地对大家说："我挑的这家店不错吧！"宴会临近尾声之际，郑先生招手请服务员过来添茶，一位身材苗条、穿着红色旗袍的小姐轻盈地走了过来。"先生，您这桌的餐费是1 330元，不知由哪位来结账？"服务员以为郑先生是要结账，便提高声音说出了餐费的数字。

服务员的话使大家为之一愣，为什么她收钱的语调与刚才服务时温柔的语调反差这么大，连旁边桌的客人都向这里张望。郑先生是位很讲面子的人，小姐的话使他很是尴尬。

"小姐，收餐费没有必要那么大声吧，钱我肯定付得起，况且，我叫你过来是要添茶……"服务员不好意思地说："我马上就给大家添茶。"郑先生此时已经拿出了钱，他没有看服务员递过来的账单，而是直接把钱交给了服务员。

由于服务员的一句话，大家的情绪不再那么热烈了。服务员找回零钱后，大家便起身离开了餐厅。

资料来源：http//guanli. 100xuexi. com.

思考：本案例中服务员的做法正确吗？为什么？

提示：本案例中的服务员做法不正确，在为客人结账时，没有找对机会，结账的方式也欠妥，从而破坏了客人用餐的情绪。一般来说，付款的客人都不希望其他客人知道自己请客付款的金额。因此，服务员应该为客人保密。在国外有些饭店，一般准备两份菜单，一份附有价格给请客的人看，一份不附有价格给被邀请的人看，餐后结账时，服务员会悄悄地把账单递给结账的人，绝不会惊扰其他人。从服务的心理学角度来看，做东的客人很讲面子，绝不愿意当众报出付款金额，以免引起其他客人对他的看法。因此，服务员在为客人结账时，一方面要等候客人自己提出结账的要求，另一方面则应该为客人保密。

二、征求宾客意见服务

（1）整个服务过程即将结束，此时，服务员应该主动征求宾客对餐厅环境、对服务员的服务、对饭菜的质量等各方面的意见或建议。

（2）当宾客提出意见或建议时，服务员要认真聆听并表示感谢，必要时要仔细记录。有些餐饮企业会提供宾客意见单，希望客人配合填写。客人填写完成后，通常由引领员收集整理，并汇报给上级管理人员。

三、送客离店服务

（1）宾客就餐结束准备离开餐厅时，服务员应提醒客人带好自己的随身物品，如果宾客需要打包饭菜，帮助打包并提拿。

（2）引领宾客离开餐厅，送宾客至门口，热情道别，欢迎再次光临。

四、整理台面服务

（1）送走宾客后服务员立即返回餐厅，查看是否有宾客的遗留物品，如果有遗留物品及时与宾客取得联系并送还，如果没有遗留物品，立即开始进行台面及环境的清洁整理工作。

（2）清理台面时，按照玻璃器皿、剩余菜肴、餐具用具、台布的顺序依次进行。

（3）部分餐厅要求，玻璃器皿与餐具都是由值台服务员进行清洗，多数餐厅会将餐具交由专门的管事部门负责清洗。

（4）按照要求重新布置台面，整理工作台，收拾卫生，使环境保持良好的状态。

参考资料

用餐结束后，客人的遗留物品如何处理?

客人用餐过后，服务员应提醒客人注意携带好自身的物品；对于客人遗留下的物品，服务员应妥善地保管好，并报告当班的领班或餐厅经理，等待客人回来寻找；如果直到当餐完毕时，客人仍未回来寻找，应将物品交至吧台，同时做好记录。

五、记录工作

（1）整理宾客的意见或建议，详细填写当日工作记录表。

（2）管理人员进行检查，召开简短例会，总结工作情况，提出改进方法以及注意事项。

（3）简单交代第二天的工作，让服务员做到心中有数，并对服务员一天的辛苦工作给予肯定。

任务实施

凡事都要善始善终，餐后服务是餐厅留给客人最后的印象，许多服务的失败都是不注重收尾服务造成的。餐厅到了闭餐时间，客人还不走，坐在那闲聊，是最让服务员着急的事情。有些服务员着急下班，不顾及客人用餐的具体情况，一味地催促或强行撤盘收碗，或大搞餐厅卫生等，这都是错误的做法，是最容易引起客人恼怒的做法。因为这样做其实就是变相地赶走客人，极易激怒客人而引起投诉事件的发生。应该婉转地提醒客人，因为客人本身或许不知道餐厅的闭餐时间，或许谈得忘了时间；如果客人到店时间较晚，到餐厅闭餐时间还没有用完餐，餐厅经理可以留下值班的服务员为客人提供服务，不得催促客人，等客人用餐完毕自行离开。总之，对此类情况要进行具体的分析，灵活处理，千万不要急于下班而伤害客人。

项目小结

本项目通过四个任务的实施过程来阐述餐饮服务流程的程序、服务方法与标准。四个任务是餐饮服务流程的四大环节，包括餐前准备环节，开餐服务环节、就餐服务环节和餐后服务环节，详细介绍了每一个环节所涉及的具体工作内容、操作程序、方法以及标准。通过学习，掌握各个环节操作的知识与技能，并能够将理论知识与实践工作进行有效的结合，为日后的餐饮服务工作建立良好的开端。

思考与练习

1. 餐前准备包括哪些工作?
2. 开餐服务包括哪些工作环节？工作要点是什么?
3. 就餐服务中，上菜与分菜的要点是什么?
4. 席间服务包括哪些内容?
5. 就餐结束后应如何为宾客提供服务?

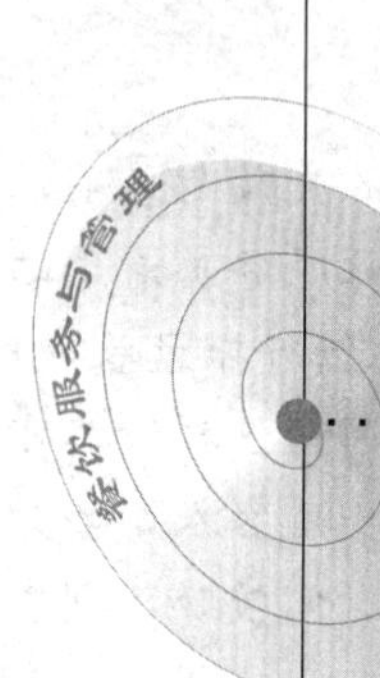

项目五 餐厅设立与菜单的设计、筹划

学习重点和难点

1. 餐厅市场区域的选择；
2. 固定菜单与变动菜单的概念和种类；
3. 制定固定菜单的基本依据；
4. 菜肴销售状况的定量分析；
5. 固定菜单的基本内容；
6. 固定菜单的设计与制作；
7. 变动菜单销售额预算。

技能点

1. 熟悉餐厅设立的基本程序；
2. 根据餐厅某一时间段的经营数据，定量分析菜肴销售状况，并作出合理评价；
3. 能够通过了解餐厅特点和顾客需求设计与制作菜单；
4. 接受餐饮活动任务之后实施作业计划安排。

引 例

烤人的餐厅

红日火锅店是一家新开业的特色餐厅，由于其位于商业街中心地带，自开业之日起，就以正宗的川味火锅吸引了无数的顾客，每天都是人满为患，就连餐厅的过道都站满了等候的客人。但是经营了一段时间后，管理人员发现前来就餐的客人日渐减少，眼看着销售量直线下降，这可急坏了餐厅经理。这是怎么回事呢？餐厅经理连忙会同厨师、前厅服务经理一起商讨，寻找问题的原因。经过调查，排除了菜肴食品质量问题、服务质量问题，而且餐厅的价格也比较适中，那到底是什么原因造成了客人流失呢？餐厅经理百思不得其解。最后，一个服务员反映了一个情况，说有些客人反映用餐时桌子太小，点的菜肴没有地方放，而且餐厅太热，像是在烤人。以前由于餐厅生意火爆，服务员忙得不可开交，再加上餐厅本来就是人多桌少，所以也没把客人的投诉当回事，如今想起来，可能这就是造成客人流失的原因。事不宜迟，餐厅经理马上会同各部门管理人员进行试验论证，结果发现，餐厅因为地处繁华商业街，营业面积有限，为了吸引更多的顾客，将原先的圆桌大部分都换成了方桌，以增加用餐空间，但是由于火锅食用时温度较高，致使客人用餐时感到不舒服，向服务员提了几次建议都没有回应，所以只好选择其他餐厅。找到了原因，餐厅经理马上换回了原先的餐桌，并在餐厅四周增装了两部空调。经过改进后，餐厅很快又恢复了往日的兴隆。

资料来源：刘勇，马磊. 餐饮服务与管理（第二版）. 北京：化学工业出版社，2013：49-50.

【解析】

餐饮企业在设立时，应认真考虑餐厅的选址，并根据选址情况对餐厅内部装修设计和经营管理进行调整，一切应以满足用餐者的消费需求为宗旨。

任务一　熟悉餐厅设立的程序

餐厅是为现代人提供外出就餐服务的营利性企业。作为最基本的生活需要，随着人们生活水平的不断提高和以各种动机外出就餐消费者数量的日益增多，餐饮消费在中国居民生活中存在很大的发展空间。了解餐厅设立的基本程序是管理和经营餐饮企业的前提条件。

任务导入

小李是一名酒店管理专业的大学毕业生，出于对专业的喜爱，同时响应国家对大学生创业的号召和优惠政策，小李决定跟同学合伙开一家快餐店，主要为学生提供餐饮服务。面对现实中的种种问题，小李有些茫然，希望明确餐厅设立的基本程序，为今后的成功经营奠定基础。

基础知识

一家经营成功的餐厅在设立时，必须以消费者的就餐需求为宗旨，包括选址、市场区域选择、目标顾客确定和经营宗旨确定四个前后相接的基本步骤。

一、餐厅选址

美国著名的“商业饭店之父”埃尔斯沃斯·斯塔特勒（Ellsworth Milton Statler）提

出了饭店经营成功的根本要素，即“地点，地点，还是地点”。作为饭店的重要组成部分和表现形式，餐厅位置的优劣，对其今后的经营发展发挥着决定性的作用和影响。餐厅的位置有宏观和微观两种位置，宏观位置指餐饮服务地点在一个较大地理范围中所处的位置，如餐饮企业处于某一国家、某一国家的某个地理区域，或者是某一国家的某一城市。微观位置即细节性位置，指餐饮服务地点的宏观位置选定之后更小范围的具体地点，如餐饮企业设在某一街区、某个建筑物旁边、某个小区门口等。

决定餐厅选址的因素也可以从宏观和微观两个方面分析。

（一）餐厅宏观位置的选择因素

进行餐饮服务地点宏观位置的决策是一个定性分析的过程，需要结合多方面因素进行综合考虑，这些因素包括：

1. 劳动力成本

餐饮企业多数属于劳动密集型组织，人工成本占到餐饮企业经营费用的20%左右，所以劳动力成本的高低成为一个重要的选址标准。特别是欧美发达国家的餐饮企业在进行国际化拓展时，劳动力成本被列为首要选址因素，同时还应考虑当地劳动力来源、知识技术水平等。

2. 土地成本

餐饮企业投资者需要花费大量资金租用或购买土地，土地成本成为餐厅选址的重要因素。

3. 交通条件

交通条件指城市内外的总体交通，主要考虑餐饮原料能否在当地得到及时供应，是否需要支付较高费用。

4. 经济发展水平

直接方面指地区的国民收入水平、经济增长速度、商业发展方向等；间接方面还包括城市的能源供应及公共设施建设情况，当地消费者的消费趋向、消费水平、外出就餐频率，以及当地旅游资源是否丰富、是否是主要客源目的地等。

5. 社区因素

社区因素指有可能对餐饮企业选址和发展产生一定影响的其他政治、经济和文化环境因素，主要包括：城市整体的开发规划、地方税务政策、政府对某些行业的财政支持情况、政府的投资方向政策（如鼓励和限制某类投资）、政治稳定性、当地居民对外来投资的欢迎程度、文化差异问题、环境保护政策等。

（二）餐厅微观位置的选择因素

宏观位置确定后，餐饮企业还需要结合自身因素考虑微观位置选择中的细节性问题。主要包括以下因素：

1. 可进入性

主要指公共交通设施是否方便、是否能够直接到达、有没有足够的停车位置，这些都是消费者选择就餐地点时考虑的因素。如城市周边的高档餐厅和特色餐厅主要吸引自驾车前来就餐的客人，前往城市中心快餐店、中低档餐厅就餐的消费者则主要乘坐公共交通工具。

2. 潜在消费者数量

潜在餐饮消费者数量的多少主要取决于来往人流量或车流量的大小。餐厅选址应多选择在商业活动中心地带，工厂、院校、住宅等人口密度较高地区，以及有大量游客停留的旅游风景区。

3. 可扩展的余地

主要指从餐厅长远发展角度考虑，服务地点周围是否还有扩大服务范围的余地。

4. 餐厅的可见度

指餐厅位置的明显程度。餐饮经营者要考虑客人是否从任何角度都能获得对餐厅的认知，以及餐厅指示牌设置的可见性、是否临街等。

5. 餐厅规模及外观

餐厅位置的地面形状应以长方形为最好，其土地利用率最高。

6. 竞争对手的相对位置

主要指餐厅与竞争对手的服务网点是否过于靠近、客源是否被竞争对手截留等。

参考资料

美食街选址的陷阱

人潮拥挤，消费群体聚集，美食街是一个专门因为美食和餐饮消费群体而存在的地方，通常很多创业者开店首选地址都会考虑美食街，它存在很强烈的先天优势，然而在选址美食街的过程中应注意防止掉入以下陷阱。

1. 交通枢纽周边配套或许并不成熟

美食街多在城市中心繁华地段，或者是商业设施非常成熟的区域。然而它有两个缺点：一是交通特别拥堵，周边停车位置有限；二是很多处于老城区，一年有很长一段时间都在施工或是修缮。此时，黄金地段立马会变成人人绕道而行的“三不留”地段，人流聚集就不复存在。所以选址美食街，投资者要特别考察周边的全部配套以及城区的新旧程度和发展前景。

2. 大牌云集，突围是一场大战

在美食街、美食广场，最不缺乏的就是大品牌餐饮，除了肯德基、麦当劳这样标配品牌，还有各具特色、各种类型的大品牌，所以选址美食街的时候，不要一有空铺就直接签约，对于周围店铺的情况一定要了解，否则你的生意可能每天都需要在各种甩卖价、跳楼价中夹缝求生！

3. 客源不断也许仅是一种假象

商业街成为各大餐饮创业人士的首选，往往都是冲着高人流量吸引而去的，但是有一点经营者必须了解清楚，商业街除了周末，到底有几天是拥有源源不断的客流的！一般美食街，虽说客流比其他地方都要多，但其实也分时间段，周末客户多，平时工作日支撑消费的只是周围的小区居民以及寥寥可数的写字楼上班族。

4. 管理不统一，宣传自生自灭

美食街的宣传口号多是统一管理和推广宣传，然而实际上，入驻美食街前期会有基本的宣传，在之后经营中，基本都是餐饮企业自己准备各种营销活动或宣传海报。所以投资前期不仅要问清商家，还得多向周边商家了解情况。

资料来源：http：//mt. sohu. com.

二、餐厅市场区域选择

市场区域选择也被称为商圈分析法，即通过分析商圈范围内的顾客情况、餐厅情况以及可能影响餐厅经营的其他情况，选择正确的经营范围。

（一）市场区域确定

市场区域是餐厅对顾客的吸引力所能达到的范围，即来餐厅就餐顾客所居住的地理范围。根据餐厅所在街区的情况、交通状况、地理环境等，以餐厅所在位置作为圆心，以消费者习惯性的一定距离作为半径，即可确定餐厅的市场区域。国际上习惯性的市场区域划分半径标准如表 5-1 所示。

表 5-1　国际市场区域划分标准表

市场区域类型	交通工具特征	距离半径/m	时间/min	时速/（km/h）
核心市场区域	徒步	600	10	4
次级市场区域	自行车	1 300	10	8
边缘市场区域	汽车	6 000	10	40

资料来源：刘勇，马磊. 餐饮服务与管理（第二版）. 北京：化学工业出版社，2013：23.

对于不同地区的餐厅，不同市场区域消费者所占的比例有所不同。一般来说，核心市场区域的消费者占顾客总数的 55%～70%，次级市场的消费者占 15%～25%，边缘市场区域的消费者所占比例较低（特别受欢迎的特色餐厅例外）。受当地经济发展水平、人口密度、竞争餐厅距离远近、交通便利程度、餐厅声誉等因素的影响，对于处在不同地理位置的餐厅来说，市场区域的半径距离也存在差异。位于城市的繁华闹市区，餐厅的市场区域半径通常只有几个街区的距离，而位于郊区的餐厅则可能是十几千米的距离。

（二）市场区域分析

在考虑选址因素后，市场区域分析对于餐厅经营意义重大。通过对不同市场区域消费者所占比例和不同餐厅市场区域半径距离的分析，可确定该餐厅合理的目标市场。在这一过程中，潜在消费者的人口规模、家庭户数、收入分配、教育水平、年龄构成、消费取向和消费水平等就成为餐厅需要关心和研究的重点，餐厅企业可以从政府的人口普查、年度统计及商业统计公告等资料中获取上述信息。

三、餐厅目标顾客确定

由于不同消费者群体对于餐厅的环境和氛围、菜品的种类和价格、服务的满意度要求不尽相同，餐厅在分析市场区域后，还要从中选择哪类顾客群体作为目标经营对象，从而有针对性地提供服务。

（一）按消费者人口特点不同划分

1. 年龄

不同年龄的消费者就餐习惯不同，对于餐厅的要求也不一样。青年客人喜欢新潮时尚的东西，但经济水平不高，餐厅可推出价格适中、风味和制作方法独特的菜品。中年客人自身对饮食要求不高，但对于孩子的饮食健康比较看重。老年客人吃饭时喜欢热闹的气氛，偏向于选择营养价值高、酥软易消化的菜品。

2. 职业

从事不同职业的消费者对于餐厅环境、菜肴品种和服务水平具有不同的标准。从事管理等脑力工作的消费者一般对餐厅要求较高，讲究高雅的环境氛围，注重菜肴的口味特点。从事一线体力劳动的消费者则对餐厅是否干净实惠更关注。

（二）按消费者就餐心理需求不同划分

1. 求新型客人

该类客人多年轻时尚，喜欢新颖、刺激，追求标新立异，不太注重菜品的质量和价格。别出心裁的餐厅环境氛围设计、与众不同的菜品菜点和服务都会对客人产生很强的吸引力。

2. 信誉型客人

该类客人注重在服务时获得良好的心理感受，非常看重餐厅的菜品特色，以及餐厅能否提供干净、安全、舒适的环境，他们认为就餐是一个快乐和放松的过程，应该得到满意、舒畅的体验和美好的记忆。

3. 享受型客人

该类客人大都有一定的社会地位和经济基础，崇尚生活的物质享受、注重品味。他们乐于显示自己的地位或富有，多选择高档菜点和高级包间进行消费。餐厅应提供高水平的饮食和设备，服务员应提供全面、优质的服务。

4. 便利型客人

该类客人大都时间观念强，注重服务场所和服务方式的便利性，希望所接受的服务快捷、方便，并讲究一定质量，最怕的是排队、等候和服务员的漫不经心、不讲效率。

5. 求廉型客人

该类客人生活节俭，不喜欢浪费，非常关注饮食制品和服务收费的价格，希望得到物美价廉的物品。服务员在为他们提供服务时，要以推荐中、低档的服务项目为主，也应注重一定的品质。

（三）按消费者就餐形式不同划分

1. 零点客人

零点客人即散客，一般就餐人数较少，就餐标准不固定。消费者通常是随到随点，自行付款。餐厅应根据客人的不同需求灵活安排。

2. 团体客人

团体客人可分为宴请、会议和旅游团队三种形式，同时就餐人数较多，经常采用套餐菜单，价格一般可由餐厅提前设计几种标准供主办方选择。餐厅提供的菜肴应能符合大多数人的口味特点，同时要求制作迅速，能在短时间内大批量供应，且对服务质量要求高。

四、餐厅经营宗旨确定

确定餐厅经营宗旨是在确定目标顾客基础上对餐厅经营范围的选择，是设立餐厅的最后一项程序。主要包括餐厅类型的确定、服务方式的确定等。（略，该部分内容在项目一、项目三中已进行详细介绍。）

小李开设快餐店的基本程序如下：

1. 选择餐厅位置时，由于主要面向学生群体，考虑各方面宏观和微观因素，小李应优先考虑大城市中高校集中区域，且最好不临街，降低费用。

2. 学生出行多以步行和公共交通为主，且考虑快餐的方便性，该餐厅的核心市场区域应以徒步10分钟即可到达的学生市场为主。

3. 餐厅的目标顾客主要以大学生为主，大学生消费能力不高，但喜欢尝试新鲜的东西，餐厅在设计、装修、菜品选择方面应突出这一特点。

任务二　了解菜单的含义和作用

餐饮企业在确定了目标市场和经营宗旨后，就必须确定生产哪些产品、提供哪些服务来满足目标顾客群的需求，这就要求餐饮企业在正式营业前首先需要制定一份详细和有针对性的菜单。

星洲炒米粉也没有

北京某高档西餐厅，正值晚餐开餐时间。来了两位先生，入座后要点菜，连点数种，厨房都断货，客人火了，最后点了星洲炒米粉，并说如果还没有的话，就找经理投诉。这天也是怪事，偏偏星洲炒米粉也没有了。客人立刻急了，说：“不吃了，要什么没什么，找你们经理投诉。”

这时看台服务员小C看到客人想吃的品种都没有，心里非常着急。他想，一定想法让客人吃上饭。于是忙说：“先生，实在对不起，今天厨房备料不足，客人又很多，所以缺货严重，请您原谅。我想请您品尝我们餐厅刚刚推出的日式乌冬面，星洲炒米粉本来餐厅一直备料很齐，但自从推出日式乌冬面后，便很少有人吃星洲炒米粉，两菜式配料大致一样，口味近似，都是有各式海鲜，只是主料不同，而且乌冬面还有汤，吃起来不像炒米粉那样发干，您不妨一试。”

其实星洲炒米粉与日式乌冬面差别很大，但小C硬着头皮进行推荐，怕客人生气不吃饭，事就闹大了。在小C的推荐下，客人同意了。在之后的服务中，小C细致耐心地服务，一道道的服务程序规范、严谨、细致，客人脸上终于露出满意的笑容。客人餐毕起身离厅，满意地对小C说：“我来你们店没有吃到我想吃的菜，但却接受了一位优秀服务员的出色服务。对我来说，比吃珍馐美食更让人愉快，小伙子，下次我还来这儿。”

小C诚恳地说：“实在对不起，先生，我一定向经理反映，您下次来一定让您尝到想吃的菜。”

资料来源：陈觉. 餐饮服务要点及案例评析. 沈阳：辽宁科学技术出版社，2004：71－72.

思考：1. 餐厅应如何解决菜肴缺货的问题？
2. 如何看待菜单在餐饮服务中的重要作用？

基础知识

一、菜单的含义

菜单英文为"Menu"，源于法语，有时也被称为"菜谱"，是指餐饮企业作为经营者和提供服务的一方向用餐者展示其生产经营的各类餐饮产品的书面形式的总称。[①] 菜单含义有广义和狭义之分：广义的菜单指餐厅中一切与该餐饮企业产品、价格和服务有关的信息资料，包括各种文字图片、声音影像、实物模型、宣传资料和点菜设备等；狭义的菜单指餐饮企业为方便顾客点菜订餐而准备的介绍该餐厅菜品、酒水、服务、价格及其他相关信息的纸质印刷品或电子设备。菜单计划是对菜单的综合筹划，需要对菜肴的品种、名称、口味、价格等项目进行综合考虑，设计与餐厅经营理念相一致的菜单外观，并确定最符合本企业生产特点及目标客源需求的菜单结构。菜单计划通常由餐饮企业的主要负责人和厨师长共同承担。

二、菜单的作用

菜单作为一种点菜工具，是餐饮企业与顾客之间进行信息交流的重要手段，也对整个餐饮企业的计划控制发挥着重要作用。随着餐饮业的不断发展，消费者需求形式的不断多样化以及新的餐饮经营形式的不断涌现，菜单在餐饮企业经营管理中的作用不断提高，主要表现在以下几个方面：

（一）菜单体现了餐厅的经营理念

餐厅的经营理念反映在餐厅菜品的类型，餐饮经营的档次、风格，以及餐饮前台的服务规格与要求等方面，这些都是以菜单制作为依据的。一份合适的菜单，是菜单制作人员根据餐厅的经营方针、经过认真分析客源和市场需求制定出来的，与餐厅经营理念保持了高度的一致性。

（二）菜单是沟通餐饮经营者与消费者之间的桥梁

菜单在实施过程中，餐饮经营者通过菜单向消费者推荐餐饮产品、服务和餐饮企业，消费者也可通过菜单了解餐厅的类别、特色、产品及价格，最终产生购买欲望，实施购买行为。这种"推荐"与"接受"的结果，使得餐饮买卖行为得以成立。

（三）菜单是餐饮销售的控制工具之一

餐饮企业通过对菜单所列菜品销售状况的定期分析，可以从中发现菜肴在生产计划、烹调技术、定价等方面存在的问题，提出更换菜肴的改进建议，从而促进餐饮产品的销售。同时，一份制作精美的菜单会给客人留下深刻印象，甚至还可以作为一种予以欣赏的艺术品留作纪念，引起客人的美好回忆。

（四）菜单是影响餐饮企业成本的重要因素

菜单中所列菜品种类和数量的不同，其成本有较大差别。菜单内容一经确定，就决定

---

① 李勇平．餐饮服务与管理（第四版）．大连：东北财经大学出版社，2010：86.

了餐饮企业食品成本的高低。如用料珍稀、原料价格昂贵的菜品较多时，食品原料成本会提高；精雕细刻、讲究工艺的菜品较多时，劳动力成本会增加；而原料价格相对较低、制作工艺相对简单的菜品，成本则会相应下降。一份合适的菜单，菜品成本高低应有一定比例，在确保企业盈利的前提下，努力降低成本。

（五）菜单内容影响着厨房布局与生产设备的选配

厨房是生产制作菜单所列菜品的场所，厨房的布局应以满足菜单菜品加工制作的需要为准则，不同的烹调工艺和成菜过程，对厨房的布局要求会有差别，如中餐厨房和西餐厨房的布局就大相径庭。同时厨房各种设备器具的配备，都取决于菜单所列菜式品种、档次和特色，菜单所列菜式品种越丰富、制作工艺越烦琐，所需设备就越复杂。

菜单根据餐饮企业经营方式和满足消费者需求的不同，主要可分为固定菜单和变动菜单两大类。

任务实施

1. 菜单中所列菜品，必须无条件保证供应，即使有缺货，也应是个别品种。一旦出现菜肴缺货的问题时，应加强餐厅与厨房间的配合，服务员灵活应变的销售方式也很重要。

2. 菜单是餐饮企业和消费者之间进行信息交流的重要手段，可以发挥体现经营理念、控制销售、影响厨房布局等多方面功能，餐饮企业应对菜单的作用足够重视。

任务三　固定菜单的筹划与设计

固定菜单的筹划与设计，既是餐饮经营活动的重要内容，也是餐饮零点业务活动的核心。餐饮企业经营者应学会如何筹划和设计菜单。

任务导入

东北某市市中心位置新开一家高档的粤菜餐厅，餐厅经营方式以零点为主，且常会接待部分外国客人。请根据该餐厅情况设计一份合适的菜单。

基础知识

一、固定菜单的概念和种类

（一）固定菜单的概念

固定菜单是餐饮生产企业为了满足顾客对于餐饮产品的日常消费需要而制定的一种在特定时段内所列品种、价格等内容均不发生变动的菜单，多用于零点用餐。

固定菜单具备两个基本特征：第一，固定菜单是针对消费者的日常消费需要而制定的；第二，固定菜单上所列菜肴品种和价格在某一特定时间内不应发生变动（通常为一年）。

（二）固定菜单的种类

根据不同标准，固定菜单可以划分为多种类别、产生多种表现形式。了解和掌握固定菜单的不同类别和形式，有助于餐饮企业从业者更加全面、完整地了解菜单，认识现代餐饮企业的经营情况。

1. 根据餐别划分

（1）中餐菜单。指主要在中餐餐馆供应的菜单，菜单的制作设计和菜品的内容、原料、烹饪方法、服务程序等均体现中国饮食习惯和特色，菜品种类多以中国八大菜系为代表。

（2）西餐菜单。指主要在以经营西餐为主的餐厅、自助餐厅和部分西式快餐厅、酒吧供应的菜单，它反映的是西方人的饮食口味和风俗习惯，从菜肴品种、原料、烹制方法以及服务方式上都符合西方人的特点和要求。

（3）其他风味菜单。指中、西餐菜单以外的其他所有国家和地区菜单的总称，主要根据餐厅经营的不同餐饮产品所配备，目前国内多见的菜式有日本菜、韩国菜、印尼菜、越南菜、泰国菜等。

2. 根据就餐时间划分

（1）早餐菜单。早餐菜单多为标准菜单，仅提供相对有限的菜肴品种。国内大多数餐厅都以自助餐的形式提供一定量的中式早点及品种有限的西式早餐，如中式的粥、鸡蛋、各类面食和西式的牛奶、面包等。一份典型的早餐菜单应突出“简单、快捷、物美价廉”的特点。

（2）正餐菜单。正餐菜单也称为午、晚餐菜单，作为餐厅最主要的菜单形式，在一段时间内会被反复使用，因此正餐菜单的制作要更精美，所含餐饮品种应比较齐全，如中餐正餐菜单包括凉菜、热炒、头菜、主食、汤等全部菜品。

（3）消夜菜单。消夜菜单多出现于营业时间较长的餐厅，多见于香港、广东地区，主要为习惯于夜生活的客人设计，使用时间通常是子夜前后。

3. 根据餐饮产品的品种划分

（1）菜单。菜单是餐厅向就餐者提供的记录菜肴名称、价格、图片等信息的，供就餐者挑选菜肴品种的书面清单，即狭义的菜单概念，反映的是餐饮企业的主体产品——菜肴。

（2）饮料单。饮料单是餐厅或其他娱乐场所向宾客提供的记录有各类酒水名称、价格等信息内容，供消费者挑选的书面清单。

（3）餐酒单。餐酒单主要使用于西餐厅，是一种记录有各类葡萄酒名称、价格，供就餐者挑选合适佐餐酒水的书面清单，如牛排应搭配红葡萄酒等。

4. 根据餐饮服务地点划分

（1）餐厅菜单。餐厅菜单主要适用于各类中西餐零点餐厅中，是餐饮企业销售菜点的菜目一览表。菜品口味多样，价格、档次分类，可以适应不同层次客人的需求，也能体现出餐厅的烹饪制作水平和服务档次。

（2）酒吧菜单。酒吧菜单主要适用于咖啡厅、酒吧等场所，主要表现为饮料单，以供应酒类饮品为主，还辅助以各类佐饮小点和简单餐食。

（3）楼面菜单。楼面菜单也称客房送餐菜单，指置于酒店客房之内，供住店客人在房内用餐所配备的一份记录餐食品种、数量、送餐时间等信息的清单。该种菜单是延伸餐饮服务空间的一种经营方式。

5. 根据经营方式划分

（1）零点菜单。零点菜单是餐厅的基本菜单，供餐饮企业提供日常零点服务时使用，适用于各类正餐厅、风味餐厅、咖啡厅等。零点菜单上的每一道菜品都按不同分量标明价格和数量，且品种众多，既保证了客人有较大的选择余地，又促使客人下次继续光顾。

（2）套餐菜单。中式套餐称为定菜，西式套餐称为公司菜，是指在各类组菜中选配若干菜品组合在一起以包价形式销售的菜单。套餐菜单由固定的菜肴、点心和水果等组合搭配，菜点种类较少，价格相对稳定。其中，西餐套餐菜单的价格主要由其主菜决定，中餐套餐菜单的价格则主要根据就餐规定和就餐人数而定。

（3）宴席菜单。宴会菜单是为了满足某种群体聚餐活动要求而设计的、具有一定规格质量、由一整套菜品组成的菜单。常见的宴会菜单有国宴、婚宴、寿宴、商务宴等形式。价格相对稳定，常以活动前交纳订金、活动后结清余款的方式支付。宴会菜单是设计的产物，菜单上的菜品是根据一定要求、按照一定原则、采用适当方法精心组织在一起的，因此有人将宴会菜单称为“菜品组合的艺术”。

6. 根据服务对象划分

（1）对外菜单。对外菜单指餐厅在对外营业过程中使用的，为前来就餐的客人提供菜肴品种、价格等信息的公开菜单。根据就餐客人需求的不同，对外菜单可分为老人菜单、儿童菜单、节食菜单等。

（2）对内菜单。对内菜单指餐厅为满足内部就餐消费需要而制定的工作餐菜单，多表现为员工餐厅菜单。以香格里拉酒店为代表的现代餐饮企业越来越重视员工餐厅菜单的制定。

二、制定固定菜单的基本依据

固定菜单的制定和修订是餐饮企业的一项重要工作，需要综合考虑多方面因素，概括起来主要包括两大类，即“知己知彼”。

（一）对自身技术水平的分析

通过分析，明确餐饮企业根据现有的人员和设备条件能够制作出何种风格和档次的菜肴，该种菜肴经制作人员加工之后，前台的服务人员有无能力提供与之相配套的服务。

1. 对人员技术水平的分析

餐饮技术人员主要包括餐饮产品制作人员和餐饮服务人员两类。

（1）对餐饮产品制作人员的情况分析。餐饮产品制作人员主要有厨房的各类厨师、中西餐面点师和餐厅、酒吧的调酒师。分析过程中应依照全面、完整和发展的原则进行，既分析个人的基本情况，又考虑餐厅人员的整体构成比例。主要内容包括：厨师的年龄状况结构，老中青合理搭配有利于队伍的稳定性；餐系（中、西餐等）和帮系（鲁菜、粤菜、川菜等）结构；从事本专业的工作经历状况；受教育及文化层次结构；技术等级结构；性别比例等。

（2）对餐饮服务人员的情况分析。餐饮服务人员主要指前台直接对客服务的人员，对他们的分析重点应放在年龄、性别、外貌、工作态度、服务技能等方面。

2. 对餐饮设备技术先进水平及适用性的分析

随着社会经济水平的提高和科学技术的进步，现代化的管理思想和工业化的操作手段逐渐运用于厨房，使得当今餐饮企业，特别是酒店厨房对于先进技术设备的依赖程度越来越大，其中西餐厨房表现更为明显。餐饮设备的适用性也是需要考虑的另一个因素，适用的餐饮设备应与餐饮企业的菜品和服务保持一致。如同样是中餐，菜系不同，对设备的需求程度也不一样。粤菜因为受到西餐影响较大，对设备的依赖程度就比较高。

（二）对外部经营环境的分析

外部经营环境是影响餐厅菜单制作的另一方面重要因素，主要包括：

1. 对餐饮消费市场需求形势的分析

餐饮消费市场需求形势的分析来源于对不同顾客餐饮消费需求的了解和对销售数据日积月累的统计。依据这些需求和数据来指导菜单的制定。

2. 对食品原料市场供应形势的分析

凡是列入餐厅菜单的菜品必须保证无条件的供应，这就需要餐厅适时关注食品原料市场的供应情况。在保证供应的前提下，货比三家，挑选最佳的卖主，然后确定菜单内容。

3. 对餐饮销售统计数据的分析

前期销售统计数据是对上一阶段经营工作的总结，对下一阶段的经营工作具有很大的指导意义，直接决定了菜单中的菜品是否需要调整，应该如何调整。这些销售统计数据多来源于餐厅电脑记录和单据整理，主要有原料成本数据、销售收入数据、毛利状况数据、各种费用数据、人均销售额数据和餐位周转率数据等。

三、选择菜肴

选择菜肴的过程，即是在众多备选菜品中筛选顾客喜欢同时餐饮企业又能获得利润的菜品，将其写入菜单。

（一）掌握菜肴的销售趋势

一份好的菜单应能适应菜肴销售的发展趋势。日常工作中，餐饮企业应通过多种渠道了解这一趋势。首先，密切注意相关菜肴的销售状况，明确顾客的偏好；其次，经常阅读各种发布餐饮信息的专业报刊，了解餐饮业流行趋势；最后，定期暗访各类餐饮同行，特别是档次、餐别相当的餐厅，通过亲自品尝，了解其经营品种、烹饪特色和销售、服务状况，以及哪些菜品受顾客欢迎，哪些菜品销售不佳。通过以上渠道，餐饮企业应及时制定或修订菜单，保证经常使用的菜单能体现以下特点：

（1）符合当下菜肴流行、发展的潮流，如绿色食品等。

（2）属于国内销量最大的菜肴帮系，如川菜等。

（3）安排适量当地人最喜欢的菜肴品种，如各地地方菜等。

（4）涉外酒店餐厅可选择一定数量的西餐菜肴。

（二）菜肴销售状况的定量分析

菜肴销售状况的定量分析是选择菜肴的一项重要工作。餐厅通过对菜单上所列各种菜肴销售状况的调查，分析哪些菜肴最受顾客欢迎，用顾客欢迎指数表示；分析哪些菜肴盈利最大，菜肴盈利情况一般与菜肴价格成正比，用销售额指数表示。菜肴销售状况的定量分析过程通常可分为以下四个步骤。

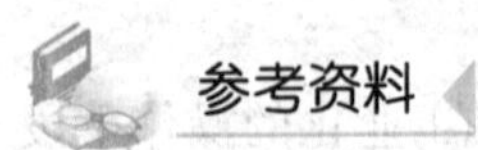

参考资料

菜肴销售状况定量分析的理论依据

菜肴销售状况定量分析的理论依据是四象限评价法。四象限评价法也称为波士顿矩阵(Boston Consulting Group Matrix)，是在美国波士顿咨询团设计的“市场导向型产品检测模型”基础上改进提出的，用于对企业产品进行总体分析比较。按照产品在市场上受欢迎程度的大小和为企业带来经济效益的多寡，把企业全部产品分为明星类产品、问题类产品、“金牛类”产品和“狗类”产品4个类型，并对不同类型产品分别采取发展、培养、利用或淘汰的策略。

资料来源：李勇平. 餐饮服务与管理（第四版）. 大连：东北财经大学出版社，2012：91.

1. 对菜肴进行分类

菜单一般分几种类别列出菜品，同类菜品之间属于可替代商品，存在竞争关系，如顾客点了“麻婆豆腐”后，一般就不会再点“家常豆腐”。不同类菜品之间属于可互补商品，不存在竞争关系，如顾客点了“宫保鸡丁”后，并不影响是否再点“新鲜蔬菜汤”。所以餐厅在分析中，先要将菜单上的菜肴按不同类别划分出来，只对相互竞争的同类菜肴进行分析。

2. 计算顾客欢迎指数

顾客欢迎指数表示顾客对于某种菜肴的喜爱程度，以顾客对各种菜肴购买的相对数量表示。顾客欢迎指数的计算是将某种菜肴销售数百分比除以各菜应售百分比，即：

顾客欢迎指数＝某种菜肴销售数百分比/各菜应售百分比

其中，某种菜肴销售数百分比的计算是将该种菜肴实际销售份数除以菜肴销售总份数，即：

某种菜肴销售数百分比＝该种菜肴实际销售份数/菜肴销售总份数×100%

各菜应售百分比的计算是用百分之百除以被分析项目数，为了方便计算，被分析项目数常被假设为5，即：

各菜应售百分比＝100%/被分析项目数

不管被分析的菜肴项目有多少，任何一种菜的顾客欢迎指数的平均值都是1。顾客欢迎指数超过1的菜，一定是受到顾客欢迎的菜品，超过越多，表示越受欢迎。

3. 计算销售额指数

销售额指数表示某种菜肴获得利润的程度，即该种菜肴的盈利能力，我们将价格高、销售额指数大的菜确认为高利润的菜。销售额指数的计算是将某种菜肴销售额百分比除以各菜应售百分比，即：

销售额指数＝某种菜肴销售额百分比/各菜应售百分比

其中，某种菜肴销售额百分比的计算是该种菜肴销售额除以该类菜肴的总销售额，销售额等于该种菜肴的销售份数乘以该种菜肴的销售单价，即：

某种菜肴销售额百分比＝该种菜肴销售额/菜肴的总销售额×100％

各菜应售百分比＝100％/被分析项目数（同上）

不管被分析的菜肴项目有多少，任何一种菜的销售额指数的平均值都是1。销售额指数超过1的菜一定是销售额、利润状况良好的菜，超过越多，该种菜肴的获利情况就越好。

例如，某餐厅对菜单上的五种鱼类菜肴进行分析，已知菜名、一段时间内的销售份数和单价，请计算各种鱼类菜肴的顾客欢迎指数和销售额指数。如表5－2所示。

表5－2　　菜肴销售状况定量分析

菜名	销售份数	销售数百分比	顾客欢迎指数	价格/元	销售额/元	销售额百分比	销售额指数	评论
蒜蓉烧炒沙丁鱼	300	26％	1.3	25	7 500	16.1％	0.8	畅销 低利润
荷兰汁焗鲳鱼	150	13％	0.65	20	3 000	6.5％	0.3	不畅销 低利润
柠香罗勒煎龙利鱼	100	9％	0.45	40	4 000	8.6％	0.4	不畅销 低利润
蒸鳕鱼	400	35％	1.75	50	20 000	43％	2.2	畅销 高利润
扒三文鱼	200	17％	0.85	60	12 000	25.8％	1.3	不畅销 高利润
总计/平均值	1 150	20％	1	—	46 500	20％	1	—

以其中的蒜蓉烧炒沙丁鱼为例，其计算过程为：

（1）顾客欢迎指数＝某种菜肴销售数百分比/各菜应售百分比

＝（300/1 150×100％）/（100％/5）

—26％/20％

＝1.3

（2）销售额指数＝某种菜肴销售额百分比/各菜应售百分比

＝（7 500/46 500×100％）/（100％/5）

＝16.1％/20％

＝0.8

4.根据计算结果对菜肴进行评估

根据对顾客欢迎指数和销售额指数的计算分析，我们可以将被分析的菜肴划分为四类，并根据不同的情况，确定该种菜肴相应的对策。表5－3显示了上述五种鱼类菜肴的评估分析对策。

表 5-3　　菜肴定量分析对策表

菜名	销售特点	相应的对策
蒸鳕鱼	畅销、高利润	保留
荷兰汁焗鲳鱼	不畅销、低利润	取消
柠香罗勒煎龙利鱼	不畅销、低利润	取消
蒜蓉烧炒沙丁鱼	畅销、低利润	作为诱饵或取消
扒三文鱼	不畅销、高利润	吸引消费能力高的客人或取消

(1) 畅销、高利润。该种菜品既受顾客欢迎，又有较大盈利能力，在调整菜单时，应继续保留。

(2) 不畅销、低利润。该类菜品一般应取消，但考虑到维持整个菜单原料平衡、营养平衡和价格平衡等方面的因素，顾客欢迎指数和销售额指数均为 0.7 左右时，可继续保留。

(3) 畅销、低利润。该类菜品一般用于薄利多销的低档餐厅或实施促销活动的餐厅中，如果销售额指数维持在 0.7 左右，且顾客比较欢迎，可以保留下来作为诱饵吸引顾客到餐厅就餐。餐饮消费是典型的组合消费，就餐者一般至少点两至三个菜肴就餐，虽然利润低的畅销菜会使餐厅收入减少，但就整体而言，它能带动其他菜品的销售，餐厅仍然可以获利。反之，如果这些菜肴已经明显影响到高利润菜品的销售，那么就应果断地取消该类菜品。

(4) 不畅销、高利润。该类菜品往往定价比较高，毛利额大，餐厅可以用来迎合一些愿意支付高价的客人，如果不是极不畅销可以暂时保留。经营一段时间后，如果销量太小，会使菜单失去吸引力，这时餐厅就可以考虑取消。高档海鲜多属于该类菜品。

四、菜单的设计和制作

菜单是连接餐厅与消费者之间的纽带和桥梁，“纽带和桥梁”是否通畅，直接影响着信息传递是否到位，任何一家餐厅都应重视菜单的设计和制作。

(一) 菜单的内容

从宣传餐厅信息和满足顾客需求角度来看，一份完整的菜单，应包括以下三方面内容。

1. 菜品名称和价格

菜品的名称和价格直接影响着就餐者对菜品的选择。对于宾客未曾食用过的菜品，他们往往凭借菜品名称去挑选，再根据价格决定是否购买。消费者对某一餐厅是否满意，在很大程度上取决于阅读菜单之后对菜肴产生的期望值。根据国际上通行的做法，菜单上菜品的名称和价格必须具有真实性。

(1) 菜品名称应真实可信。好的菜品名字应该好听好念，并且真实。国际餐饮协会曾对就餐者进行调查，发现故弄玄虚而离奇的菜名、顾客不熟悉或名不副实的菜名都不易被消费者接受，如广东地区的菜品名称流行“讨口彩”的做法，就餐者不了解菜品名称的真实含义，会产生很大的误解和歧义。但那些经过世代流传、约定俗成的传统菜和经典菜名可以沿用特殊的菜名，如粤菜中的“龙虎斗”、闽菜中的“佛跳墙”等，作为重点菜品，应对菜名配有辅助说明。

（2）菜品质量应真实可靠。首先是菜品原料的质量和规格要与菜单中的介绍一致，如“干炸里脊”的原料不应选择猪腿肉；其次是原料产地的真实性，菜单上写的“阳澄湖”大闸蟹，就不可以用其他地区产的大闸蟹代替；再次是菜肴的份额应与菜单上注明的分量一致，保证足量供应，如中餐例盘的份额必须保证通常情况下足够3～4人食用；最后是原料的新鲜程度也要保证真实，菜单上注明的新鲜蔬菜就不能用罐头或速冻品替代。

（3）菜品收费应童叟无欺。菜品价格应明码标价、质价相符，若有变动要立即做出相应处理。菜单中所列其他收费项目应符合相关法规、真实可信，且在明显处加以标注。如加收服务费、特种行业经营管理费、包间费、开瓶费等。

（4）外文名称应准确无误。高档中餐厅和多数西餐厅菜单配有中外文名称，外文名称或翻译必须准确无误。如果西餐厅菜单上的英文或法文名称有误，说明该餐厅对菜品烹制不熟悉或对质量控制不严格；如果中餐厅菜单上的英文名称翻译出错，该餐厅的形象将大打折扣，外国客人也会感觉茫然不知所措。

2. 菜品介绍

菜单应对某些菜品进行介绍，通过详细的文字描述，帮助顾客熟悉菜品，并减少顾客的点菜时间。菜单中菜品介绍的内容有：

（1）主要配料及独特的浇汁和调料。有些菜品配料需要注明规格；采用“讨口彩”方法起名的菜肴或历史流传下来的特色菜名，应说明其主料、辅料的确切名称。

（2）菜品的烹调和服务方法。对于某些烹调和服务方法别具一格的菜品应予以说明，普通的加工和服务方法则不用介绍。

（3）菜品的份额。原料需称重的菜品要加注重量，如牛排重200克、松鼠鳜鱼2.5斤/份等，中餐菜品多表明例盘、大盘等不同规格、份额等。

（4）菜品的烹调等候时间。某些特殊菜品加工制作时间较长，应在菜单中注明烹饪等候时间，以免就餐者与餐厅之间产生误会。

（5）重点促销的菜品。菜单的功能之一是要引导顾客去点那些餐厅重点促销的菜品，因此菜单应着重介绍高价菜、主打菜、滞销菜等。

3. 机构性信息

机构性信息即有关于餐厅基本情况介绍、需要消费者尽快了解的信息，必须简洁明了。主要包括以下内容：

（1）餐厅的名字。餐厅的名字通常在菜单封面列出，以居中偏上位置为多。餐厅名字要有特色，笔画要简单，方便读取和记忆。

（2）餐厅的风味特色。餐厅主要经营某种风味特色菜品而名字本身又反映不出来，应在菜单封面、餐厅的全名下列出其主打风味。例如：

小南国餐厅

（粤菜风味）

（3）餐厅的地址、电话和商标记号。这些内容通常列在菜单封底的下方，有的菜单还以地图的形式列出餐厅在所在城市中的地理位置。

（4）餐厅的营业时间。通常在菜单的封面或封底的下方列出，且多采用“AM”和

"PM"的形式。

（5）餐厅加收的服务费。部分高档餐厅和酒店会加收服务费，通常在菜单每一张内页的底部标明，如"所有价目均加收15%的服务费"。

（6）餐厅质量、历史背景等。通过菜单，餐厅可推销自己的经营特色。如肯德基餐厅刚进入中国市场时，在各个餐厅中利用菜单形式介绍了该餐饮集团的发展规模、历史背景和炸鸡的烹饪方法等。

（二）菜单的总体布局

1. 菜单的程式

菜单程式是指菜单上各类菜品的排列次序。一顿餐饮如同是一首乐曲，有前奏、高潮，也有尾声。乐曲各个组成部分的位置不可互换，同样进餐次序也不能颠倒。因此，进餐次序是菜单编排必须遵循的基本原则。根据人们日常饮食习惯、进餐次序和营养搭配的要求，中餐进餐通常按照冷菜→热炒→大菜→汤→点心的顺序进行，之后将各类菜品按原料不同分类进行排列，如冷菜类，鸡鸭类，猪、牛、羊类，海鲜类，蔬菜类，汤类，面饭类，点心类等。西餐正餐菜单与中餐略有不同，通常按照开胃菜→汤→主菜（海鲜、鱼虾、牛羊猪肉、禽）→蔬菜→甜点→饮料等次序排列。

参考资料

各类菜单程式

1. 中餐厅菜单程式

（1）厨师特选（2）冷盘（3）猪肉（4）牛羊肉（5）家禽（6）野味（7）海鲜、鱼类（8）时蔬（9）汤（10）点心、甜品

2. 西餐早餐菜单程式

（1）果汁（2）水果（3）谷麦食类（4）蛋类（5）煎饼、华夫饼（6）肉类（7）蔬菜类（8）面包类（9）儿童早点类（10）饮料类

3. 西式午餐菜单程式

（1）开胃菜类（2）汤类（3）主菜色拉（4）面点（5）主菜类（6）蔬菜类（7）面包（8）甜点（9）饮料

4. 西式晚餐菜单程式

（1）鸡尾酒（2）开胃酒（3）汤类（4）主菜色拉（5）主菜类（6）烤肉类（7）餐间冷饮类（8）蔬菜类（9）甜点（10）餐后酒类

5. 法式晚餐菜单程式

（1）开胃菜类（2）汤类（3）蛋类（4）鱼类（5）主菜类（6）烤肉类（7）餐间冷饮类（8）蔬菜类（9）冷餐类（10）色拉类（11）乳酪类（12）甜点类（13）水果类（14）饮料类

6. 咖啡厅菜单程式

（1）厨师特选（2）开胃品（3）汤类（4）色拉（5）主菜类（6）海鲜（7）风味小吃（8）三明治、汉堡包（9）甜品（10）酒水饮料

资料来源：汪焰，董鸿安. 餐饮服务与管理. 上海：华东师范大学出版社，2015：138－139.

菜单的编排还应考虑就餐者的阅读习惯，消费者通常按照先外页后内页、先上端后下端、先左侧后右侧的顺序阅读菜单。另外，还应尽可能使菜单上的菜品价格参差不齐。如果依照菜价高低的顺序排列，会使就餐者的注意力倾向于价格较低的菜品，而影响菜单上菜品的销售。

2. 重点促销区的位置

菜单形式一般可分为单页菜单、双页菜单、三页菜单和多页菜单。菜单上的不同位置对消费者目光的吸引力不同，餐厅应将特色菜、品牌菜、高价菜或最希望销售的菜品列在菜单上最引人注目的重点促销区内。

(1) 单页菜单。单页菜单的重点促销区是菜单中线以上部分，如图 5-1 所示（阴影部分为重点促销区）。

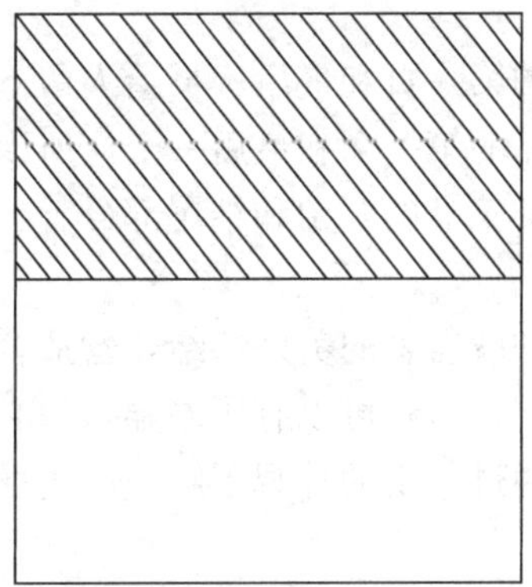

图 5-1　单页菜单

(2) 双页菜单（对折式菜单）。双页菜单的重点促销区是菜单展开后上边和右边 3/4 部分构成的三角形区域，如图 5-2 所示。

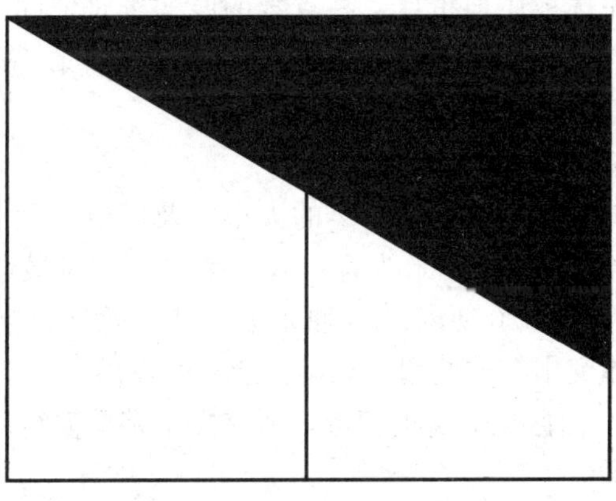

图 5-2　双页菜单

(3) 三页菜单（三折式菜单）。三页菜单的重点促销区是菜单正中部分。研究表明，人们对正中部分的注意程度是其他部分的 7 倍。就餐者翻开三页菜单时首先注意其正中间位置，然后移到右上角，接着移向左上角，再到左下角之后又回到正中，接着到右下角，最后回到正中及中上方。消费者看一遍菜单的过程中有三次的目光都注意到了菜单中页的中部，此处应列上餐厅最希望推销的菜品。如图 5-3 所示。

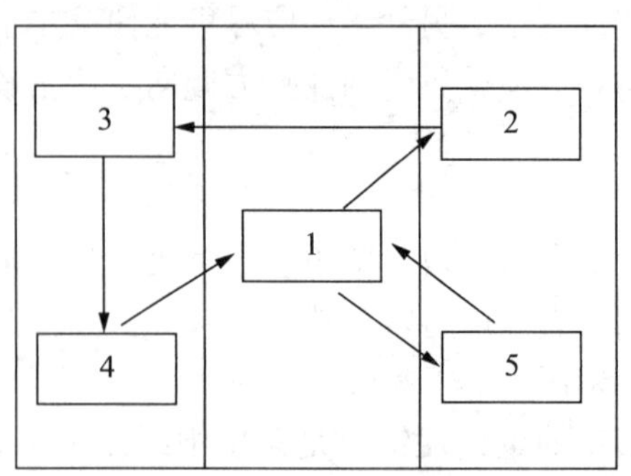

图 5-3 三页菜单

(4) 多页菜单。多页菜单的第一页和最后一页给人留下的印象比较深刻。根据记忆习惯，顾客一般总能记住同类产品的第一个和最后一个，所以多页菜单的重点促销区应放在第一页和最后一页的开始与每类菜品的开始和结尾部分。

(三) 菜单的具体制作

一份制作精美的菜单会增加就餐者的美好情绪，营造合适的就餐氛围。呈现在就餐者面前的菜单，形式可以有所不同，材料可以有所差异，但必须能够恰如其分地反映餐厅的经营特色和面貌，便于就餐者通过菜单的外观了解一家餐厅的经营定位、管理水平和服务质量。

1. 制作材料的选择

根据菜单形式和使用方式的不同，制作菜单的材料也应有所不同。“一次性”菜单需要每天更换，菜单材料应选择比较轻巧和便宜的纸张，但并不意味可以粗制滥造；高规格的宴会菜单虽然仅使用一次，也需要选材精良、设计精美，以体现宴会的档次；耐用菜单需要长期使用，应当优先选择质地精良、高克数的厚实纸张，同时还要考虑纸张的防折、耐污和耐磨性能；菜单封面可以决定能否给顾客留下良好的第一印象，应避免使用塑料、绸、绢、漆布等材料。

2. 规格和篇幅的确定

菜单规格大小必须与餐厅的面积、餐桌的大小以及座位空间相协调，方便顾客使用。一般单页菜单尺寸以 30 厘米×40 厘米为宜；双页菜单合上时最佳尺寸为 25 厘米×35 厘米；三页菜单合上时，尺寸以 20 厘米×35 厘米为最佳。此外，菜单在篇幅四周应留有一定的空白区域，起到字体突出、方便阅读和避免杂乱的作用。菜单中间的文字部分所占篇幅不应多于 50%，四边空白区域应宽度相等，所有文字字首实行左对齐。

3. 封面和封底的设计

封面和封底是菜单的“门面”，其设计会影响菜单的整体效果。设计过程中应注意三点：第一，菜单封面设计必须与餐厅的经营特色和餐厅等级保持一致，以突出和强化餐厅的风格。如老字号餐厅的菜单封面可选用传统的艺术装饰。第二，菜单封面的颜色要跟餐厅主色调相协调，与餐厅内部环境相协调，使得菜单与整个餐厅融为一体。当客人在餐厅点菜时，菜单也可以成为餐厅的点缀。第三，菜单封底设计相对简单，但应与封面保持一致。内容方面除印有部分机构性信息以外，还可选择性地刊载如外卖服务、会议设施、优惠活动等信息，以便更好地向客人推销。

4. 字体与字形的选择

菜单上的字体同餐厅的标记、颜色一样，是餐厅形象的重要组成部分，也是鉴别餐厅的重要特征。产品和服务质量标准程度高的餐饮企业，特别是连锁型餐厅，菜单上的字体一经确定，就会被广泛地用在餐巾纸上、餐垫上、餐桌广告牌上、火柴盒上及其他餐厅各类推销品上，因而菜单字体应易于识别、方便阅读、大小相宜。选择菜单字体时，正文应多使用仿宋体、黑体等字体；菜品类别的题头说明常用隶书；若用外文表示菜品，宜用常见的印刷体，尽量避免使用圆体字母。

菜单上的字形，即印刷菜单时所用汉字的字号大小和字体。根据相关机构调查统计，最易被就餐者阅读的字形是二号宋体和三号宋体，其中最理想的是三号宋体。

5. 颜色与照片的运用

为了能起到推销菜品和吸引食客的作用，在菜单上使用颜色和照片是现代餐厅的普遍做法。颜色能烘托餐厅的风格和气氛，因此菜单的颜色应与餐厅的环境、灯光、桌布、餐巾和餐具的颜色相协调。一般来说，快餐厅、简餐菜单多使用色彩鲜艳的大色块和五彩插图；高档餐厅、特色餐厅的菜单多以淡雅优美的色彩（如米黄、淡灰、天蓝等）为基调进行设计，点缀性地运用色彩。

彩色照片形象逼真，能促使顾客加快点菜速度，是推销菜肴的有效工具。照片的不足在于占用菜单大量篇幅，餐厅应选择将高价菜、特色菜、顾客欢迎指数较高的菜和形状美观、色彩丰富的菜品照片印在菜单上。照片印制要注意质量，彩色照片边缘上要印有菜名，注明配料和价格，方便顾客点菜。

（四）菜单设计制作中应注意的其他问题

菜单设计和制作是一项烦琐的工作，需要餐厅管理人员给予足够的重视。除以上谈到的内容外，菜单在设计制作中还应注意以下三点：

1. 注意主题的一致性

菜单主题的一致性是对菜单设计的整体把握，主题一致的菜单既要做到文字、图案、颜色、材料和菜品的一致性，还要保证菜单与餐厅经营理念的一致性。

2. 菜单中所列菜品必须无条件保证供应

凡是经过选择、列入菜单的菜品必须无条件保证供应，避免“单中有菜、厨中无料”的现象。

3. 避免随意涂改菜单

随意涂改菜单的常见方法有：用钢笔、圆珠笔直接涂改菜品及价格；用电脑打印纸或胶布粘贴菜品信息。这种做法使菜单显得极不严肃，很不雅观，容易引起顾客的反感。

任务实施

针对该餐厅情况，制定一份菜单应考虑以下因素：

1. 餐厅以接待散客为主，所以餐厅菜单应侧重于固定菜单的制作。

2. 菜单的内容包括菜品名称和价格、菜品介绍和机构性信息三个方面。

3. 餐厅位于东北某市，以经营粤菜为主，且有部分外国人光临，所以菜单菜品的选择应以粤菜为主，辅之以少量西餐和东北特色菜。

4. 菜单设计注意一致性，即菜品、风格、图案等均体现粤菜风格。

任务四　变动菜单的筹划与实施

变动菜单是餐饮企业向客人展示菜品的另一种重要形式，也是餐饮企业自身非常重要的业务活动方式。

任务导入

呼和浩特市某五星级酒店宴会销售人员接到一份将在两个月以后举办的50桌婚宴通知单，大型宴会的顺利完成需要周密的筹划与安排，以及酒店内各个部门的密切配合，那么该宴会销售人员应如何做好本次宴会的“作业计划安排”工作？

基础知识

一、变动菜单的概念和表现形式

（一）变动菜单的概念

变动菜单是指餐饮企业为了满足就餐者对餐饮产品的特殊消费需要而制定的、菜单内容和价格根据不同业务情况不断调整的菜单。

与固定菜单相比，变动菜单的基本特征是：第一，变动菜单是根据就餐者的特别要求而准备的；第二，随着客户类型和消费要求的不断变化，变动菜单的内容、价格及对应服务也相应发生变化。

（二）变动菜单的表现形式

在餐饮经营活动过程中，根据需要不同，我们可将变动菜单分为三类。

1. 特别菜单

特别菜单是以餐饮企业作为主体，为企事业单位、社会团体和公众的某些特定活动、特别消费需要而设计和准备的菜单，主要包括每日菜单、会议菜单和节日菜单三种。

（1）每日菜单。指餐厅将适合当日消费氛围的餐饮产品集中陈列在一份菜单上，然后将该菜单放于餐桌之上或置于固定菜单内，引导就餐者优先考虑购买的菜单。

（2）会议菜单。指为出席会议或其他团体活动的客人准备的餐饮产品目录清单。会议菜单多以套餐形式提供，满足会议客人简单、快捷、经济、卫生等要求。

（3）节日菜单。指专门为某些特殊节日准备的菜单，针对不同节日的活动要求，多以套餐形式提供。例如春节提供的“合家团圆”餐、情人节提供的“天长地久”餐等。

2. 订单

订单是以消费者作为主体，消费者根据自己的消费需求和消费能力向餐饮企业提出消费要求，餐厅再依据消费者的要求制定的菜单。订单的形式主要有中西餐宴会订单、酒会订单、冷餐会订单和茶会订单等。

3. 循环菜单

循环菜单是指餐饮企业为了给常客和每天光顾的客人提供多样化的菜肴而提前准备好

的多套菜单。循环菜单适用于回头客较多的餐厅，重点在于循环周期的确定。合适的循环周期应以顾客用餐的回头率来确定，根据不同季节或不同目标顾客准备几套不同口味、价位的菜单。

二、变动菜单的筹划与实施

变动菜单的计划制定过程要比固定菜单复杂，需要综合考虑餐饮企业自身技术水平、前期销售状况、市场原料供应和菜品组合状况等多方面因素，筹划与实施变动菜单的重要步骤是销售额预算和作业计划安排。

（一）销售额预算

销售额预算是以餐饮产品的售价和预期销售数量为对象进行研究的过程，是变动菜单筹划的重要内容和获取利润的关键步骤。餐饮企业销售额主要由以下因素构成。

1. 餐饮产品的销售单价

一般来讲，如果餐厅中某一餐饮产品同时在零点菜单和宴会菜单上出现，并且产品数量、质量和外观完全一样时，餐饮企业管理人员应明确一个基本原则，即宴会中的产品价格应高于零点餐厅中的产品价格，这主要是因为宴会的经营成本较高，单位时间内宴会的座位周转率较低。在实际经营中，餐饮企业经常会出现给宴会等团体消费业务打折的现象，主要是基于宴会消费是组合消费，可以发挥高利润菜品带动滞销菜品销售的作用。（具体的餐饮产品定价方法将在项目九中介绍。）

2. 确定消费者预定人数

参加宴席人数通常可直接从消费预订方获得，如果预定人数与实际参加人数相等，我们称之为"等额"，这是最理想的一种状态，对双方都没有损失。但在实际操作中，经常会出现预定人数与实际参加人数不相符的现象。如果预定人数少于实际参加人数，我们称之为"超额"，反之则称为"差额"。这两种情况均会带来一定损失，是宴会主办方和承办方（餐饮企业）都不愿意看到的。为了制约双方的行为，餐饮企业在接受消费方预订时会要求消费方做出"实际参加人数的担保"，视"超额"或"差额"的程度做具体处理。以国内酒店餐饮为例，一般对轻度超额情况仍按预订时的约定执行，如发生大数量的超额，超额部分除按正常收费之外，还会加上一个系数收费。对于大数量的差额，尚未下锅的食品原料不收取费用，下锅的食品中可以转至其他餐厅或其他桌出售的，这部分原料不收费。下锅但无法转销的食品原料收取一定费用。通过担保，可将双方的损失降至最低。

参考资料

实际参加人数担保协议

西方国家常用书面形式来规范宴会活动的当事人双方，这种书面形式被称为"担保协议"。担保协议可以保护承办方的利益，出席人数必须达到预定人数，如果没有达到，餐饮企业将得到赔偿。同时，担保协议也使主办方放心，保证承办方对食品、服务等已做好充分准备。担保协议通常应包括下列条款：

（1）主办方最迟应在宴会开始前 24 小时内，将确切出席人数通知承办方；

（2）承办方将按保证出席人数的 112%准备席位和人数；

(3) 出现“差额”情况时，如出席人数低于保证人数 90%，仍按照保证人数的 90% 全价收费，如出席人数低于保证人数 100%，但超过 90%时，实际提供的食物份数按照全价收费，剩余部分按照半价收费；

(4)“超额”时，如超出 1%～12%，按原价收费，如超出 12%时，视情况追加收费，以补偿临时调集服务人员、准备食物和餐具的费用。

资料来源：李勇平. 餐饮服务与管理（第四版）. 大连：东北财经大学出版社，2012：103.

3. 确定人均消费量定额

人均消费量定额是指在一次餐饮消费活动中，每位就餐者平均能够消耗多少数量的食物和饮品。通过人均消耗量定额的确定，既可以避免宴会活动刚刚开始，餐桌食物即被一扫而光，也可以防止出现宴会即将结束时，餐桌上的菜肴依然堆积如山。影响宴会人均消费量定额的因素主要包括以下几点：

(1) 餐饮活动的时间和人数。通过相关餐饮机构研究得出结论：参加宴会活动的人数越多，特定时间内的食物消耗则越少；宴会活动延续的时间越长，消费的食物数量在同一单位时间计量段内则越少。

(2) 菜单内部结构。不同的菜单结构，人均消费量有所差别。如鸡尾酒会菜单中佐饮品小点心的数量、种类丰富，饮料消耗量就会下降；小点心以咸食为主，饮料消耗量便可能会增加。

(3) 顾客构成和心理因素。影响人均消费量定额的顾客因素包括顾客的年龄、身份、职业、性别，以及顾客的消费动机，例如喜事比丧事的人均消费量要高。餐饮企业应在顾客消费预订时了解上述情况，并做相应分析，提出对策。

(4) 餐饮产品本身质量。餐饮产品本身质量高低会影响到人均消费量。以鸡尾酒会为例，烈性酒精饮料为主时，人均消耗量较低；反之，软性饮料较多时，人均消耗量较高。

(5) 其他因素的影响。人均消耗量定额的大小还同其他因素有关。例如我国民间地区流行的划拳行令，会促进人均饮酒量的增加；天气炎热干燥，会使冷饮消费量剧增等。

4. 确定服务人员人数定额

服务人员人数定额的数据可通过对餐饮活动的定性分析和定量分析两种方式获取。

(1) 对餐饮活动的定性分析，是指以餐饮活动的整体作为出发点，由上而下推算出服务人员的人数定额。一般来说，餐饮活动级别越高，服务质量要求就越高，需要的服务人员数量就越多。高档的宴席活动，至少需要两名服务员负责一个台面；普通宴会，每桌一名服务员就可以；团队、会议用餐，则多为一人负责两到三张餐桌。

(2) 对餐饮活动的定量分析，是指以餐饮活动的具体内容为出发点，由下而上推算出所需服务人员的数量。活动定量的变化会受到很多因素的影响，如餐饮活动场地的大小、厨房与餐厅的距离、餐饮服务程序的复杂程度等。将这些因素综合考虑之后，就可以确定服务人员的数量。

5. 餐具损耗费用额

餐具损耗费用估算是餐饮企业销售额预算的重要组成部分。通常餐饮企业的餐具损耗主要来自三个方面：一是摩擦损耗，指餐具的物理外形几乎没有变动，而餐具由于使用由新变旧的过程，国际上通行的餐具摩擦损耗计算一般为餐具总额的 12%（每年）；二是破碎损耗，主要与餐饮企业的管理水平和服务质量高低有关；三是丢失损耗，可分为自然丢失和人为丢失。

6. 外卖活动时的运输费用

餐饮活动的主办方出于种种原因，有时会希望将餐饮活动安排在餐厅以外的其他地方举行，而整个餐饮活动的服务人员、餐具、食品原料及加工仍请餐厅负责，即部分高档酒店提供的宴会外卖服务。在这一过程中餐饮企业会发生运输费用的支出，计价时应将该运输费用计入销售总价。

7. 餐饮活动场地的租赁费用

该项费用主要用于在餐厅内消费的“订单”业务，除收取活动场地的租赁费用外，还包括餐饮企业向主办方提供的设备、器材、专业人员等费用。

8. 其他费用

主要指一些可能支出的不可预测的费用。

餐饮企业获取了以上八个方面的数据后，需要进行综合平衡和计算，最终获得销售额预算结果，以便在经营过程中突出重点、发挥优势、减少损耗，获得最佳效益。具体计算公式如下：

餐饮产品的销售单价×消费者预定人数×人均消费量定额
＋ 餐具损耗费用（餐具总价值×餐具折旧率）
＋ 运输费用
＋ 场地租赁费
＋ 其他费用

＝ 销售预算总额（营业收入总额）

通过销售预算额的计算，餐饮企业还可以推算出人均消费总额和餐饮产品消费总量。

人均消费总额＝销售预算总额÷消费者预定人数
餐饮产品消费总量＝人均消费数量×消费者预定人数

（二）作业计划安排

作业计划安排是指餐饮企业接到餐饮活动任务之后将任务进行分解、分步并予以完成和实施的过程。它是变动菜单筹划的重要方面，具体包括确定工作程序、确定订单内容、制定作业进度表和确定信息传递方式四个步骤。

1. 确定工作程序

通过与主办方的洽谈和内部的协调与安排，餐饮企业首先需要确定整个变动菜单实施的工作程序，具体见图 5-4。

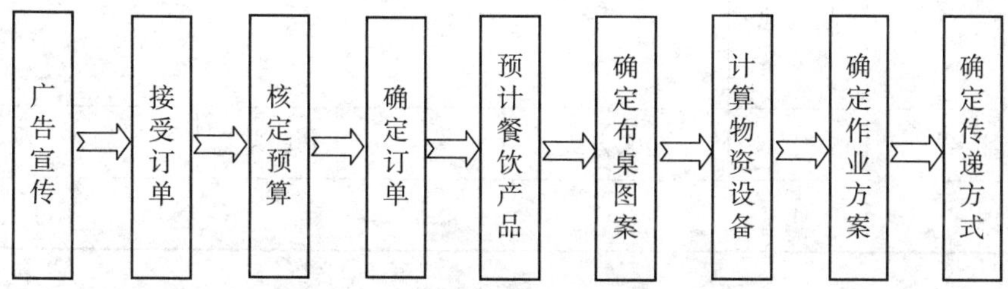

图 5-4　变动菜单实施工作程序图

2. 确定订单内容

确定订单内容是指了解预订者基本情况、订购项目、订购价格、付款方式和期限、餐饮活动场地的布置要求以及对意外情况的处理等。其中预订者基本情况包括主办者、出席对象、活动类型、活动举办的时间和地点、活动联系人姓名和联系方式等；订购项目指消费者具体订购的餐饮产品品种，一般由消费方决定，餐饮企业尽力满足；订购价格即宴会活动的花费价格，一般由餐饮企业根据相关价格政策、市场需求状况和行业竞争形势等确定；付款方式和期限应提前考虑，并在订单上明确，以免双方日后就此发生不必要的纠纷，根据餐饮经营现金流动性强的特点，付款方式多以现金为主，付款期限应尽量避免拖延；餐饮活动场地的布置要根据餐饮活动性质、规模等确定大致的环境布置要求；对意外情况的处理指在订单中明确标注发生问题时的处理方法和途径，以保证宴会活动顺利进行。

在具体实施过程中，餐饮企业需要根据实际情况编制两套订单资料供客人咨询、比较。其中一套为印刷版，另一套为电脑版，两套交叉、互补使用。餐饮活动预订单详见表 5－4。

表 5－4　　餐饮活动预订单

<table>
<tr><td colspan="2">预定日期</td><td colspan="3"></td><td colspan="3">预订人姓名</td><td></td></tr>
<tr><td colspan="2">地址</td><td colspan="3"></td><td colspan="3">电话</td><td></td></tr>
<tr><td colspan="2">单位</td><td colspan="3"></td><td colspan="3">酒店房号</td><td></td></tr>
<tr><td colspan="2">宴会名称</td><td colspan="3"></td><td colspan="3">宴会类别</td><td></td></tr>
<tr><td colspan="2">预算人数</td><td colspan="3"></td><td colspan="3">保证人（桌）数</td><td></td></tr>
<tr><td colspan="2" rowspan="2">宴会费用标准</td><td colspan="3" rowspan="2"></td><td colspan="3">食品人均费用</td><td></td></tr>
<tr><td colspan="3">酒水人均费用</td><td></td></tr>
<tr><td rowspan="2">具体要求</td><td>宴会菜单</td><td colspan="3"></td><td colspan="2">酒水</td><td colspan="2"></td></tr>
<tr><td>宴会布置</td><td>台型
主桌型
场地
设备</td><td colspan="7"></td></tr>
<tr><td colspan="2">确认签字</td><td></td><td>结账方式</td><td colspan="2"></td><td colspan="2">预收定金</td><td></td></tr>
<tr><td colspan="2">处理</td><td colspan="7">承办人：</td></tr>
</table>

3. 制定作业进度表

制定作业进度表是指将餐饮活动的管理安排、运转安排和服务安排等用表格的形式加以明确表述。表格具有清晰明了、易于理解的特点，适合一线餐饮管理活动。

与变动菜单实施直接有关的作业进度表是菜单进度表，它是根据餐饮活动进行的先后顺序，将活动提供的餐饮产品、服务方式、服务人员用对应的关系制成表格，从而使管理人员和服务人员一目了然，保证服务质量（见表 5-5）。除此以外，常见的作业进度表还有特别服务进度表、菜单原料等物品清单、餐饮活动场地安排图、需用餐具及物品清单等。

表 5-5　　菜单进度表

活动名称： 活动性质： 活动时间、地点：		桌号： 人数：	
饮食类别	菜名	服务方式	服务员
冷盘类			
热炒类			
煲汤类			
主食类			
甜点、水果类			
饮料			

4. 确定信息传递方式

大型餐饮活动筹划好之后，负责人需要将活动任务传递到各相关部门和人员，以保证活动任务顺利完成。具体的信息传递方式可以采取口头方式，如开会、面谈、打电话等，也可以采取书面方式，如发文件等，现在比较常用的是网络方式。

现代化国际酒店多采取“最终作业指令单”的方式完成信息传递。所谓最终作业指令单（Function Order，Event Order），也可称为“宴会通知单”，是指由餐饮经理签发的、要求下属及相关部门协调做好餐饮活动的书面通知单，主要内容包括宴会基本情况介绍、各部门的工作要求和分派部门等。具体样式如表 5-6 所示。

表 5-6 **最终作业指令单**

Function Order

饭店号码：　　　　　　　　　　　　　　　　日期：
No.　　　　　　　　　　　　　　　　　　　Date：

<table>
<tr><td colspan="2">客人名称：
Name of Guest：　　公司名：
Company：　　电话：
Telephone：</td></tr>
<tr><td colspan="2">地址：
Address：</td></tr>
<tr><td>宴会性质：
Nature of Function：</td><td rowspan="2">日期与时间：
Date & Time：</td></tr>
<tr><td>地点：
Venue：</td></tr>
<tr><td>预算人数：
Attendance Expected：</td><td>人数保证：
Attendance Guarantee：</td></tr>
<tr><td>结账方式：
Billing Instructions：</td><td>押金：
Deposit Guarantee：</td></tr>
<tr><td>每位价目（食物）：
Food Price Per Pax：</td><td rowspan="6">菜单：
Menu：</td></tr>
<tr><td>每席价目（食物）：
Food Price Per Table：</td></tr>
<tr><td>每位价目（饮品）：
Beverage Price Per Pax：</td></tr>
<tr><td>每席价目（饮品）：
Beverage Price Per Table：</td></tr>
<tr><td>酒水：
Beverage：</td></tr>
<tr><td colspan="2">摆设及服务要求：
Set up & Service：</td></tr>
<tr><td colspan="2">设备要求：
Equipment Required：</td></tr>
<tr><td colspan="2">其他安排及收费：
Other Arrangement & Charge：</td></tr>
</table>

指示牌： Signboard：
联络人： Booking made by：
电话： Tel：
备注： Remarks：

分派有关部门：
Distribution to：
总经理 General Manager
副总经理 Deputy General Manager
总会计师 Chief Accountant
总工程师 Chief Engineer
客房部经理 Executive Housekeeper
西餐经理 West Restaurant Manager
中餐经理 Chinese Restaurant Manager
西餐总厨 Western Executive Chief
中餐总厨 Chinese Executive Chief
成本控制主任 Costing Controller
前厅部经理 Front Office Manager
大堂副经理 Assistant Manager
餐饮部经理 F&B Manager

资料来源：李勇平. 餐饮服务与管理（第四版）. 大连：东北财经大学出版社，2010：115－116.

变动菜单在具体实施过程中工作量大、难度高，餐饮管理者只有通过认真筹划并不断加以实践，才能制定出科学合理的菜单。

任务实施

1. 宴会销售管理人员通过与主办方的协商和沟通，确定本次宴会实施的基本程序。

2. 确定订单内容。因为是婚宴，销售人员需要了解男女方的工作、年龄等基本情况，婚宴的场地布置要求，婚宴的菜品设计，定金如何支付，余款何时结算等问题。

3. 根据前期了解情况，会同相关部门制定作业进度表，具体包括菜单进度表、原料等物品清单、餐饮活动场地安排图等。

4. 宴会管理人员制定本次婚宴“最终作业指令单”，并下发至各相关部门和人员。

项目小结

本项目通过四个任务实施过程介绍了餐厅的设立程序和菜单的筹划与设计。餐厅的设立主要包括餐厅选址、餐厅市场区域选择、餐厅目标顾客确定和餐厅经营宗旨确定四个步骤。餐厅菜单主要分为固定菜单和变动菜单，固定菜单中菜肴销售状况的定量分析和菜单的设计编排，变动菜单中销售额预算是本项目的讲解重点。通过学习，学生应该掌握设立餐厅和编制菜单的基本知识，为深入接触餐饮企业管理奠定基础。

思考与练习

1. 餐厅在选址过程中，应考虑哪些主要因素？

2. 如何理解固定菜单和变动菜单的区别，它们的基本特征分别是什么？

3. 餐饮企业制定固定菜单的基本依据包括哪些方面？

4. 已知某家中餐厅五种牛肉菜肴在一段时间内的销售份数和单价如下表，请计算各种牛肉类菜肴的顾客欢迎指数和销售额指数，并进行分析评价。

菜名	葱爆牛肉	香辣牙签牛肉	玉米牛肉芒果船	香煎耗油牛肉	香芋牛肉卷
销售份数	50	70	65	80	40
销售单价/元	38.00	42.00	45.50	58.00	39.50

5. 完整的菜单应包括哪些内容？

6. 如何完成变动菜单的销售额预算？

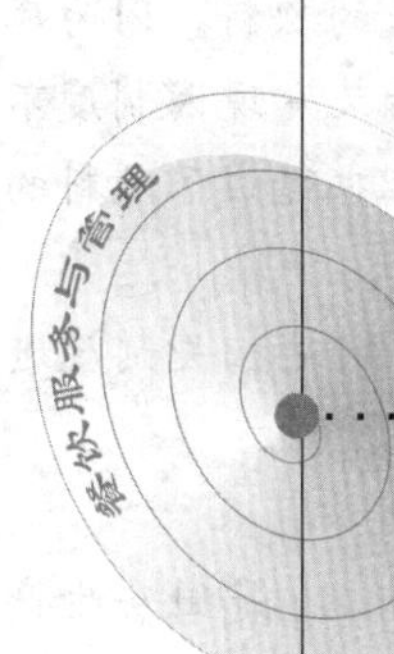

项目六 餐饮原料的采购、验收与库存管理

学习重点和难点

1. 餐饮原料采购的组织表现形式；
2. 餐饮原料采购数量、质量、价格的控制；
3. 餐饮原料采购方式的选择；
4. 餐饮原料采购时间、对象、交易地点的确认；
5. 餐饮原料验收体系的建立；
6. 餐饮原料验收的控制；
7. 餐饮原料库存管理的基本要求。

技能点

1. 熟悉餐饮原料采购运转程序，并能根据申购单的内容采购到符合要求的餐饮原料；
2. 熟悉餐饮原料验收操作程序，并能按照验收标准对供应商送来的原料进行验收；
3. 熟悉餐饮原料库存管理流程，并能对库房的原料进行科学合理的摆放、贮存与发放。

引例

不断上升的原料成本

上海一家餐饮企业在运营一段时间后进行财务分析，发现原料成本呈持续上升趋势，在费用支出方面占据比例很大。后经过调查分析，发现负责原料采购的采购员因缺乏经验，采

购回来的原料有的不符合菜品制作要求，造成了原料的浪费。部分采购回来的原料，因为库房贮存设备配备不齐全，未曾使用却已变质，造成了原料储存成本上升。后又发现因制度不健全，采购人员与供应商串通，以次充好，虽然最后供应商进行了赔偿，但也造成了原料的浪费。原料从采购、验收到库存管理十分混乱，最终造成了原料成本的上升。

调查结束后，该家餐饮企业立即进行整治，对原料采购员进行培训，制定相关制度进行约束；配备库房贮存设施设备，并定期盘点，餐饮原料成本逐渐得到了控制。

【解析】

原料管理是餐饮企业经营管理的重要内容，是控制成本最基础的因素，也是厨房生产的先导环节。餐饮企业应通过科学合理地管理原料，控制成本，在确保质量的同时提升菜品的利润空间，从而增加企业的经济效益。原料管理涉及内容广泛，其中采购、验收与库存是三个重要环节，应加强管理与控制。

任务一　采购管理

餐饮原料采购是餐饮企业生产与销售的基础，是餐饮成本控制的首要环节，直接影响企业的经济效益。现代餐饮企业必须重视原料采购，选取合适的组织形式，制定科学的采购运转程序，对采购原料的质量、数量、价格、方式等方面进行控制，确保采购工作顺利进行。

任务导入

小张是一名刚毕业的大学生，在招聘市场上看到某餐饮企业采购部招聘一名原料采购员。招聘条件为：大专以上学历；诚实正直，有责任心，能吃苦耐劳；不低于 2 年的驾龄且熟悉市内交通；具有物资供应与管理的相关知识；具有良好的谈判能力、成本控制能力、沟通协调能力，对食品原材料的标准有正确的判断能力等。小张很纳闷，采购不就是把原料买回来就行吗？怎么要求如此高。招聘负责人告诉他，如果被录用，还得系统学习企业的《食品原材料知识》《采购操作指南》等内容，才能上岗，小张更是一头雾水了。

思考：一名优秀的采购人员对餐饮企业原料管理的重要性表现在哪些方面？

基础知识

一、餐饮原料采购组织表现形式

餐饮原料采购组织表现形式与餐饮企业的性质、规模、功能等方面息息相关。目前，市场上餐饮原料采购组织表现形式主要包括三种。

（一）专设采购部负责采购工作

设立采购部的组织表现形式适用于大型的餐饮企业集团。由于餐饮企业集团采购规模大，种类繁多，采购工作对餐饮企业的成本及经济效益影响显著，因此多设独立的二级部门——采购部负责采购，部分餐饮企业的采购部隶属于财务部。这种组织形式的优点是采购制度比较规范，有利于餐饮成本控制，保证采购原材料质量，提高采购效率。缺点是采购工作需要多个部门协调配合，采购周期长，及时性较弱，另外原材料发生问题时容易出现相互推诿的现象。因此，采用这种形式的大型餐饮集团应制定规范的采购制度，明确各个部门在采购过程中的职责，同时规定采购质量标准，明确采购时间，以保证餐饮部门的生产需求。

（二）餐饮部负责采购

餐饮部负责采购的组织表现形式多见于以餐饮为主要经营业务的饭店。这种类型的饭店以餐饮部收入为主要收入来源，厨师长对原材料采购环节把关，并配备专业的采购人员负责采购工作。优点是采购时间及时，采购形式灵活，采购数量、质量能得到有效控制。缺点是权力过于集中，缺乏制约，容易出现经济问题。为解决这种情况，有的饭店由餐饮部选派采购员，但归财务部门管理。

（三）分类采购

在现在的餐饮企业中，有些企业对餐饮原料采购实行分类管理、多部门配合的组织形式。例如蔬菜、鲜活产品等日用量比较大、储存期短的材料由餐饮部负责采购；酱料、酒水、米面等储存时间比较长的材料由采购部负责采购。这种采购方式的优势是比较灵活，易于餐饮部、采购部发挥自身优势，更具有针对性。但缺点是多头采购，制约性弱，管理难度大。采用这种形式的餐饮企业，应对餐饮部、采购部的职责进行明确，检验与考核制度相配套，提高管理效率。

因此，餐饮企业应结合自身情况，选择适合的原料采购组织形式，明确相关部门、人员的职责范围，确保采购工作保质保量、高效有序的展开。

参考资料

山西海外海餐饮集团原料采购员的岗位职责与工作内容

1. 在采购部经理领导下，完成公司食品原料的采购工作。

2. 根据《申购单》和《原料采购标准》及时完成采购工作。

3. 对供应商送货的时间、质量、数量及日常工作进行管理。

4. 了解原材料使用、储备情况，对不合格食品的退货工作进行监督。

5. 协助采购部经理做好与原材料供应商的洽谈、合同签订等事宜。

6. 完成自采原材料的付款、报销工作，以及每月进行账单核对。

7. 根据各种原材料的特性，将季节性产品分类进行统计，在每年替代产品的生产季节做到保时、保质地及时上报新产品信息。

8. 通过电视、杂志、网络、报纸等各种渠道收集近期市场行情，进行市场分析，对于确切的上涨幅行情要采取相应的措施来降低成本，降低风险。

9. 负责原材料市场的调研、询价，完成新供应商和新产品的开发工作以及特需产品的市场寻找与采买工作。

二、餐饮原料采购运转程序

科学、有序、高效的运转程序是餐饮原料采购工作顺利完成的重要保证，它明确了厨房、采购部、验收部以及财务部等相关部门与人员的工作内容、职责范围，通过对申购、订购、供货、验收、付款等各个环节进行控制与监管，确保采购工作顺利进行，实现预期目标。

（一）提出申购

当餐饮原材料的库存量低于储存数量标准时，厨房、库房相关工作人员应制订采购计划，填写申购单（见表6-1），注明原料的名称、数量、规格、申购日期、申购部门、交货日期、送货方式等内容，并由厨师长或库房主管审核签字，在确保内容准确、完整的基础上，将申购单交到采购部，以确保尽快完成采购，满足餐厅生产需求。申购单一般为一式四联，一联交采购部，一联送验收部，一联交财务处，一联自留保存。

表6-1　申购单

编号：

申购日期： 交货日期：			申购部门： 送货方式：	
原料品名	规格	数量	单价	金额

采购部经理：　　　　申购部门负责人：　　　　申购人：

（二）进行采购

填写的申购单送至采购部后，由采购主管审核，进行审批，并由专业采购人员进行采购。若有固定供货商，采购人员按照申购单要求向供货商订货，填写订购单（见表6-2），须注明订购项目名称、数量、规格、价格、交货日期等内容，并在订购单上签字。若无固定供货商，采购人员需到市场上选择符合要求的原材料，并向临时供货商填写订购单。订购单一般为一式三联：一联送至验收部门，方便核对验收；一联送至财务部，作为付款凭证保存；一联由采购部保存。

表6-2　订购单

编号：

订购单位： 供应商名称：			订购日期： 交货日期：	
原料品名	规格	数量	单价	金额

订购人：

（三）核对验收

供应商应在指定日期将原料送至验收部门，验收部门按照申购单的要求对数量、质量、价格等方面进行核对，填写验收单，并向供应商收取发票。验收合格的货品转送入库，蔬菜、水果、海鲜等鲜活产品通知厨房领取，并填写申领单。验收不合格的产品按照相关规定要求供应商重新送货，造成损失的应向其索赔。

（四）财务审核

验收部门将供应商开具的发票验签后，采购部门要将发票交至财务部门审核，财务人员将申购单、订购单、验收单、发票等单据审核无误后填写付款单，经领导签字后及时向供应商支付货款。因此餐饮企业原料采购实行先供货、后付款的方式，并且各部门以向厨房提供质价相符的原材料作为唯一目标。

三、采购质量的控制

在餐饮活动经营过程中，原材料的质量是菜品质量最基本的保障，会对菜品的销量造成影响。如果没有符合质量的原料，再先进的设备、技艺高超的厨师也无法呈现出完美的菜品。因此，餐饮企业应结合菜品生产的要求，按照厨房的需要，对原料的采购质量进行把控。

（一）制定原料采购质量标准书

餐饮企业首先应将菜品名单中涉及的原料进行梳理，制定出原料采购质量标准书（见表6-3，也称采购规格书）。制定人员包括经理、厨师长及采购员等，采用科学、准确的语言，尽可能地将采购要求量化，保证可行性与有效性。质量标准书中要规定原料的品名、用途、产地、品牌、等级、外观、色泽、新鲜度、包装、重量、大小及验收要求（为验收工作做准备）等方面，越具体越好。制定质量标准能为采购员采购、供应商送货与验收员验收工作提供依据，是原料采购质量控制的首要环节。

表6-3　　某饭店原料采购质量标准书

编号：

原料品名：
原料用途：
采购要求：包括产地、品牌、等级、外观、色泽、新鲜度、包装、重量、大小等内容
验收要求：
备注：

（二）选择合适的供应商

制定好原料标准后，餐饮企业要通过市场调查，挑选符合条件、质量达标的供应商，并与其签订采购协议，明确质量保证条款、退换货的要求、违约责任的承担与赔偿等，以此对供应商进行管理与约束。同时，定期对合作的供应商进行检验，重点检验其原料质量、退换货比例、对采购的配合度、逾期交付次数等方面，对不合格的供应商应提出警告，减少订单量，严重的则适时淘汰与更换。这是原料采购质量控制的中间环节。

（三）完善验收体系

当供应商将原料送至库房时，验收人员要进行验收。餐饮企业要完善验收体系，明确验收标准，制定验收流程，对验收管理进行控制。一般情况下，餐饮企业应配备验收人员负责验收工作，验收完成后与库房管理员进行交接。若无专门的验收人员，需直接送至厨房的原料由厨房人员负责验收，其余的由库房管理员验收。验收依据为质量标准书和申购单，并使用科学的验收手段进行验收，符合质量要求的填写入库单后在库房贮存，不符合质量标准的按照协议作更换或退货处理。这是原料采购质量控制的最后环节。

制定原料采购质量标准书、选择合适的供应商、完善验收体系三个环节互相配合，环环相扣，保证了餐饮企业原料的采购质量。

四、采购数量的控制

原材料采购数量的多少与餐饮产品的生产质量、成本控制有极强的关联性，餐饮企业应分析自身的经营特点，结合不同原材料的贮存特征，选用科学的计算方法，对采购数量进行控制。

（一）餐饮原材料的分类

餐饮原材料种类繁多，按照原材料特征，大致可以分为鲜活类原料与干货类原料。鲜活类原料主要包括水果、蔬菜、肉类、水产类等，这类原料需求量稳定，保质期短。其中，肉类属于可以冷冻的原料。干货类原料主要包括各种粮食、调味品、罐头等，这类原料保质期相对较长。

（二）原料采购数量控制方法

1. 鲜活类原料采购数量控制方法

鲜活类产品中的水果、蔬菜、水产等原料在使用中一要满足需求量，二要减少损耗，三要保证新鲜。同时，厨师长或库房管理员应对因采购时间过长质量不达标的原材料进行清理，酌情增加次日采购数量，确保菜品生产质量。采购员需每日检查库存量，根据餐厅厨房递交的申购单进行采购，鲜活类原料采购量＝申购单需求量－当日库存剩余量。对于肉类等可以冷冻的原料，不需每日采购，应酌情延长采购周期。

2. 干货类原料采购数量控制方法

（1）定期采购法。

粮食、调味品及罐头等干货类原料，因保质期长，较容易贮存，往往采购周期比较固定。采购员需经常对这类原料进行盘点，定期采购。这种采购方法每次订货数量任意，订货间隔时间取决于餐饮企业关于原料储备占用资金的定额规定。计算方法如下：

干货类原料采购数量＝下期需要量－实际库存量＋期末需存量

其中，期末需存量是指从发出采购订单到原料验收入库期间能够满足厨房生产的贮存量。期末需存量＝(日平均需求量×采购期天数)×(1＋50%)，按照惯例，50%属于采购期保险贮存量，即由于天气或交通运输等原因可能给餐饮企业带来的送货延误。

例如：某餐饮企业山楂罐头每月订货一次，该原料消耗量平均每天 15 罐，正常订货周期为 6 天，即送货日在订货日起第 6 天。保管员查库存发现目前货架尚存 60 罐，下期需要量约为 450 罐（15 罐/天×30 天），期末需存量为 135 罐（15 罐/天×6 天×150%），那么保管员便可推算出本次的订货数量为 525（450－60＋135）罐。如果该山楂罐头是 30 罐装一箱，本次的订货数量应为 540 罐（18 箱）。

(2) 永续盘存控制方法。

大型餐饮企业为了对原料的购入量、使用量、现有量进行总体了解，一般会制定永续盘存卡（见表 6-4），从采购、入库到发料进行全过程控制。盘存卡上会制定出原料的最高储备量与最低贮存量，最高储备量规定了原料储备的最高点，用以控制成本。最高储备量的确定多取决于仓库面积、企业确定的原料库存额、订货周期和每日消耗量等因素，通常是一个固定数值，一般不会发生变化。最低贮存量规定了餐饮企业需采购原料的最低点量，以保证生产，即指当某种原料的储备量下降到需要立即订货时的数量，常称为订货点量，计算方法等同于前述期末需求量。永续盘存控制方法多适用于易于保存、采购周期长且不固定的原料。计算方法如下：

采购数量＝最高储备量－（最低贮存量－日均需求量×采购天数）

例如，某酒店采购黄桃罐头，该罐头日平均消耗量为 25 罐，订货期为 6 天，最高储备量为 400 罐，最低贮存量为 225 罐（25 罐×6 天×150%）。5 月 28 日，管理员发现该原料永续盘存卡上的现存量已经降至最低贮存量，随即发出订货通知。根据公式计算，本次黄桃罐头的订货数量应为 325 罐［400 罐－（225 罐－25 罐/天×6 天）］。因为该原料为 16 罐 1 箱装，管理员决定订购 21 箱共 336 罐。6 天后该原料运抵，仓库的原料存储量又回升至最高储备量。

表 6-4　　某餐厅永续盘存卡

编号：1189

原料名称：黄桃罐头　　原料规格：16 罐/箱

最高储备量：400 罐　　最低贮存量：225 罐

日期	订货编码	购入量	使用量	现有量	备注
……				（承前）	
28/5	No. 318-145		19	225	
29/5			24	201	
30/5			23	178	
31/5			27	151	
1/6			25	126	
2/6			25	101	
3/6		336	26	411	多购 11 罐
……					

五、采购价格的控制

采购价格直接决定着餐饮产品成本，与餐饮企业的经济效益息息相关，因此价格控制是采购工作的重要内容。若要有效控制采购价格，首先要了解原料采购价格的影响因素，这样才能更具针对性。

（一）采购价格的影响因素

1. 市场供求状况

如果采购的原料在市场上供大于求，餐饮企业可选择的供应商空间大，则采购价格会降低。反之，如果供小于求，采购价格会上升。

2. 采购数量

如果餐饮企业原料消耗大，采购数量多，往往能以相对较低的价格获得原料。如果采购数量少，价格则相对较高。

3. 原料本身的质量

菜品对原料质量要求高，则采购价格高。反之，对原料质量要求较低的，采购价格偏低。

4. 供货渠道

如果原料属于直接供货渠道，由生产商与餐饮企业直接对应，没有中间环节，则价格低。反之，如果属于间接供应渠道，餐饮企业需从代理商手里获得原料，则价格高。并且供货渠道越长，原料价格越高。

5. 与供应商交往密切程度

如果餐饮企业与供应商接触时间长，关系比较密切，通过沟通可以获得更低的价格。反之，若是新的供应商，接触时间短，则价格相对较高。

6. 采购的迫切程度

如果采购的原料是餐饮企业厨房生产菜品急切需要的，供应商处于主动地位，往往价格高。反之，则价格相对低。

（二）采购价格控制方法

影响采购价格的因素很多，也比较复杂。餐饮企业应针对这些影响因素，结合自身经营特点，灵活采用控制方法，通过优惠的价格获得高品质的原料，达到控制成本的目的。

1. 企业定价采购

在对市场进行充分调查的基础上，确定合理的波动比例，对所需原料的价格进行规定。这种方法适用于鲜活原材料的采购，也适用于价格波动频繁以及价格较高的原材料采购。在使用过程中，要注意对原料的数量、质量、采购时间进行控制。

2. 供应商竞价采购

餐饮企业派专人到市场上了解原料价格行情，做到心里有数。同时，规定原料规格与质量标准，选取几家符合条件的供应商进行报价，从中选择符合要求、价格适当的供应商作为长期的供货单位。这样的采购方法有利于餐饮企业控制价格，同时因为长期合作也能获得优惠。现市场上此种方法比较多见。

3. 原产地采购

对于需求量大的原料采购，可以派专人前往生产地进行考察，直接从生产企业进行采购，减少中间环节，降低采购价格。但如果产地较远，采购时间较长，若发生质量不达标需要退货等情况，将会对菜品生产造成影响。因此，采用这种方法需要完善相关制度，将采购时间提前，同时对原料质量进行严格把控。

4. 批量采购

对于保质期长的原料，可以适当增加采购数量，通过批量采购获得较低的价格，降低原料的成本。

5. 市场灵活采购

若原料在市场上供大于求，价格较低，应适当增加采购数量，进行贮存。若供小于求，应适当减少采购数量，满足基本生产即可。这样可以降低生产成本，但要求餐厅服务员在推销菜品时有所侧重，引导客人消费。

（三）采购定价流程

本内容以供应商竞价采购的控制方法为例，介绍餐饮原料的采购定价流程。

1. 报价

餐饮企业的财务部门制定原料报价规格书，作为供应商报价的填写依据，并要求供应商在规定时间内报价。

2. 审价

餐饮企业要依据供应商报价，参考市场行情及过去询价记录（询价可通过网上查询与市场调研两种方式进行），以电话与传真方式向三家以上供应商询价。特殊情形（如独家制造或代理等原因）除外，在此基础上进行比价、分析。具体流程详见图 6－1。

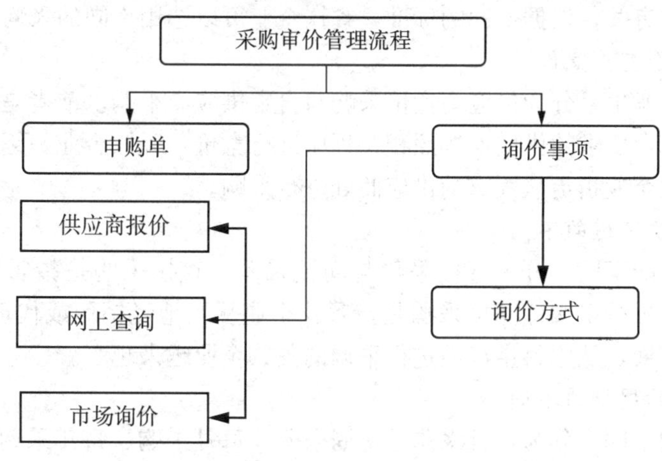

图 6－1　采购审价流程图

3. 议价

采购人员根据对同类产品三家以上供应商不同报价的整理、汇总和对比，选定供应商，并进一步商谈价格，进行议价。

4. 定价

具体流程详见图 6－2。

定价过程中需注意：(1) 采购原料的单价须为掌握内的合适单价，而且力求是最低的单价，执行价格不得高于餐厅核定价格或掌握的现行市场价格。(2) 对于大宗原料或需外地购进、预付定金的原料，应先向厂商确认数量、价格、交货期、质量条件等，之后再签订购销合同。

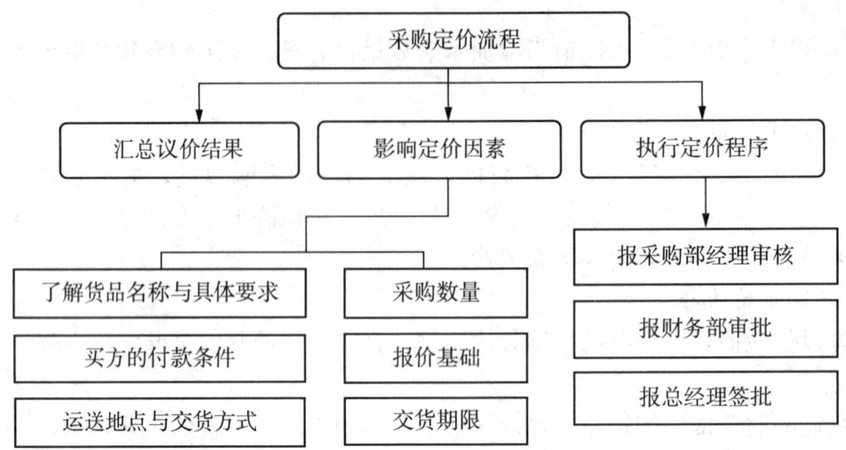

图 6-2　采购定价流程图

六、采购方式的选择

餐饮原料采购方式的选择，与企业规模大小、经营特点、原料属性、采购数量以及需求是否迫切等因素有关，根据不同的标准，餐饮企业可以选用不同的采购方式。

（一）根据是否需要竞价

根据是否需要竞价，分为供应商竞价采购与自定供应商采购。前者是指餐饮企业规定条件与标准，由符合要求的供应商按照相关程序进行竞价，餐饮企业最终选择合适的供应商。后者是指餐饮企业指定从固定的供应商处进行采购。

（二）根据供货渠道的不同

根据供货渠道的不同，分为直接采购与间接采购。直接采购是指餐饮企业为降低成本，从原料生产地进行采购；间接采购是指餐饮企业从当地经销商或代理商处进行采购。随着物流产业的发展，从原料生产地进行采购的餐饮企业越来越多。

（三）根据采购周期的不同

根据采购周期不同，分为每日采购、每周采购、每月采购、每年采购等。每日采购适用于蔬菜、水果等需要保鲜的原料；对保鲜要求不高的原料可以延长时间，按照周、月、年等周期采购。

（四）根据送货方式的不同

根据是否需要送货，分为供应商送货与自行运货两种采购方式。前者是指采购员根据厨房与库房的申购单向供应商订购原料后，供应商送货到企业，库房审核入库；后者是指餐饮企业派专人到供应商销售处运货到企业。

除上述方式外，还有按照采购区域分为本地采购与外地采购；按照约定方式不同分为订立合同采购、电话采购与传真采购等；按照所需原材料是否迫切分为常规采购与紧急采购等。

七、采购时间、对象、交易地点的确认

在餐饮原料采购中，科学的采购时间既能减少订购与库存成本，又能满足厨房生产的

需求。正确的采购对象既保证了原料质量，又能补充库存数量。而合理的交易地点则能减少人工成本，降低运输费用。因此，餐饮企业要利用科学的时间、正确的对象以及合理的地点控制好采购成本。

（一）采购时间的确认

除规定的需要定时采购（如鲜活类）的原料外，永续盘存卡上的原料达到最低贮存量（也称订货点量）时，需进行采购。最低贮存量的计算方法为：$L=t\times d+M$。其中，L为最低贮存量，t为采购时间，d为日均需求量，M为保险贮存量。当原料达到最低贮存量时，需进行采购，此时即为确定的采购时间。此种方法适用于使用量大、周转快、保质期长的原料采购。

（二）采购对象的确认

厨师长与库房管理员首先要对原料质量规格书充分了解，其次要定期盘点，掌握每种产品保质期的期限。在原料因贮存期太长而不符合质量标准或即将达到保质期时，餐厅应及时补充，保证存量，避免因为不了解质量要求及贮存时间进行采购而造成的原料浪费。

（三）交易地点的确认

对于在当地采购的原料，餐饮原料采购的交易地点一般选择供应商销售处或餐饮企业贮存库房。在异地采购的选料，交易地点则可选择原料生产地或距离生产地交通最便利的地区。采购员需对不同交易地点采购原料的运输成本进行核算，选择最经济的方式进行。除交易地点的选择外，供应商定时保质保量的送货也是降低成本的重要因素。

任务实施

一名优秀的采购人员应具备以下素质与能力：

1. 高尚的道德素质。因为采购工作直接关系着原料成本的高低与质量的优劣，所以要求采购员品行良好，诚实正直，杜绝出现与供应商串通私拿回扣、在采购过程中以次充好的现象。这是一名采购员最基本的素质要求。

2. 高超的业务能力。一名优秀的采购员应熟悉餐饮企业所使用食品原料的品种及相关质量标准，了解卫生管理办法及相关的法律法规，具备良好的原料质量优劣判断能力，为食品原料的质量把控好第一道关；具备良好的成本控制能力，通过选择正确的采购时机，采用合适的采购方法，节约成本；具备良好的沟通能力，在采购部、财务部、验收部及库房之间进行上传下达。采购人员要在工作过程中不断学习，努力提升自身的业务能力。

3. 认真的工作态度。由于采购工作非常烦琐，尤其是当采购任务重、所需原料种类繁多、涉及的供应商比较多时更是如此，所以一名采购员应具备认真、负责、细心的工作态度，保证采购原料数量充足、质量可靠、价格合理，保证高效的采购效率。

任务二　验收管理

验收管理是指当供应商将食品原料运送至餐饮企业（或采购员将原料采购回来）

后，由专人对原料的数量、质量、价格等方面进行核对的过程。验收通过后，验收人员将原料送至餐饮企业库房贮存处，并进行登记。验收管理的目的是保证原料的采购数量满足生产，质量达到标准，价格准确合理，为厨房生产提供优质原料，同时降低成本损失，提升利润空间。因此，餐饮企业应建立合理的验收体系，建立科学的操作程序，对原料验收进行控制。作为餐饮企业的管理人员，也应熟悉验收管理的基本内容和要求。

内蒙古某家高档餐饮企业最近正在制定原料验收制度，以更好地对验收工作进行管理，请在课程学习结束后对该家餐饮企业的原料验收工作提出自己的建议。

一、建立合理的验收体系

合理的验收体系是验收管理的基础保障与制度约束，餐饮企业必须成立相关部门进行管理，并明确岗位职责对部门人员进行约束，确保验收工作的顺利开展。同时，餐饮企业还应选择合适的区域作为验收场所，并配备相关检验工具与单据，为验收工作提供全方位支持。

（一）成立验收部门

规模较大的餐饮企业在组织机构设立中，会成立专门的验收部门，配备专业的验收人员，明确其岗位职责，制定验收标准、验收流程与验收方法等内容，实现对原料验收过程的管理。规模较小的企业验收部门隶属于财务部，验收人员归财务部统一管理，或者由厨房工作人员和库房管理员担任。一般情况下，为杜绝工作人员徇私舞弊，出现经济问题，验收部门应独立于采购部门。

（二）提供场地

餐饮企业需选择合适的区域作为原料验收场地。合适具体指：一是环境干净整洁，卫生质量要达标；二是要比较隐蔽，尽量不要让客人看到；三是要交通便利，方便送货车辆出入；四是场地面积要足够，可以供验收人员使用验收工具进行验收；五是不能与厨房、库房距离太远，要便于原料输送。原料验收场地通常设置在餐厅食品仓库的后门位置。

（三）配备工具与单据

在验收工作中，经常会使用到一些专业的验收工具，如称重用的磅秤、开箱用的利具、测量温度用的专业温度计等。因此，餐饮企业需配备专业的设备与工具，确保验收工作顺利完成。此外，由于验收人员在工作中要按照申购单审核数量，要按照验收标准检验质量，要使用验收单进行登记，所以，验收部门应对验收所需要的相关单据进行统计，并配备充足。

二、建立科学的操作程序

（一）组织验收人员

按照体系要求，原料应由验收人员进行检验，但也有一些情况例外。如果属于贵重原料或稀缺原料，则应由使用部门的负责人到达现场进行检验。如果原料对贮存要求比较高，则同时需要库房管理员在场。因此，科学验收操作程序的第一步是组织专业的验收人员到达现场。

（二）进行现场验收

验收人员到达现场后，应立即着手进行检验。具体要求如下：

（1）按照申购单核对供应商企业名称、地址与联系方式等内容，确保是与企业签订协议的供应商。

（2）按照申购单检验发货票上的价格。确定是协议供应商后，按照申购单核对发货票上原料的单价与总金额，确保价格一致。发货票一般为一式两联，一联在验收合格后由验收人员签字交与送货人，另一联交与财务处。

（3）按照申购单核对原料的产地、品名、规格、大小、种类与数量，确保所送原料准确无误。在其他项目准确的情况下验收人员要重点核对数量。核对时应注意：需要称重的原料要用磅秤进行称重，对于袋装或箱装的原料数量要进行清点。若有密封，应随机抽取一箱打开检查，检验箱内数量与标注数量是否一致，并对单位重量进行检验之后再进行统一核算。总之，验收人员要确保申购单、送货单上标注内容与实地送货数量的一致性。

（4）按照《原料验收标准》检验质量。若无验收标准，则应按照原料采购标准书的具体要求检查质量。同时，验收人员应检查原料的生产日期与保质期，并进行标注，为入库先后顺序做好准备。总之，在检查过程中，验收人员要认真、细心，切忌将不符合质量要求的原料通过验收。

（三）验收结果处理

验收完成后，验收人员根据价格、数量、质量等是否符合标准，会给出采购原料合格与不合格两种结果，具体处理方法如下：

1. 验收结果合格

若验收结果合格，验收人员应完成以下工作：首先，要在送货人员带来的发票上签字或加盖验收章（注明日期与验收人员名字），证明验收合格。其次，自行填写企业原料验收单（见表 6-5），将日期、供应商企业名称及原料的数量、单价与金额填写完整，并签字。一式三联，一联留验收处保存，一联交库房入库时使用，一联交财务记账。再次，对于要入库的鱼类、禽类、肉类等，需标注存货标签（见表 6-6）。存货标签分左右两联，填写内容包括存料日期、编号、品名、重量、单价、金额、供应商、发料日期等，除发料日期外，其余内容在验收合格后填写。填写完成后一联系在原料包装上，另一联送至财务部用于记录成本。待原料使用时，库房管理将系在原料上的标签解下，填写发料日期后送至财务，两联数量对应，则存货正确。若不对应，则应查明原因。

表 6-5 食品原料验收单

编号： 日期：

供应商企业名称				
原料品名	规格	数量	单价	金额
合计				
送货员：			验收员：	

表 6-6 鱼类、禽类、肉类等存货标签

存料日期：	存料日期：
编号：	编号：
品名：	品名：
重量：	重量：
单价：	单价：
金额：	金额：
供应商：	供应商：
发料日期：	发料日期：

2. 验收结果不合格

第一，若验收时出现价格虚高的情况，应查明原因。如果是供应商的问题，应请其按照协议价格进行计算，并重新开具发票；若是出于市场原因，价格上涨，则应请示领导进行处理。第二，若验收时发现数量不够，应请供应商进行补充。第三，若是质量不达标，应按照供应协议做退货处理，退货要填写退货单（见表 6-7），要求送货员签字，并及时告知厨房，以免耽误菜品加工。

表 6-7 食品原料退货单

编号： 日期：

供应商				
原料品名	规格	数量	单价	金额
合计				
退货原因				
部门负责人：		验收员：		送货员：

（四）分类送达

验收结束后，验收人员应将原料按照送达的地方进行分类，并在送货发票上进行标注，便于进行成本核算。一般情况下，鲜活原料等送至厨房，这种原料也被称为直拨原料。干货类及其他原料送至库房，这种原料也被称为库房原料。送达后验收人员应与相关部门负责人员做好交接，请其在相关单据上签字。

（五）填写验收日报表

验收工作结束后，验收员应填写原料验收日报表（见表6－8），具体内容包括送货日期，发票编码，供应商名称，原料品名、数量、单价、金额，验收是否合格，接收部门，验收人等信息。若属于多个供应商供货，应分类填写。填写原料验收日报表的主要目的是对每日的验收信息进行统计与汇总，同时为财务提供成本核算数据。

表6－8　原料验收日报表

日期	发票编码	供应商	品名	数量	单价	金额	是否合格	接收部门	验收人

三、验收控制

（一）配备合格的验收人员

无论验收人员是独立的验收部门人员、隶属于财务部的人员，还是由厨房人员或库存管理员兼任，所具备的素质和标准是一致的。合格的验收人员应当符合以下条件：对验收工作感兴趣，有很强的责任心，做事细心，工作踏实，吃苦耐劳，原则性强，熟悉食品原料的相关知识并愿意继续深入学习。合格的验收人员的配备是验收工作控制的基础。

（二）完善相关表单

验收操作程序中使用的表单种类繁多，这些表单是验收工作量化、登记与使用的凭证，十分重要。因此，完善相关表单是准确、顺利完成验收工作的保障。在验收过程中使用到的表单包括供应商送货人员带来的“发货票”，验收合格后填写的“食品原料验收单”及加盖的“验收章”，用于登记鱼类、禽类、肉类等食品原料的“存货标签”，验收不合格填写的“食品原料退货单”，全部工作结束后验收人员填写的“原料验收日报表”等。餐饮企业应完善相关表单，并规定具体使用方式，便于验收人员使用。

（三）加强考核检查

为了加强对验收工作的控制，餐饮企业应由总经理牵头，抽调厨房、采购部、库房各部门管理人员成立检查考核小组，定期或不定期地对验收工作进行考核检查，主要考核验收部门（或验收员）的工作态度、工作方式与工作成果，检查其在验收过程中数量是否充足、质量是否达标、价格是否合理、是否在指定场所验收、有无与供应商串通或监守自盗等行为。根据结果，对优秀的验收员给予奖励，不合格的给予处罚。此外，通过考核检查也可以发现验收控制是否存在漏洞，若有，及时解决，避免出现大的问题。

任务实施

该餐饮企业在实施验收工作前应做到以下几点：

1. 设立组织机构。该餐饮企业应成立独立的验收部门或选派验收人员负责原料的验收工作，制定规章制度，明确岗位职责，做到专项工作专人负责。

2. 提供验收场地。该餐饮企业应选择合适的区域作为验收场地，做到专项工作专场验收；同时提供验收原料时所需要的专业器具，方便验收工作的开展。

3. 制定验收标准。该餐饮企业应制定所需原料的验收标准，对生产商、数量、质量、重量等方面进行明确量化，为验收工作提供依据。

4. 规定验收程序。该餐饮企业应规定验收程序，要求验收人员必须严格执行，同时通过制作验收表等相关表单对各个环节进行控制。

5. 加强监督考核。从制定岗位职责到完成验收工作，该餐饮企业应对每个环节进行控制，加强监督，定期考核，发现偏差及时调整，确保验收工作顺利进行。

任务三　库存管理

食品原料验收结束后，餐饮企业需将原料进行贮存，进行科学有效的库存管理。库存管理的主要目的一是保证原料使用时质量合格、数量充足，满足厨房生产与销售的需求；二是防止食品原料腐烂变质，减少损耗。因此，餐饮企业应完善贮存条件，配备贮存设施，对原料的贮存要求、贮存方法及领用发放流程等方面进行规定，做好安保防卫与卫生环境保持工作，提升库存管理效率。

库房环境改变了

山西某知名餐饮店在严格按照库房管理的有关规定实施管理后，库房的环境有了很大的起色。库房规定：对所有入库的原料必须检查其是否有生产日期、保质期、商标，凡是“三无”产品应禁止入库，对入库原料必须做好入库登记，一般需记录品名、规格、进货数量、生产日期、保质期、产地等内容，以便日后对入库原料进行查验与管理，所有入库原料必须进行归类和定位，非特殊情况库房原料一般无须调整，以便记忆。库房管理员对所进原料需按食品标签上架并码放整齐。

一位管理员感慨地说：“以前，我有时为了找一样东西甚至要翻大半个仓库，有的东西明明账上有可就是找不到，等到不用的时候又出来了，以至于物品重复申购，且物品无最高最低存量的限制，申购无限制，所以造成了物品的闲置、资金的积压，很不利于财务管理。现在我们先从分类、整理开始，物品分门别类存放，做到每一件物品有名、有价、有存量。目前，仓库彻底改头换面了，有最高、最低存量的限制，再加上严格的申购程序，对物品的积压起到了很好的控制作用。”

资料来源：邵万宽. 现代厨房生产与管理（第二版）. 南京：东南大学出版社，2014：87.

思考：结合案例，分析科学库存管理对餐饮企业的重要性。

基础知识

一、库存管理基本要求

（一）科学贮存，保证质量

食品原料种类繁多，对贮存的温度、湿度、光线等方面要求也不一样。若处理不当，则会缩短原料的贮存时间，造成资源浪费。因此，餐饮企业应对原料进行分类，根据不同原料的不同要求，提供合适的贮存环境，采取正确的贮存方法，保证原料在贮存期的质量符合餐饮企业的生产标准与要求。

（二）及时补充，确保数量

在上文的采购内容中提到，采购人员需按照库房人员填写的申购单进行采购，因此，库房管理人员应随时掌握库存数量，根据日常消耗与用量趋势，及时提出申购要求，控制好库存数量与原料流转率，保证数量充足，满足生产需求。

（三）制定流程，完善制度

为了加强库存管理，餐饮企业应制定原料从入库到出库各个环节的流程，完善贮存、领用、盘点、安保、卫生等方面的相关制度，并以书面形式进行展现，通过培训让员工加强学习与理解，内化于心，外化于行，确保库存管理的高效有序。

（四）控制环节，加强管理

入库时检验质量，清点数量，填写入库单；对原料进行编号，合理定位，科学储存；定期盘点，掌握消耗数量；领用并认真填写领料单，做好领料登记等。库存管理必须准确反映原料的入、存、调、销状态，只有对流程中的各个环节进行控制，加强管理，才能使库存管理落到实处。

二、库存管理流程

（一）建立库房

建立库房主要是要确定库房的选址、面积与类型。

1. 选址

一般情况下，库房应距离验收处与厨房较近，也可位于二者中间，方便原料输送。

2. 面积

库房面积应占到餐饮面积的10%左右，这样才能满足原料贮存需求。

3. 类型

大型餐饮企业为了满足生产需求，往往拥有多个库房。按照原料种类不同，建有食品原料库房、酒水饮料库房及其他原料库房；或因食品原料对库存的要求不同，建有干货库房、冷藏库房及冷冻库房。后者比较多见，不同库房对温度、湿度、光照等条件要求各不相同，详细信息见表6-9。

表 6-9　　食品原料各库房贮存要求

食品原料库房类型	温度	湿度	光照	适宜贮存原料品名
干货库房	10℃～20℃	55%左右	定时通风，保持空气流通，阴凉干燥；避免阳光直射，使用冷光灯照明	米、面、罐头食品、干货类、瓶装类、葡萄酒、干果类、调料类等
冷藏库房	0℃～10℃	85%左右	避免阳光直射，使用冷光灯照明	蔬菜、水果、蛋类、黄油、牛奶、需冷藏的酒水饮料等
冷冻库房	≤－18℃	尽可能高		冻鱼、禽、肉类及其他需要冷冻的原料

（二）原料入库

若餐饮企业原料验收员是由库房管理员兼任的，在验收合格后根据验收单上的内容直接填写入库单（见表 6-10），将原料入库。若不是，则库房管理员需对验收员送来的原料进行验收，重点检查质量，核对数量，确保入库的原料合格。在验收过程中尽量按照原料类型进行分类验收，这样方便入库后的登记、摆放与管理。同时，验收员要对原料的贮存条件充分了解，选取合适的库房进行贮存。最后，填写食品原料入库单后，要请验收员签字确认。

表 6-10　　食品原料入库单

编号：

入库时间	供应商名称	原料品名	规格	数量	单价	金额	进入库房
		合计					

验收员：　　　　　　　　库房管理员：　　　　　　　　负责人：

（三）库存控制

1. 合理存放

原料进入库房后，库房管理员需要对其进行合理存放。具体要求有以下几点：

（1）划分存放区域。根据原料的特点与贮存要求，选取合适的存放区域，做到分类不同，区域不同。其中，干货类原料存放区域的货架要距离地面至少 10cm，距离墙面至少 5cm，防止受潮。

（2）对原料进行标号。通常情况下，每种原料需标注四种编号，即库房编号、货架编号、分层编号、位置编号，被称为“四号定位”，如 2351。将原料进行分类后，放在指定区域的固定位置，方便统计与查找。

（3）填写登记牌与卡片。标号后把原料名称、入库时间等内容填写在登记牌上，并将登记牌贴在原料摆放区域的货架上，之后再将发货记录、进货记录等信息记入永续盘存卡。一是确保原料在出库时的准确性，防止出错。二是在出库时间上应遵循先入先出的原则，避免原料变质后的浪费。三是方便库房管理员根据永续盘存卡确定合理的申购时间。

(4) 科学摆放。现在多采用的摆放原则是“五五摆放”，即根据原料的不同形状，以五为基本计算单位，五五成行，五五成列，五五成堆，这样摆放的原料横看成行，竖看成列，左右对称，美观整洁，并有利于原料的保管、盘点、检查，提高了库存管理效率。

2. 定期盘点

在合理存放的基础上，库房管理人员应定期对原料进行盘点，把不定期的随时盘点与定期盘点（一般为一月一次大盘点）结合，了解原料的入、存、出动态。在盘点过程中，库房应建立相关制度，检查存货与账面是否相符，做好登记，记清账目，为核算原料消耗成本与库存总额提供依据。同时，盘点后要对缺少的原料进行申购，对库内已有的原料质量进行查验，对出现问题的原料进行报废，总之要做到确保数量充足、质量合格，满足生产需求。

3. 环境管理

由于食品原料自身的特殊性，在库存过程中要对库房的环境进行管理。一是定期检查库房内的温度、湿度与光照情况，使得原料的存放环境符合要求，防止原料变质。二是严格制定卫生环境管理制度，按时清洁库房，保证地面与货架干净整洁，防止虫害、鼠害等的发生。此外，检查原料外包装是否破损，以免影响原料贮存；检查电源是否稳定，杜绝火灾隐患；制定科学的钥匙保管制度，禁止无关人员私自进入库房；安装监控，防止偷盗现象发生。总之，库房工作人员要对库房的存放环境、卫生环境与安全环境进行全面管理。

参考资料

某酒店原料储藏管理制度

(1) 食品原料的储藏应由专人负责，非工作需要，其他人员不得进入任何储藏库。

(2) 根据经营情况，对常规原料制定适合本饭店或餐厅的库存量（最高库存量及最低库存量）。

(3) 储藏管理人员随时检查库存，确保最低库存量，以满足厨房日常生产的需要。库存量临近最低库存时，应及时填写采购单交给采购部门采购。

(4) 储藏管理人员申请的采购量要把握适当，以控制好最高库存量，以免造成库内原料大量积压。

(5) 坚持“先进先出”的原则，轮换地使用原料存货，尽可能缩短原料储存时间。

(6) 入库原料分类整理，整齐堆放，并标注品名、价格和入库时间。

(7) 对于有生产日期、但食用期限模糊的原料，按照该原料可查实的食用期限，重新明显标注可食用期限。

(8) 严格控制库内温度，随时对库内温度进行检查和调整，确保库内温度保持在要求范围内。

(9) 定时对库区进行常规的清洁打扫，保持库内清洁卫生。

（10）存放的原料与地板及墙壁保持恰当的距离，以保证库内适当的通风和空气流动。

（11）储藏管理人员及时做好库存记录，定期盘存，并填好盘存记录。

（12）私人物品一律不得放入库内。

（13）清洁消毒用品由专人负责，有专门地方存放，不得放入库内。

（14）指定专人对储藏设备维护检修，确保设备的正常工作。

资料来源：邵万宽．现代厨房生产与管理（第二版）．南京：东南大学出版社，2014：92－93．

三、原料出库管理

当餐饮部门需要使用原料时，库房要根据厨房需要、按照菜品生产要求对原料进行发放。科学的原料出库管理不仅要能保证生产部门及时得到充足的原料，而且要对发放的原料数量进行控制，以便准确地反映库存情况、计算原料消耗成本与库存总金额。原料出库分为规定时间发放、凭领料单发放与库房之间原料调拨三种形式。这里的原料发放是指验收后进入库房贮存的食品原料，按照相关制度发放。验收后直接送入厨房计入当天成本的原料不属于讨论范围。

（一）规定时间发放

餐饮企业定时发放原料主要是为了保证原料发放的及时性，也便于库房管理人员开展清洁、检查、整理等其他工作。餐饮企业应规定领料部门提前一天（一般为前一天下班之前）提交领料申请，为库房人员留有充足的时间准备，避免差错，提高效率。例如每天的 8 点至 10 点、14 点至 16 点库房人员发放原料，其余时间不进行发放（特殊情况除外）。

（二）凭领料单发放

生产部门需要领料时，应填写食品原料领料单（见表 6－11），库房管理人员根据领料单上的内容进行发放。库房管理人员应准确核实领料单上的原料数量，计算金额，同时对库存的数量与金额进行登记。这样不仅可以掌握库房原料的库存情况，而且便于财务部门核算生产部门的用料成本，进行成本控制。通常食品原料领料单一式三联，在相关人员签字后一联送领料部门，一联库房保管，一联送财务部门。

表 6－11　　食品原料领料单

领料部门：　　　　日期：　　　　编号：

库房类别	原料品名	货号	规格	申领数量	发放数量	单价	金额
合计							

领料部门负责人：　　　　领料人：　　　　发料人：

（三）库房之间原料调拨

综合型酒店不仅餐厅种类多，而且有酒吧等休闲场所，各个餐厅之间、餐厅与酒吧之间为满足生产需求，经常出现各库房之间调拨食品原料。为了便于各部门准确核算原料成本，规范经营管理，如从其他库房调拨原料，需填写食品原料调拨单（见表6-12），调拨出去的原料不再计入调出部门的成本核算，而计入调入部门的成本核算。食品原料调拨单一式四联，一联留调入部门，一联送调出部门，一联送财务部门，一联库房留存。

表6-12　　食品原料调拨单

编号：　　　　日期：

调入部门：				调出部门：			
原料品名	货号	规格	申拨数量	实拨数量	单价	金额	仓库管理员（签字）
合计							

调出部门经手人：　　调出部门负责人：　　调入部门经手人：　　调入部门负责人：

任务实施

科学的库存管理对餐饮经营管理的重要性主要体现在：

1. 入库前验收的重要性。所有原料在进入库房之前应对其进行检查，重点检查生产日期、保质期、商标，不合格的原料应禁止入库，这从根本上保障了原料质量。

2. 入库登记的重要性。在原料入库之前，应填写入库登记表，标注清楚数量、重量、生产日期、有效期等信息。做好入库登记一是对库房原料的贮存数量心里有数，便于及时进行库存补充；二是方便查验与管理，发放时秉着“先入先出”的原则，保证剩余原料质量合格。

3. 科学摆放的重要性。通过划分存放区域，对不同的原料进行库房、货架、分层、位置编号，按照编号放在固定位置，方便查找。放置后填写登记牌与永续盘存卡，按照“五五摆放”的原则进行科学摆放。通过科学摆放，改善库房环境，提高库存管理效率。

4. 有序申购的重要性。各部门有申购需求时，应填写申购单，相关人员签字后按照规定时间到库房进行申购。各个库房之间若要调拨原料，需填写调拨单。有序申购，防止积压浪费，降低了原料成本；同时便于各个库房统计原料数量，为财务成本核算也提供了依据。

项目小结

本项目通过三个任务实施过程介绍了餐饮原料的采购、验收与库存管理。餐饮原料的采购管理包括采购组织表现形式，制定采购运转程序，对采购质量、数量、价格等进行控制。完善餐饮原料的验收管理，要建立合理的验收体系，制定科学的验收程序，并对验收进行控制。餐饮原料的库存管理则应明确库存管理的基本要求，了解库存管理与出库管理的要点。通过学习，学生应掌握餐饮原料采购、验收与库存管理的基本知识与流程，明确采购、验收、库存管理对于餐饮产品成本控制的重要作用，并为今后进入餐饮企业从事相关原料管理工作奠定好的基础。

思考与练习

1. 原料采购质量标准书的内容包括几部分？

2. 餐饮原料采购方式如何选择？

3. 验收场地的具体要求包括哪些？

4. 如何对餐饮原料进行现场验收？

5. 库存管理的基本要求有哪些？

6. 餐饮原料库存管理中如何做到合理存放？

7. 某餐饮集团以经营海鲜为主，下表为该集团食品原材料申购流程、时间的具体要求，请分析：该餐饮集团这样确定采购时间合理吗？有哪些值得借鉴的经验？

某餐饮集团食品原材料申购流程及时间具体要求

蔬菜、水果、海鲜水产等	对于蔬菜、水果、海鲜水产等每日所需的食品原材料，由使用部门派专人负责，填写所需要的食品名称、数量和规格（下单），经厨师长在申购单上签字确认，于每天晚上 20:30 以前送交库房，然后由值班人员统一交予供应部当日值班人员手中。下午补充的蔬菜类原料在 14:00 以前经厨师长签字后送交库房统一交予采购部。
酱料类	酱料类原料由库管员统筹申购，经厨师长签字后于每日下午 14:00 之前交采购部进行申购。
生鲜肉类、冻品类等	生鲜肉类、冻品类、豆制品类、粮油类应提前 1 天申购，于第二日上午 9:00 到货。
酒水、乳品饮料、烟草、茶叶类	酒水、乳品饮料、烟草、茶叶类由库管员填写《申购单》（注明目前库存量和需要订购的数量），于下午 14:00 以前经库房主管签字后送交采购部。
海参、鱼翅、燕窝等	海参、鱼翅、燕窝等高档原材料的申购由鱼翅房主管根据库存和销售情况做好月计划申购量，经相关领导签字确认，交采购部经理，以备提前采购。

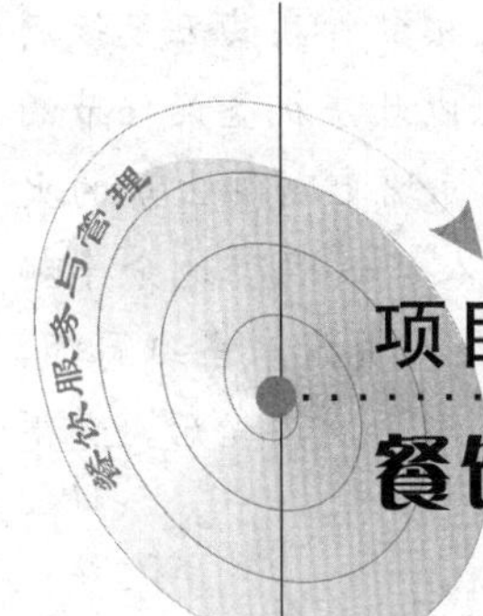

项目七 餐饮产品的生产管理

学习重点和难点

1. 餐饮生产活动的基本特征；
2. 餐饮生产组织结构设置及人员配置；
3. 餐饮生产场所的安排与布局；
4. 餐饮产品质量概念；
5. 餐饮产品生产质量流程控制；
6. 餐饮产品质量控制的常用方法；
7. 餐饮产品成本的特点；
8. 餐饮成本核算；
9. 饮料成本的控制方法。

技能点

1. 根据企业生产规模，合理确定厨房的员工定额；
2. 根据餐饮企业具体情况，能够对餐饮生产场所进行科学选址与布局设计；
3. 采用具体方法对餐饮生产质量进行控制；
4. 根据成本核算的具体要求，学习编制餐饮成本日报表和月报表。

引 例

烤火鸡的肉质

在欧美，尤其是美洲大陆，火鸡是一种普通的肉食，而且在感恩节和圣诞节这两个大节日里，火鸡更是传统、必备的美食。12 月 22 日晚，几位外国客人相聚青岛某五星级酒店的扒房，大家点了一瓶香槟酒、烤火鸡、芥末蛋黄酱生菜色拉等，以此庆祝圣诞佳节的到来。斟上香槟，边相互祝愿，边期待火鸡的到来。一会儿，服务员端上刚刚出炉的火鸡，乍一看色泽金黄，同时散发着浓郁的香气，让人垂涎欲滴。客人兴致勃勃地分享起来。然而品尝之后，感觉火鸡肉质很柴，不免有些扫兴，于是让服务人员请来当班厨师，请他拿回厨房重新加工一下。几分钟后，烤火鸡又被重新端上桌，客人再次品尝后，觉得不仅没有什么改进，反而肉质更糟了，客人非常失望……

资料来源：马开良. 现代厨房管理. 北京：旅游教育出版社，2013：148－149.

【解析】

烧烤火鸡要控制好烧烤温度和火鸡内部温度，温度控制不好，就会影响成品后的口感。再次进行烘烤处理，会使肉质更糟。菜品质量的高低对餐饮企业的重要性不言而喻，餐饮企业应对菜品制作要求与流程制定标准化规定，要求加工人员严格遵照实施，保证菜品的质量。

任务一　了解现代厨房的运作

厨房，是菜品的加工场所，是烹饪人员作业的地方。厨房生产要求烹饪人员根据客人需求、按照菜品制作标准、遵循操作程序，对食品原料进行加工。厨房生产是餐饮企业经营的核心环节，它与菜品质量、客源数量、成本消耗及经济效益等相关，应引起管理者的重视。因此，餐饮企业管理者应了解现代厨房的运作，在分析餐饮生产活动基本特征的基础上，建立完善的组织结构，配备相关工作人员，对生产场所进行合理的布局与设计，确保厨房运作规范、有序。

任务导入

陈先生是上海一家餐饮企业的经理，有着多年的管理经验，对餐饮管理有自己独到的见解。他认为，在如今餐饮市场竞争如此激烈的情况下，一家餐饮企业想要拥有自己的一席之地，必须重视厨房管理。厨房是餐饮企业的核心部门，厨房管理是餐饮管理的重要组成部分。厨房管理直接影响菜品的特色，影响经营规模及经济效益，从根本上决定着餐饮企业的命脉。他认为餐饮企业对厨房的管理分为人和物的管理。人的方面最主要的是选择一名优秀的厨师长，配备相关的厨房人员，岗位分工合理明确，制定的规章制度完善。物的方面主要包括设计合理的厨房布局，配备相关的烹饪工具。只有人和物配备齐全，相互配合，才能保证厨房管理的有序运行。

思考：现代厨房运作管理的基本要点包括哪些内容？

基础知识

一、餐饮生产活动的基本特征

(一)生产数量的不确定性

因为厨房生产是根据到店客人的点菜要求进行的，因此生产数量具有不确定性。这种不确定性会对原料采购、库存数量及厨师工作量造成影响，从而影响到成本核算、库存周转率以及菜品质量的控制。同时，客源数量的多少又与餐饮企业所在的地理位置、知名度、菜品质量、销售引导、宣传力度、接待能力以及当天的天气情况、是否是节假日等方面相关。因此，餐饮企业应结合自身特点，分析对本企业客源数量影响较大的因素（天气等不可抗力除外），并采取措施进行控制与调节，科学估计客源人数，将由于生产数量不确定性造成的影响降到最低。

(二)生产质量的不稳定性

菜品的生产质量是由原料采购质量、贮存条件、厨师的生产水平、传菜速度等方面决定的，影响因素较多，不论哪一个环节出了差错，都会造成生产质量的不稳定。餐饮企业应对涉及的环节进行把控，采购符合质量要求的原料，采取贮存原料的正确方法，规范菜品制作过程、提高菜品加工技艺及对厨师进行培训，并设定合理的传菜路径与时间，确保生产质量。

(三)生产原料的多样性

同其他产品近乎单一的原料相比，厨房菜品生产所需要的原料种类很多，如不同主料需要不同的辅料，不同的菜品需要不同的调味品进行配合，这就要求厨房负责人要从色泽、味道、营养的角度，根据餐厅菜单上销售的菜品确定所需的主料、辅料及调味品，采购部按时、保质、保量地进行采购，配合厨房生产的要求。

(四)生产流程的复杂性

每一道菜品的制作都要经过多道工序，从选择原料、清洗、切菜、制作、装盘到最后的成品，流程较为复杂，生产量较大的厨房应明确岗位分工，生产流程需要多人进行配合。因此，餐饮企业在进行厨房管理时应确保每道工序上人员安排齐全，工作内容明确，对相关流程进行控制，通过相互配合与协作提高制作效率，保证成品质量。

(五)生产过程的手工性

厨房生产的菜品在制作过程中，产品种类多，生产批量小，大部分仍需手工进行，依靠机器进行流水化生产的很少，尤其是需要进行精细化的雕刻与装饰时，更需要依赖手工。手工制作的优势是能进行人性化加工，更好地满足客人需求。不足是无法实现标准化，容易出现规格、质量不一的情况，同时对加工者的体力与技术要求较高。制作过程的手工性突显了烹饪人员的重要性，餐饮企业应重视对烹饪人员的管理，同时在制定标准和加工方法后，定期考核，对烹饪人员进行检查与监督。

二、餐饮生产组织结构设置及人员配置

餐饮生产组织结构及人员配置是进行厨房生产与管理的基础与关键，餐饮企业应根据生产规模、接待能力、市场定位、菜品特点与经营目标，设置科学、高效的组织结构，配

备合理的生产人员，以岗定编，分工明确，通力协作，充分发挥组织机构的集体效能，实现管理目标。

（一）餐饮生产组织结构设置原则

餐饮企业首先应明确设置原则，这样才能确保组织结构设置的科学性与合理性。

1. 因需设岗

餐饮企业应考虑自身情况，结合运营目标，分析厨房运营的基本需求，在此基础上设置工作岗位。在分析过程中要以各岗位能够承担的最大工作量为原则，在满足需求的情况下力求节约人力成本，以岗定编，确保设立的组织结构高效。

2. 权责相当

权责相当是指在组织结构设置中，每一级别人员都应拥有一定的权力，同时承担相应的责任。权力明确、责任具体，权力越大、责任越大，拒绝相互推诿，相互扯皮。只有权责相当，才能充分调动员工的积极性，确保生产任务的顺利完成。

3. 管理范围明确

餐饮生产部门在组织结构设置中，应明确每一级别的管理范围，即上级应知道谁受自己管理，下级应了解自己被谁领导，这样上级在分配任务时更具针对性，下级在碰到问题时更加明确请示对象。上级管理下级，下级对上级一人负责，避免出现多头管理、员工无所适从的现象。

4. 分工协作

由于餐饮生产涉及的环节较多，对岗位进行分工能让职责更加明确。分工越细，专业性越强。同时，餐饮生产又需要各个岗位之间相互配合、相互协作，这样才能保证菜品质量。如果各自为政，则会适得其反。因此，餐饮企业员工应有集体意识，在分工的基础上进行通力协作。

（二）餐饮生产组织结构设置

厨房运营需要哪些岗位，各个岗位之间的关系如何，是组织结构设置的功能体现，其反映形式则是组织结构设置图。不同的餐饮企业，依据规模、资金、市场等不同，组织结构设置图也不尽相同。同一家餐饮企业，随着经营方式的调整与发展策略的改变，组织结构设置图也会相应发生变化。

1. 大型厨房组织结构设置

大型厨房为提高生产效率，保证菜品质量，控制原料成本，精简加工人员，在组织结构设置中重点突出了主厨房的职能。主厨房的主要任务是将原料加工成半成品，再分配至各个分厨房，各分厨房在此基础上进行加工，再传至餐厅。其组织结构设置如图 7－1 所示。

2. 中小型厨房组织结构设置图

中小型厨房规模不大，由厨师长负责进行管理。厨房生产按照菜品制作的流程与菜品的制作需求分为不同的组，每组设有领班，负责该组的具体工作。组与组之间分工明确，彼此独立，在工作过程中相互配合。小型厨房组织结构设置中一般也是由厨师长负责，不设领班，各组厨师直接归厨师长进行管理。有的小型厨房为节省人力成本，不单设切配组，由本组厨师负责切配与加工。其组织结构设置如图 7－2、图 7－3 所示。

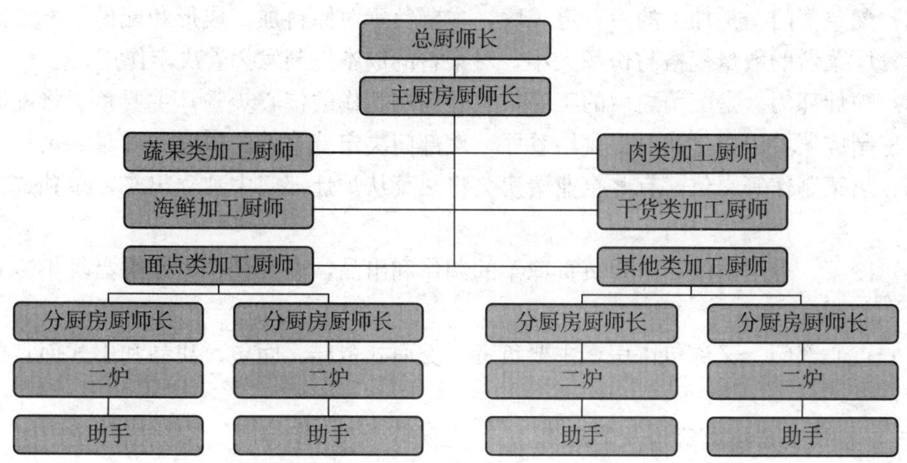

图 7-1　大型厨房组织结构设置图

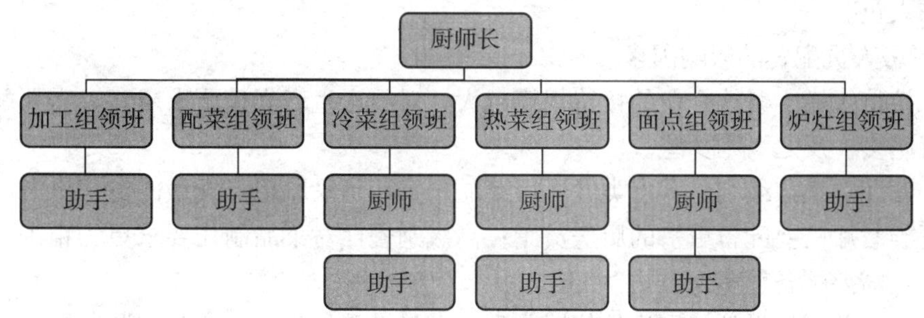

图 7-2　中小型中餐厨房组织结构设置图

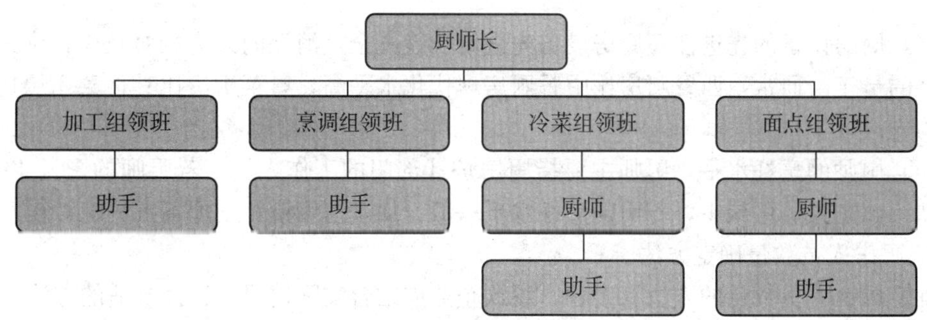

图 7-3　中小型西餐厨房组织结构设置图

3. 餐饮生产组织各部门的职能

餐饮企业厨房通常由加工、配菜、炉灶、冷菜和点心五个部门组成。根据企业规模、档次的不同，各部门的职能会有所区别。一般大型餐饮企业厨房各部门的功能比较专一，中小型餐饮企业厨房功能的专业性较差，各部门之间的结构联系也比较简单。

（1）加工部门。主要负责餐饮产品各种原材料的加工，为切配部门提供净料。根据各厨房对原材料加工范围和程度要求的不同，加工部门的具体工作内容会有差别，有的只负责禽肉类的初加工，有的只负责蔬菜的初加工，有的则要负责所有原材料的初加工。

（2）配菜部门。是加工的后一道工序，主要负责对原料加工成形和配份。配菜部门有权控制餐厅菜肴的数量规格与份额大小，对菜肴的成本控制发挥着决定作用。

（3）炉灶部门。是配菜之后的工序，也是厨房工作的核心步骤，主要负责将配制成的半成品烹制成菜肴，并且及时提供给餐厅，该部门决定着菜肴的口味和质量。炉灶部门包括汤品、热菜制作等岗位，有些企业厨房会将热菜从炉灶部门中独立出来，单独成为一个部门。

（4）冷菜、冻房部门。主要负责凉菜的制作和出品，以及色拉、水果盘等生冷食品的供应。

（5）点心部门。又称包饼房，主要负责各类西式蛋糕、面包、甜品和中式面点的制作与供应。

（三）餐饮生产组织结构人员配置

人员配置是厨房生产的基础，它与菜品质量、生产效率乃至经济效益关系密切，应得到管理者的重视。餐饮企业应在分析影响因素的基础上，采用正确的方法，为厨房配置合理的工作人员。

1. 厨房人员配置的影响因素

（1）接待规模。餐饮企业的接待规模越大，对厨房生产规模要求越高，需要配备的人员数量就越多。反之，则少些。

（2）餐厅类型与级别。零点类餐厅因菜品丰富，且采取现点现做的方式，所以比自助餐、快餐类餐厅需要配备更多的厨房员工；高级别餐厅对菜品制作要求更为精细，加工制作时间长，需要配备较多人员。

（3）厨房的布局设计。厨房的位置合理，布局设计科学，生产过程紧凑顺畅，工作效率高，配置人员可减少。反之，厨房布局设计不合理，无法发挥最大效率，就需要更多的人员。

（4）厨房设备的先进性。厨房设备先进，功能齐全，消耗的人力相对较少，则无须配备太多的员工。通常，西餐厨房比中餐厨房现代化水平高，粤菜厨房比其他菜系厨房的设备更为先进。

（5）厨师的烹饪水平。厨师主要指厨房炉灶部门的工作人员，若厨师的烹饪水平高，技法熟练，则人员可减少。若厨师烹饪水平一般，加工速度慢，则配备人员相对较多。

2. 厨房人员数量确定方法

确定厨房人员数量的方法有多种，餐饮企业应结合实际情况，选择合适的方法。

（1）比例确定法。这是目前采用较多的方法，即按照餐位的多少确定厨房人员的比例。规模较大、级别较高的饭店餐位数与厨房人员的比例为15∶1，即15个餐位配备1名厨房炉灶人员。规模较小、级别较低的饭店比例则下降至8∶1。

（2）工种岗位确定法。在厨房组织结构设置中，对各级别的岗位与人员进行了规定。餐饮企业可以在工作任务明确后，按照不同工种、不同岗位配备相应数量的厨房人员。

（3）工作量确定法。首先要计算出当天整个厨房生产加工的总时间 T，在此基础上乘以员工休假的系数（一般为10%），再除以员工每日规定工作时间8小时，即所需厨房人员数量 $P=T\times(1+10\%)/8$。

无论采用哪种方法计算出厨房人员数量，在初期确定后，应继续追踪考察，适时进行调整，使人员配备逐渐趋于合理。

3. 厨房人员素质要求

在确定数量后，应招聘合格的工作人员进入岗位。厨房应在确定厨师长的基础上再选定其他工作人员。厨师长是厨房生产的管理者，是规章制度的制定者，是方针政策的决定者，也是整个团队的风向标。一名优秀的厨师长会使厨房管理规范、有序、高效，一个好的加工团队则是餐饮企业运营的重要保障。

（1）厨师长的素质要求。一名合格的厨师长应具备以下素质：第一，良好的基本素质，表现为：思想品质优良，为人正直；作风正派，热爱本职工作；身心健康，体质较好。第二，扎实的业务素质，即能很好地判断原料质量优劣，熟悉并掌握菜品知识、烹饪方法、营养学知识及美学知识等。第三，一定的管理能力，具备较好的计划组织能力、沟通协调能力、宏观控制能力以及发现问题、分析问题和解决问题的能力。

（2）其他厨房人员的素质要求。其他厨房人员的素质要求包括：思想品质优良，为人正直；热爱餐饮行业，喜欢厨师工作，爱岗敬业；身体素质要好，能吃苦耐劳；具备上岗需要的烹饪技能，具有一定的菜品知识，了解所在岗位的职责；喜欢学习，善于研究；工作态度认真，执行力强等。

三、餐饮生产场所的安排与布局

餐饮生产场所的安排与布局是指通过设计厨房生产系统，连接各生产环节，确保厨房生产有效运行。合理的安排与布局不仅可以为厨房工作人员提供舒心的工作环境，可以提高菜品的制作速度与质量，而且与餐饮投资成本关系密切。因此，餐饮企业应在合适的位置建立厨房，确定合理的生产面积，采用科学的布局方式对餐饮生产场所进行安排与布局。

（一）餐饮生产场所选址

餐饮企业在进行厨房选址时应注意以下几方面：第一，要选择干净卫生的区域，确保环境达到标准。第二，在距离上应接近就餐餐厅，方便菜品传递。若不能在同一层，则也应有便利的通道以供使用。第三，厨房与贮存原料的库房连接通道也应畅通，方便原料配送。第四，应选择在可以通风，油烟、废气等便于排出的场所。目前，大部分餐饮企业的厨房选址多在建筑物的底层，最合理的安排应是厨房前门与餐厅连接，后门与仓库相邻。这样的选址一是方便原料送达，二是对天然气、电力等能源的使用便利，同时方便清理垃圾。

（二）餐饮生产场所占地面积

厨房面积对生产的重要性不言而喻。面积过大，不仅会造成成本增加，而且传菜员在工作过程中行走里程也会增加，影响工作效率。面积过小，空间狭窄，不利于工作开展。因此，厨房面积应合理，既满足生产需要，又能保证工作效率。餐饮企业确定厨房面积的方法主要有以下几种。

1. 比例计算法

比例计算法主要是指按照餐位数与厨房面积之间的比例计算。通常情况下，正常的中餐厅每一个餐位应配备的厨房面积大约为 0.7 平方米；自助餐餐厅因种类确定，以提供制作过程较简单的菜品为主的自助餐，每一个餐位应配备的厨房面积大约为 0.6 平方米。

2. 餐厅面积计算法

餐厅面积计算法是指在满足生产需求的基础上，按照厨房面积占餐厅面积的比例计算。相对而言，西餐厨房面积比例最大，几乎占到了50%。国内厨房面积小于此比例，通常除去辅助间之外，厨房面积应占到餐厅面积的40%～50%，占餐饮总面积的21%，详见表7-1。

表7-1　　　　餐饮各部门面积比例表

部门名称	所占比例/%
餐饮总面积	100
餐厅	50
客用设施	7.5
厨房	21
仓库	10
清洗间	6.5
员工设施	3
办公室	2

3. 操作单元比例法

按照加工过程中的需求不同，不同的操作区域所占比例应该有所区分。其中，制作区所占比例最大，一般为30%左右；其次是加工区和切配区，各占到20%左右；备餐区占到10%；其他的总共占20%。

（三）餐饮生产场所空间布局

1. 布局原则

对餐饮生产场所进行科学布局的目的是保证产品生产空间合理，减少人力成本的浪费，保证产品质量，提升管理效率。在进行布局时，应遵循以下原则：

（1）环节连接顺畅。在厨房生产过程中，要经过原料申领、加工、切配、制作、出菜等连续环节，人员多、工种齐、流程复杂。因此，厨房布局设计要保证各个环节之间连接顺畅，提高产品制作效率。

（2）厨房各部门之间距离适宜，并靠近餐厅。为减轻员工的工作强度，便于管理者进行管理，厨房不同加工作业点之间的距离应比较近，如果有可能尽量安排在同一楼层。靠近餐厅是为了减少厨房到餐厅的传输距离，提高服务效率。

（3）设施设备配备齐全、布局合理。配备齐全、布局合理的厨房设施，不仅可以减少厨房人员的劳动量，降低人力成本，而且可以加快菜品制作速度，提高厨房人员的烹饪效率。

（4）创造良好的工作环境。厨房布局设计应充分考虑温度、湿度、照明、通风、噪声、空间大小、卫生条件、安全隐患等因素，为工作人员创造良好的工作环境，降低员工的流动率。

（5）设置科学的发展空间。在厨房布局中应有前瞻性，考虑餐饮企业经营目标与发展策略，为后续的规模扩建留下充足的发展空间。

小案例

厨房与餐厅的空间距离

苏北靠近山东的某一县级市修建了一座三星级饭店，由于种种原因，该饭店的厨房被置于距离主楼约50米处的另一幢建筑之内且这两处建筑之间没遮没盖。传菜时，菜肴直接同外界接触，外面天气状况直接影响了菜肴的温度，此饭店的餐饮质量因此难以得到保证。试分析厨房与餐厅的空间距离应怎样设计才合适。

分析提示：厨房与餐厅应尽可能被布置于同一平面之上且最好紧挨着。这对于菜肴传递的及时性、前后台间信息沟通的方便性及保证菜肴综合质量都是十分重要的。

资料来源：李勇平．餐饮服务与管理（第四版）．大连：东北财经大学出版社，2010：165.

2. 布局方式

厨房的布局方式按照空间不同，可以分为统一式、分区式以及二者结合式。

（1）统一式。统一式是指厨房将所有的加工区域布置在同一个空间内，各工序之间相互配合，完成生产。这种方式的优点是空间大，透明度高。不足之处是在工作过程中相互之间容易受到影响。一般中小型酒店多采用这种方式。

（2）分区式。分区式是指将不同的环节安排在独立的空间内，分工明确。这种方式虽然解决了彼此影响的情况，但却造成了空间浪费，成本增加，并且会影响各个环节的配合速度。

（3）二者结合式。二者结合式是既有独立空间，又有统一空间，一般是将加工间、切配间、冷菜间进行分割，其余的在统一空间完成制作。相对来讲，此种方式既节省了空间，也提升了工作效率。

参考资料

厨房布局类型

厨房布局应根据厨房结构、面积、高度以及设备的具体规格进行设计。通常，厨房设备布局可以参考以下几种类型。

（1）直线型布局。直线型布局适用于高度分工合作、场地面积较大、相对集中的大型餐馆和饭店的厨房。所有炉灶、炸锅、烤箱等加热设备均作直线型布局。直线型布局通常是依墙排列，置于一个长方形的通风排气罩下，集中布局加热设备，集中吸排油烟，每位厨师按分工相对固定地负责某些菜肴的烹调制作，所需设备工具均分布在左右和附近，因而能减少取用工具的行走距离。

（2）相背型布局。相背型布局是把主要烹调设备，如烹炒设备和蒸煮设备分别以两组的方式背靠背地组合在厨房内，中间以一矮墙相隔，置于同一排油烟罩下，厨师相对而站，进行操作。

（3）L形布局。L形布局通常将设备沿墙设置成一个直角形，通常把煤气灶、烤炉、扒炉、烤板、炸锅、炒锅等常用设备组合在一边，把另一些较大设备，如蒸锅、汤锅等组合在另一边，两边相连成一直角，集中加热排烟。

(4) U 形布局。厨房设备较多而所需生产人员不多、出品较集中的厨房部门，可按 U 形布局，如点心间、冷菜间和火锅、涮锅操作间。将工作台、冰柜以及加热设备沿四周摆放，留一出口供人员、原料进出，甚至连出品亦可开窗从窗口接递。

资料来源：马开良. 现代厨房管理. 北京：旅游教育出版社，2013：79－80.

任务实施

现代厨房运作管理的基本要点包括：

1. 设置科学的组织结构。餐饮企业应结合自身特点，设置科学的组织结构，确定所需岗位的名称、职责以及各个岗位之间的配合要求，确定厨房运行的组织基础。

2. 配备合理的厨房人员。依据组织结构设计，采用科学的计算方法，本着所配备人员充分发挥最大作用的原则，配备合理的厨房人员。

3. 选择合适的生产场所。结合自身实际情况，选择合适的场地、确定科学的面积作为厨房加工的生产场所，在满足加工需求的基础上，尽可能地节省成本。

4. 设计流畅的空间布局。在进行空间布局设计时，尽量缩短生产场所与经营场所之间的距离，减少厨房人员的劳动量。同时选择合适的内部布局方式，确保加工过程中各个环节的流畅性。

任务二　餐饮生产质量控制

餐饮产品，是指厨房生产加工出的各种菜肴、面点等多种产品。餐饮产品的质量反映了厨房人员的技能与管理水平，直接影响客源数量的多少，从而对经营利润造成影响。因此，对质量进行控制是餐饮产品管理的关键环节。

任务导入

最佳上菜时机

为了使菜品能够在最短时间内呈上餐桌，很多酒店对菜品的上菜时间与传菜速度、流程做出了严格的规定，从而使菜品把握最佳上桌时机，在食客面前绽放最美状态。泰州宾馆将凉菜按“提前上桌”“客人入座后上桌”以及“叫起后上桌”分成三类。这三类凉菜中的后两类均属于出品后不易久放的类型。最初，这两类凉菜均在客人入座后即上桌，但在经营中发现，很多客人入座后会先等人或聊天，等他们食用时，部分凉菜的品质已经发生了变化。为此，酒店将这批凉菜按出水变蔫或口感变差的速度重新划分：出品后 5～10 分钟才会出现变化的凉菜归为一类，客人入座后上桌；出品 5 分钟内就会变化的（如选用鲜活、现杀原料制成的凉菜）归为一类，客人叫起后上桌。重新分类后，投诉率明显降低。

资料来源：钱蕾蕾，等. 最新厨房管理案例精选. 济南：山东出版传媒股份有限公司，山东数字出版传媒有限公司，2015：152－153.

思考： 餐饮菜品质量的影响因素有哪些？

基础知识

一、餐饮产品生产质量概念

对餐饮产品生产质量概念的把握是控制餐饮产品生产质量的基础与前提。餐饮产品生产质量是指菜点的颜色、香气、味道、质感、装盘造型、出菜时间、营养卫生等所能带给客人的满足程度。这七部分相互影响，相互配合，构成了人们判断餐饮产品生产质量的重要因素。

（一）颜色

菜点的颜色是客人评判菜品的第一要素。蔬菜和水果中的主要色素包括叶绿素、胡萝卜素等，如果原料搭配不当，烹饪手法不科学，其本身的色泽在经过加工后会发生很大的变化。为了达到一定的效果，厨师在部分菜品的制作过程中不仅要注意颜色搭配，有时也会加入色素。因此，为了保证菜品质量，应尽可能地保持其本身的颜色，即使加入色素也应以天然色素为主，确保菜品色泽亮丽，搭配和谐，给人以视觉上的美感。

（二）香气

香气是菜点呈现在客人面前时散发出来的特殊气味通过嗅觉所给予人的感受，如蒜香味、酱香味等，这是菜点的第一层香味。第二层是当菜点进入口腔后，人们在咀嚼过程中所品尝到的香气。但是香气给人带来的感知会随着菜点制作时间的延长而减少，所以要注意菜点上桌的时效性，使香味在有限时间内充分发挥。

（三）味道

味道是菜点质量的核心，人们对菜点质量的评判主要取决于味道。菜点的味道有酸、甜、苦、辣、咸五种，五种味道相互结合又形成了其他味道。不同的菜肴有不同的味道，不同的客人对味道的偏爱也不相同，但一个地域往往具有共同的倾向，如湘菜偏辣、川菜偏麻、粤菜偏甜等。厨房人员要基于菜品的味道特点，结合当地客人的特殊需求，烹制出令人满意的菜点，提升人们对菜点质量的满意程度。

（四）质感

质感是指菜点与口腔接触时所产生的一种感觉。菜点质感包括韧性、弹性、脆性等，可以给人带来鲜嫩、松软、酥脆的感觉。菜点质感是由制作过程中的技艺、火候等决定的，厨房人员在生产过程中应注意最大限度地烹制出菜点本身应该具备的质感，满足客人在食物入口后对菜点的需求。

（五）装盘造型

漂亮的造型、精致的装盘会给人舒适的感受，能调节就餐氛围，增加客人食欲。菜点的形状与原料本身的形态、加工处理的方法以及装盘技能都有关系，厨房人员应注重提升刀工技艺，精心设计菜点造型，依据菜肴的颜色、档次、类别选择相匹配的器皿进行盛装，确保形象生动，装盘饱满，给人带来外观上的美感享受。

（六）出菜时间

出菜时间是指从厨房开始加工到菜品上桌客人进行品尝的时间。出菜时间与厨师的制作时间、装盘时间、传菜员的传菜时间以及服务员的上菜时间都有关系，时间越长，很多菜品（如铁板类、拔丝类菜品等）的口感就会受到影响。因此，餐饮企业应对菜品的出菜时间进行合理控制。

小案例

成都大蓉和餐厅控制热菜出菜时间流程

成都大蓉和餐厅规定：5 分钟内要出第一道凉菜，10 分钟要上完全部凉菜并走出第一道热菜，30 分钟则要走完菜单上的全部菜品，超过时间未上桌的菜将免费送给客人。为此餐厅制定了一套出菜流程，在原有出菜时间的基础上，每道菜还要再加快 15 秒。

出菜流程：

(1) 配菜。餐厅采取标准化配菜，所有菜品均在餐前配好，下单后只需把配好的原料拿到厨师面前即可。

(2) 炒制。以前厨房里用的炉灶都是烧煤的，一旦点起，火就不能停，所以厨师炒菜时，从原料下锅到调味装盘基本是一气呵成，出菜速度非常快。现在炉灶都改烧天然气了，开火、关火随意控制，所以有些厨师在调味时，会选择将锅端离火口，或者直接把火关掉，然后不紧不慢地下入各种调料，再继续上火翻炒。这个过程看似短暂，但几秒钟的时间就这么被白白浪费了。因此餐厅要求厨师在炒菜过程中，能不关火就不关，保证食材始终处于加热状态，尽量提升烧制速度，在这一过程中，至少能省出 3～5 秒。

(3) 装盘。菜品炒好后，就要开始装盘。很多砂锅师傅在装盘时会使用锅圈：将锅置于其上，然后再一勺一勺地舀入盘中，如此一来，几秒钟的时间又过去了。针对这一细节，餐厅对砂锅师傅们提出了新要求：如非特殊情况（比如一锅同时出三份菜品，且汤汁较多，端起装盘不方便），在装盘时尽量不要使用锅圈，直接将锅端起，快速盛装入盘。如此又能省 5 秒左右时间。

(4) 走菜。菜品装盘完毕，最后一个步骤就是走菜。以前餐厅会在大厅的餐台旁或是包间小窗口处设一个备餐柜，传菜员将炒好的菜品端至此处，再由看台服务员正式上菜。但有的时候，菜品端来时，服务员正在为客人斟酒或换碟，一圈走下来要花几分钟的时间，端来的菜品都堆在备餐柜上，待服务完毕、菜品上桌，成菜也早已失去了原有的热度。因此酒店要求传菜员直接将成菜端上桌，使其与食客以最快的速度“亲密接触”，这样做，不仅节省了上菜时间，还“解放了”服务员，使他们能专注于对食客的服务。

资料来源：钱蕾蕾，等. 最新厨房管理案例精选. 济南：山东出版传媒股份有限公司，山东数字出版传媒有限公司，2015：153－154.

（七）营养卫生

营养卫生是菜点制作的基本要求。现在的人们已经不仅仅满足于吃饱的状态，而是在安全、卫生的基础上更多地去追求营养搭配。因此，厨房人员在制作过程中应充分考虑食物营养成分的搭配比例，采用合理的烹调方法，从而使人们可以获得全面的营养。

二、餐饮产品生产质量流程控制

餐饮产品生产流程多，各个流程之间连续性强。从前期原料的采购、验收、库存、发放，到中期的初加工、配份、烹饪，再到后期的装盘、备餐、传菜、上菜，无论哪个环节出现波动和变化，都会对餐饮产品的生产质量造成影响。

（一）原料准备阶段控制

1. 采购阶段控制

采购人员应根据厨房、库房的申购单要求，严格按照原料采购标准进行采购，确保所购的原料质量达标，为菜点的制作和加工提供合格的原材料。

2. 验收阶段控制

验收人员要按照采购标准和申购单的内容验收供应商的原料，为原料的质量把关。没有制定采购标准的原料，应请专业人员进行检验，确认合格后再进行验收。

3. 库存阶段控制

验收合格的原料要进入厨房或库房进行贮存，库存管理员要明确原料所需的温度、湿度、光照条件，对原料进行分类贮存，定期进行检查，确保原料在库存阶段的质量保证。

4. 原料发放控制

库房管理人员根据领料单对原料的质量进行检查后，根据先进先出的原则进行发放，使进入厨房加工生产的原料质量合格，同时进行登记，并及时补充原料数量。

（二）原料加工阶段控制

1. 初加工控制

当原料从库房进入厨房后，厨房人员要先检查原料质量，合格的原料要经过清洗、宰杀、切割等才能用于再加工。为进行质量控制，应对清洁程度、宰杀形状、切割标准进行规定，并让员工学习，严格控制原料的再加工规格与形状，为菜点的优美造型做好准备（见表 7－2）。

表 7－2　　原料切割规格表

成品名称	用料	切割规格
笋片	罐装冬笋	长 5.5 厘米、宽 2 厘米、厚 0.2 厘米
鱼条	青鱼肉	0.8 厘米见方，长 5 厘米

资料来源：李勇平. 餐饮服务与管理（第四版）. 大连：东北财经大学出版社，2010：165.

2. 配份控制

配份是决定菜肴原料组成及分量的一道工序。在初加工结束后，厨房工作人员要对不同菜点按照菜肴配份规格表（见表 7－3）所规定的主料、辅料、规格、比例进行准备与称重，确保原料颜色协调、比例合适、营养搭配科学。随着菜肴的不断翻新和成本的变化，餐饮生产管理者还应及时测试菜肴用料比例，调整用量，修订配菜规格并且监督执行。

表 7－3　　菜肴配份规格表

菜肴名称	主料		配料		盛器规格	备注
	名称	数量	名称	数量		
玉环柱甫	元贝	12 粒	节瓜	1 250 克	10 人大盘	

资料来源：李勇平. 餐饮服务与管理（第四版）. 大连：东北财经大学出版社，2010：167.

3. 烹饪控制

烹饪制作是控制菜点质量的关键环节，为确保菜点的颜色、香气、味道等符合质量要求，餐饮企业要对菜品的操作规程、烹饪温度、加工时间等进行规定，并严格进行监督，切实执行。

（三）加工后期控制

1. 装盘控制

选择合适的器皿对制作的菜点进行装盘，确保美观大方，在合适的湿度与温度下存放，保持菜点的温度与色泽。

参考资料

食品名称	出品及提供食用最佳温度
冷菜	10℃左右
热菜	70℃以上
热汤	80℃以上
热饭	65℃以上
砂锅	100℃
啤酒	6℃～8℃
冷咖啡	6℃
果汁	10℃
西瓜	8℃
热茶	65℃
热牛奶	63℃
热咖啡	70℃

资料来源：李勇平．餐饮服务与管理（第四版）．大连：东北财经大学出版社，2010：165.

2. 备餐控制

备餐主要是对一些菜品的辅料和就餐需要的工具进行准备，餐厅应对其作出相关规定，确保备餐准确、及时。

3. 传菜控制

传菜前应让厨师长或领班检查菜点的质量，进行把关，确认合格后再由传菜人员传菜。传菜时速度要快，步伐要稳，确保菜点以最短的时间安全送至餐厅。

4. 上菜控制

餐厅服务人员上菜要及时规范、主动报菜名，对于食用方式独特的菜点，应进行介绍；对需要分菜的菜品，先将菜点进行展示，再进行分菜，分菜时要注意使所分菜点的形状美观、颜色协调。

总之，餐饮企业要想对产品的生产质量进行控制，就必须对涉及的每个流程进行管理，尽量使相关环节的控制实现标准化，并通过监督考核落到实处，从而切实保证菜点生产质量，提升客人的满意度。

三、餐饮产品质量控制的常用方法

在明确各环节质量控制的基础上，餐饮企业应采用科学的控制方法，确保餐饮产品质量的稳定。常用的控制方法有以下三种。

（一）明确岗位职责控制法

采用此种方法首先要对厨房生产的分工进行明确，厨房生产有切配、炒菜等主要工种，也有领料、打荷等辅助工种。针对不同的工种设置不同的岗位，各个岗位所肩负的职责也不相同。所有人应各尽其责，各个环节应有专人负责，厨师长要对整个厨房的生产负责，这样才能保证餐饮生产的正常运行和良性运转。同时，厨房内部各岗位责任应有主次，承担的工作职责也不均衡。例如，厨房可将原料高档、价格昂贵的菜肴制作或技术难度较大的工作交给头炉、头砧等重要岗位，既可以充分发挥厨师技术潜能，又可以明确责任，有效地防止质量事故发生。

（二）制定标准食谱控制法

标准化管理是餐饮产品质量控制的有效手段。烹饪是菜点制作过程的核心环节，是产品质量的重要影响因素，更应进行标准化管理。餐饮企业应对每一种菜品的原料名称、配比数量、制作工艺、成品样式、温度要求、盛装器皿要求等质量指标作出说明，通过文字、图片等形式进行展示，为菜点的加工制作提供依据。

按照以上要求制作出来的标准食谱既可以对烹饪人员的加工提供引导，也可以作为新员工的培训指南与学习材料，还为管理者对厨房人员进行考核提供了便利。标准食谱与普通食谱相比，还增加了菜品经济核算、成本数据等内容，有利于餐饮企业实现成本核算与控制。采用此种方法的关键在于标准食谱的制作要科学、合理、规范、量化度高、易于理解，这样才能发挥出最大的作用。标准食谱如表 7-4 所示。

表 7-4　　标准食谱

类别：　　　　　　　　　　　　　　　　　　　　　　　　编号：

<table>
<tr><td colspan="2" rowspan="2">食品名称</td><td rowspan="2"></td><td>生产厨房</td><td>总分量</td><td>每份规格</td><td>日期</td></tr>
<tr><td></td><td></td><td></td><td></td></tr>
<tr><td>数量</td><td>单位</td><td>用料</td><td colspan="2">日期：</td><td colspan="2">日期：</td></tr>
<tr><td></td><td></td><td></td><td>单位成本</td><td>合计</td><td>单位成本</td><td>合计</td></tr>
<tr><td></td><td></td><td></td><td></td><td></td><td></td><td></td></tr>
<tr><td></td><td></td><td></td><td></td><td></td><td></td><td></td></tr>
<tr><td colspan="7">合计</td></tr>
<tr><td colspan="4">菜肴的准备及加工步骤：</td><td colspan="3">特点及质量标准：</td></tr>
<tr><td colspan="4"></td><td colspan="3"></td></tr>
<tr><td colspan="4"></td><td colspan="3"></td></tr>
<tr><td colspan="4"></td><td colspan="3"></td></tr>
<tr><td colspan="4"></td><td colspan="3"></td></tr>
<tr><td colspan="4"></td><td colspan="3"></td></tr>
</table>

（三）重点控制法

重点控制法是针对餐饮产品生产面临某个重点环节、重大活动以及重点客情时所采用的控制方法。

1. 重点环节控制

重点环节控制是指在某一阶段内通过分析对菜品质量影响最大、最容易出现问题的环节，作为重要节点进行控制。例如新招聘的工作人员多，菜品质量下降，应控制的重点环节是加强培训、学习与考核；客人反映菜点热度不够，则应对传菜、上菜速度进行控制等。此外，大部分餐饮企业在菜品传菜前，都会指定厨师长对菜品进行质量检验，这就是采用的重点环节控制方法。菜品在不同生产阶段的影响因素不同，餐饮企业管理者应认真分析，找出重点环节进行控制。其中，对餐饮生产运转进行全面细致的检查和考核是前提。管理者可通过自查的方式，也可依据宾客意见征求表或当面询问就餐客人意见，对餐饮生产和产品质量进行检查。

2. 重大活动控制

重大活动控制是指餐饮企业在面临大型活动时，为了控制产品质量所采用的方法。大型活动可以检验菜点原料数量是否充足、产品质量是否合格、接待能力的强弱及服务质量的高低。因此，在大型活动进行时餐饮企业应根据客人需求，从菜单确定、原料储备、质量统一、规范流程管理等方面进行控制。重大活动控制法运用得当，可以提升餐饮企业的知名度，增加企业的影响力，从而增加客源数量。

3. 重点客情控制

重点客情控制是指针对餐饮企业的重点服务对象提供服务时，对菜点生产质量进行控制的方法，重点客情多是指身份特殊或者消费标准较高的客人。该种控制方法的关键点主要是保证菜点质量的同时，考虑客人的个性化需求，提供针对性的服务，努力提升客人的满意度。一方面，从菜点制作上，要尽可能做到设计新颖、构思独特，保证菜品制作全过程的安全、卫生，加强各个岗位和环节的监督和检查；另一方面，菜品出菜后，安排专人跟踪负责，在客人用餐后，主动征询意见，积累资料，以帮助今后改进工作。

任务实施

餐饮产品质量的影响因素很多，主要包括以下几方面：

1. 颜色。作为客人评判的第一要素，在加工过程中在保持本身色泽的基础上，应注意主料与配料之间的颜色搭配，增加菜品的美感。

2. 香气。香气是客人通过嗅觉所感受到的，应保证菜品上桌的及时性。

3. 味道。味道是客人评判的核心要素，应基于菜品自身特点，配以调味品，保证菜品的味道。

4. 质感。质感是菜品与口腔接触时带给人的感觉，在制作过程中应发挥出菜品具备的质感。

5. 装盘造型。装盘造型会影响客人的食欲，提升或降低人们对菜品质量的判断，应精心设计、选择与菜品匹配的器皿装盘。

任务三　餐饮产品成本控制

餐饮成本是指在一定时期内，餐饮企业生产和销售餐饮产品时所支出的各项费用总额。面对餐饮企业进入微利时代的现状，努力降低餐饮产品成本成为餐饮企业获取高额利润的有效手段，因此餐饮经营者应对餐饮成本进行有效的管理和控制。掌握成本核算及编制餐饮营业日报表和月报表即是控制餐饮产品成本的有效方法。

任务导入

某餐厅2015年10月份的营业记录如下：当月营业收入92 400元；食品原料期初（9月末）余额11 000，本期内进货额38 000元，原料期末余额即账面库存额17 500元；经盘点，实际结存17 200元，库外存货月初额1 590元，月终额1 385元；本期转入烹调用酒950元，转出酒吧用原料500元，余料销售收入130元，为酒吧准备食品用料560元，职工购买原料收入480元，宴请餐用原料920元；2015年9月份营业收入72 500元，食品成本30 750元，2014年10月份营业收入83 450元，食品成本31 290元。

请根据上述记录编制该餐厅当月成本报表，并做分析。

基础知识

一、餐饮成本概述

（一）餐饮成本类型

按照不同的标准划分，餐饮成本可分为以下几种类别：

1. 固定成本、变动成本和半变动成本

（1）固定成本。指产品销售量发生变动时不会随之发生增减变化的成本，其绝对额一般相对稳定。在餐饮企业中，固定成本主要由部分企业管理费用、固定职工工资和设施设备折旧费等构成。

（2）变动成本。指随着产品销售量的变动而相应发生正比例增减变化的成本。其大小通常取决于产品销售量的多少，并且与产品销售量同方向、成比例地发生变动。餐饮经营中的变动成本主要有食品成本、酒水成本、洗涤费用等。

（3）半变动成本。指随着产品销售量的变动而相应发生变动的成本，但其与销售量之间不按照正比例关系发生变化。半变动成本通常既包括固定成本，也涉及变动成本，在餐饮企业中主要表现为人工总成本和水电费用等。以人工总成本为例，餐饮企业的员工可以分为两大类：一类为关系稳定的固定员工，如管理人员、炉灶厨师、主要服务岗位人员、收银员等，该类人员人数在餐厅业务量正常波动范围内保持稳定，员工工资属于固定成本；另一类是在餐饮经营旺季时临时雇用的员工，如厨房的初加工人员、传菜员等，其人数随着餐厅业务量的变化而变化，员工工资属于变动成本。

2. 可控成本和不可控成本

（1）可控成本。指在短期内可以改变或控制其数额的成本。变动成本多为可控成本，如餐饮管理人员通过变化菜品份额或加强原料采购、验收、贮存等方面的控制，可以降低食品成本。有些固定成本和半变动成本也为可控成本，如通过延长固有维修期，可降低餐厅维修费用。

（2）不可控成本。指在短期内无法改变的成本。固定成本多为不可控成本，如餐厅租金、设备折旧等都无法立即改变其数额的大小。

3. 标准成本和实际成本

（1）标准成本。指在正常和高效率经营情况下，餐厅按照标准菜谱计算出来的成本，常见的有每份菜的标准成本、分摊到每位客人的平均标准成本、标准成本总额、标准成本率等。标准成本是制订餐饮成本计划和经营预算的基础，也是产品定价的依据。

（2）实际成本。指餐饮企业在经营过程中实际消耗的成本，将实际成本与标准成本进行比较，能评估管理人员控制成本的好坏。标准成本与实际成本之间的差额称为成本差异，实际成本小于标准成本，为顺差，反之则为逆差。

4. 单位成本和总成本

（1）单位成本。指单位平均成本，如每杯饮料成本、每客菜肴成本等。

（2）总成本。指各项单位成本的总和。例如，某家中餐厅购入一块牛腰肉，用于生产牛排，购入价格为65.5元人民币，如果整块牛腰肉在一天之内全部用于生产，则总成本就是65.5元，如果该牛腰肉被分割成13份，则每客单位成本为5.04元。

（二）餐饮成本构成

由于各餐饮企业提供的餐饮产品、设施设备和服务方式均有所不同，餐饮成本涉及的具体内容也存在差异。一般来说，餐饮成本主要由原材料成本和营业费用两部分构成。在国际惯例中，成本和费用通用，指的是全部支出。

1. 原材料成本

原材料成本即餐饮产品的直接成本，指餐饮成品中具体的材料费，包括主料成本、配料成本、调料成本和饮料成本，是餐饮业务中最主要的支出，一般占餐饮产品总成本的45%左右。原材料成本构成比较复杂，管理不当极易造成损耗和浪费，餐饮企业必须实施有效的控制。

2. 营业费用

营业费用即餐饮产品的间接成本，指餐饮经营中所消耗的一切费用，包括人工成本和经常费两大类。人工成本主要指在餐饮经营过程中对员工支出的薪资、奖金、食宿、培训和福利等，是营业费用中最主要的组成部分，占到餐饮产品总成本的20%左右。特别是随着我国餐饮市场竞争日益激烈，各餐厅为了提高菜肴质量，高薪聘请厨师已经成为餐饮竞争中的重要手段；经常费则包括租金、水电费、设备装修的折旧、利息、保险、税金和其他杂费等，这部分费用多为不可控成本。

“微利时代”的中国餐饮业成本构成

餐饮业业绩日渐下滑一方面来源于国家政策给予的压力，另一方面更多的是由当今餐饮业的环境现状所造成。餐饮行业早已进入微利时代，而“四高一低”就是餐饮业最现实的问题。人工、房租、能源及原料成本高导致了餐饮利润的降低，使很多餐厅难以承受，每年有15%左右的餐厅面临倒闭。

以快餐业为例，中国吃网调查数据显示，我国快餐行业2011年的税前利润率为15%，明显高于美国快餐行业的税前利润率水平（3%），也高于全球快餐行业的税前利润率水平（8%）。与全球快餐业的一般水平及发达市场美国相比，中国快餐业的人工成本在餐饮业中仅占15%，低于全球的22%和美国的26%。我国的租金成本和原材料成本占比则相对有所偏高，其中我国原材料成本占比为45%，而全球快餐企业原材料占比一般为41%，美国快餐企业原材料占比一般为31%；我国租金成本占比为10%，全球快餐业一般租金水平为8%，美国餐饮企业租金水平则为7%。

资料来源：http：//www.chinairn.com/news/20140421/145629847.shtml.

（三）餐饮成本特点

1. 变动成本比重大

食品原材料成本和营业费用中的部分物料消耗都属于变动成本，在餐饮成本中占有较大比重。这些成本和费用随着销售量增加呈正比例变化，因此餐饮企业在经营过程中应减少打折次数和幅度，以保证企业的正常利润。

2. 可控制成本较多

餐饮企业除租金和设施设备折旧费以外，其他大部分的成本和费用都为可控成本，餐饮企业管理者可通过加强管理和控制，短时间内降低该部分成本。

3. 成本泄漏点多

成本泄漏点指餐饮企业在经营过程中已经出现的或可能造成的成本流失现象。从食品原料的采购、验收、库存到加工、烹饪等餐饮整个经营活动的过程来看，每一道环节都存在成本泄露的可能，因此餐饮企业除做好各环节的细致化和规范化操作外，还应加强对关键岗位的监督和控制。

二、餐饮成本核算与成本报表

餐饮成本核算过程即餐饮企业通过每日、每月的统计、盘点和调整，编制出食品和饮料的日、月报表，从而为成本分析提供准确数据。

（一）成本核算

1. 成本核算的组织形式

餐饮企业根据管理体制不同，产品成本核算主要有两种组织形式：一种是由餐饮部门负责成本核算，部门内设餐饮成本会计，厨房设成本核算员，成本会计直接为财务部门提供成本核算报表，这种形式多见于国有企业；另一种是由财务部门负责餐饮成本核算，财务部设餐饮成本会计，厨房设成本核算员，成本核算员归属于餐饮成本会计管理，直接为成本会计提供核算资料，之后由成本会计编制成本报表，大多数餐饮企业都采取该种形式。

2. 成本核算的前期准备工作

进行成本核算前，餐饮企业首先要做好成本核算的前期准备工作，这决定了餐饮成本核算是否准确。具体准备工作包括以下三个方面：

（1）餐饮原始记录的收集整理。餐饮原始记录是正确进行成本核算的依据，餐饮企业需要从原料采购、验收、储存、领料、发料、生产、销售等一系列环节综合考虑，建立完善的原始记录制度。原始记录的整理主要指对原材料进货发票、领料单、盘存单、转货单、原材料消耗报告单、生产成本记录册、生产日报表等纸质凭证的收集。

（2）衡器的使用。核算食品原材料成本时需要配备各类不同的衡器，以帮助厨房准确计量各种食品原材料的消耗。厨房中使用的衡器主要有四种：一是天平秤或电子秤，用于贵重原材料的计量；二是台秤，用于大宗原材料的计量；三是量杯，用于调味品的计量；四是案秤，主要用于一般原材料的计量。在使用过程中，厨房工作人员要掌握不同衡器标明的量度和灵敏度，并做好定期检查，加强保养，防止误差发生。

（3）成本核算数据的处理。餐饮成本核算建立在对食品原材料的计量、计价以及单位成本计算的基础上，因此数据处理要精确，并遵循一定规则，以便为成本控制提供客观依据。餐饮产品成本核算过程中，一般采用以下三种数据处理方式：第一，有效数据的使用。有效数据是以实测或原始记录作为依据而提供的数据，比较准确。餐饮成本核算中，一般不允许使用估算数据，以保证成本核算数据的有效性。第二，尾数的处理。数据尾数有价值尾数和重量尾数两种。价值尾数处理一般到分为止，分以下的成本尾数按照四舍五入的方法，进位到分。对于价格较高的餐饮产品，其尾数也可保留到角。重量尾数处理一般到克为止，克以下的重量单位按照四舍五入法，进位到克。第三，对成本误差的处理。成本误差分为绝对误差和相对误差，前者为实际值和标准值之间的差额，用绝对数表示。后者为绝对误差和标准值之间的比率，用相对数表示。计算公式如下：

绝对误差＝实际值－标准值

相对误差＝（实际值－标准值）/标准值×100%

3. 成本核算的方法

餐饮产品成本核算的基本原则是以厨房实际领用的原材料计算已售出产品耗用的原材料成本。根据厨房产品加工方式和种类、数量的不同，餐饮产品成本有不同的核算方法，主要有以下四类：

（1）顺序结转法。指根据产品生产步骤来核算成本，即依次将上一步骤成本转入下一步骤的方法，适用于分步加工、最后烹制的餐饮产品。例如以牛肉为原材料的菜肴，加工牛肉得到分档原料，先计算出分档原料成本，分档原料经过再加工得到烹调时的净料，而后将分档原料成本结转为净料成本。净料在烹饪时再加上配料和调料，最后净料成本和调料、配料成本共同转入菜肴总成本。

（2）平行结转法。该方法也是根据产品的生产步骤来核算成本，但在生产过程中，原材料成本是平行发生的，原材料加工一步到位，形成净料或直接使用的食品原材料，计算时只需将各个生产步骤的原材料成本相加，即可得到该产品成本。例如鱼香肉丝的制作，只需分别计算出里脊肉、笋及各种配料和调料的成本，然后相加，即可得到该产品成本。

（3）订单核算法。指按照产品生产的批量或客人订单数量核算成本。批量产品，如包子、点心、酱肉等，应先核算出每批产品各种原材料成本，然后相加，即可获得批量产品成本。客人订单，如宴会订餐、团队包餐等，成本核算应以订单为基础，先核算出每桌原材料成本，然后相乘相加即可核算出同份订单在一定时期内的总成本。

（4）分类核算法。指按照产品类别和档次核算成本的方法，主要适用于类别多样、品种丰富的零点餐厅。具体做法是按照类别、性质、原材料和加工方法的不同，将原材料成本分成不同档次和类别，在每一档次和类别中，按单位产品用量分别核算其主料、配料和调料成本，然后相加，核算出单位产品成本。

参考资料

西餐厅餐饮食品成本的核算

依据西餐厅餐饮食品成本产生的原因，可将西餐厅餐饮食品成本分为三大部分：

一是正常经营直接带来经营收入的餐饮食品成本，此成本作为核算餐饮食品成本率的依据。

二是不能直接带来经营收入的餐饮食品成本，此种情况包括：部分管理人员用餐（即工作餐）；内部宴请；免费赠送客人；部分活动就餐人数不确定带来的备料浪费；活动部分免单等。

三是内部人员消费。

核算办法：依据会计期间西餐厅所产生的全部餐饮食品成本扣除上述第二部分产生的餐饮食品成本及第三部分内部人员消费后得出上述第一部分成本为餐饮食品成本率核算依据。餐饮食品收入以西餐厅实际餐饮食品收入扣除内部人员消费收入为依据。餐饮食品成本率＝正常经营餐饮食品成本（即第一部分成本）/（实际餐饮食品收入－内部人员消耗收入）×100%。

资料来源：孟庆杰，李正喜，刘颖．餐饮服务与管理．北京：首都经济贸易大学出版社，2011：233.

（二）成本报表

餐饮企业完成成本核算后，下一步工作即是将食品饮料的消耗情况编制成成本报表，以便及时帮助管理人员了解食品饮料的成本消费额，核实库存，避免食品饮料成本的泄露。小型餐厅一般只需每月进行一次食品饮料成本核算，大型餐饮企业还需要进行日成本核算，以便于及时检查企业经营情况。

1. 食品成本日报表

（1）食品日成本计算方法。食品日成本包括直接采购原材料成本和库房发料成本两部分。直接采购原材料购入后直接发送厨房，购入时即被算作成本，所以需要计算出每日直接采购原料的总额，这一数据可从验收日报表的直接采购原材料总额中获取；采购后直接送入库房的原材料是在发料时计入成本，所有原材料都需要凭借领料单领取，所以只需将所有领料单上的总额相加即可获得每日库房发料总额。在实际工作中，个别原料会在部门之间调换，因此相应的原材料成本额也需要做出调整，该部分调整额以调拨单数据汇总为依据。同时员工用餐、招待用餐、菜肴开发试验用料等杂项成本也应减去，并转入经营费用或管理费用。食品日成本具体计算公式如下：

$$\text{食品日成本净额}=\begin{matrix}\text{直接原料}\\\text{采购额}\end{matrix}+\begin{matrix}\text{库房发料}\\\text{成本额}\end{matrix}+\begin{matrix}\text{转食品的}\\\text{饮料成本额}\end{matrix}-\begin{matrix}\text{转饮料的}\\\text{食品成本额}\end{matrix}-\left(\begin{matrix}\text{职工用餐}\\\text{成本额}\end{matrix}+\begin{matrix}\text{招待用餐}\\\text{成本额}\end{matrix}+\begin{matrix}\text{其他杂项}\\\text{扣除额}\end{matrix}\right)$$

说明：实际运作中，部分原材料不是按日采购，从库房领出的原材料也不一定能够当日用完，因此有时日成本净额的计算会偏离实际的原材料使用情况，相关人员需要对成本的消耗情况进行累计，通常从当月 1 日开始，累计日子越长，数据的精确度就会越高。另外，饮料酒水的日成本净额与食品日成本净额计算方法一致。

（2）餐饮营业日报表。餐饮营业日报表是食品成本日报表和销售日报表的结合，可以完整准确地反映出餐饮企业的成本消耗情况和餐厅就餐客人数、营业额以及平均消费额等产品销售情况。餐饮企业管理者可以据此对餐饮成本进行更好的管理和控制。

下面以某家餐厅为例，具体介绍餐饮营业日报表的基本信息（见表 7－5）。

表 7－5　　餐饮营业日报表

星期：日　　日期：3 月 25 日

		总额/元		本日	总额/元
食品成本消耗	直接原料采购额	2 921.34	食品销售状况	销售额： 午餐 晚餐 就餐人数： 午餐 晚餐 平均消费额： 午餐 晚餐 食品成本率	18 802.56 7 949.64 10 852.92 420 186 234 44.56 42.74 46.38 17.10%
	库房发料成本额	1 456.56			
	转食品的饮料成本额	29.26			
	转饮料的食品成本额	40			
	职工用餐成本额	644			
	招待用餐成本额	226			
	其他杂项扣除额	282			
	本日食品成本净额	3 215.16		本月累计销售额：476 433.38 本月累计食品成本率：31.15%	
	本月累计成本额	14 840.90			

2. 食品成本月报表

（1）食品月成本的计算。食品月成本计算主要包括库存额的计算和采购额的计算。库存额根据对库存的实际盘点获得，为保证成本额计算的准确性，库存盘点额应该包括库房的库存额和厨房的库存额两部分。采购额的计算则来源于月末对验收单数据的汇总。如果餐饮企业不止一个厨房，每个厨房的成本都应分别核算，以便更好地将成本控制责任下派到各部门。

参考食品日成本的计算，食品月成本的计算方法如下：

$$\text{食品月成本净额}=\text{月初库房库存额}+\text{月初厨房库存额}+\text{本月库房采购额}+\text{本月直接采购额}-\text{月末库房库存额}-\text{月末厨房库存额}\pm\text{成本调整额}-\text{各项扣除额}$$

（2）成本调整额。餐饮企业出现的成本调整额主要有以下几种情况：

1）转食品的饮料成本额。各厨房向酒库或酒吧领取的用于制作菜肴的酒水成本额，应分别加在各厨房的食品成本额中，并从酒库或酒吧的饮料成本额中扣除。

2）转饮料的食品成本额。各酒吧向食品库或各厨房领取的用于调酒的配料和跟酒小吃的成本额，应分别加在各酒吧的饮料成本额中，并从食品库房和各厨房的食品成本额中扣除。

3）各厨房之间相互调拨的原材料成本额，根据实际调拨情况进行各厨房和仓库成本的增减。

（3）各项扣除额。餐饮企业根据经营要求需要额外支出一定费用，但不计算在对客销售的餐饮产品成本额之中。这些扣除额包括：第一，员工用餐成本。原材料总消耗中包括了员工用餐的材料部分，因此该部分成本应从餐饮营业成本中扣除。第二，招待用餐成本。餐饮企业常需要招待与餐厅业务有关的各界人士，这部分开支可计入各部门的企业管理费用或营业费用中。第三，菜品开发试验用料。餐厅推出创新菜肴时，往往采取品尝的方法吸引消费者，这部分原材料成本不计入营业费用。第四，赠客的水果、饮品。餐饮企业为了联络客人、增加客源，经常会免费赠送水果或饮品，这些费用应计入餐饮推销费用。

（4）餐饮成本月报表。完整的餐饮成本月报表应能够准确反映出餐饮企业近一个月消耗的餐饮原材料总额、各项成本调整额和扣除额，计算出近一个月的食品成本净额、月营业收入总额和实际成本率。下面以某家餐厅为例，具体介绍餐饮成本月报表的基本信息（见表 7-6）。

表 7-6　　　　餐饮成本月报表（5 月份）

制表日期：　　年 6 月 3 日

项目	食品/元		饮料/元	
月初库房库存额	326 317.04		254 637.15	
月初厨房库存额	153 561.41		86 244.86	
本月库房采购额	212 820.30		147 018.29	
本月直接采购额	174 126.06		—	
月末库房库存额		271 655.40		257 536.72
月末厨房库存额		181 104.50		123 764.73
本月食品饮料总消费额	414 064.91		106 598.85	
转食品的饮料成本	12 549.57			
转饮料的食品成本			4 270.03	
赠客水果		9 290.33		
赠客饮料				10 719.92
招待用餐/饮品		21 430.67		3 058.88
职工用餐		84 158.34		3 288.81
其他各项扣除额		8 807.16		4 246.90
扣除总额		127 956.53		33 846.08
月净额成本	298 657.95		77 004.80	
食品饮料净营业收入		755 759.95		289 818.59
标准成本率		35%		25%
实际成本率	39.52%		26.57%	

三、餐饮成本分析与控制

（一）餐饮成本分析

餐饮成本分析是指对餐饮企业实际的经营成果与提前预定的标准进行比较，发现成本控制过程中存在的各种问题。通过成本分析，管理者可以正确评估餐饮成本的控制效果，发现餐饮成本发生中的各种泄漏点，并采取有效措施和方法堵塞漏洞，从而提高成本控制水平。

1. 餐饮成本分析的内容

通过有效的成本分析，餐饮企业要解决以下问题：

（1）成本差异比较。通过比较本期成本与历史成本、标准成本与实际成本的差异，判断成本发生额的性质。

（2）揭示造成成本差异的环节和责任。

（3）分析造成成本差异的原因，以便对症下药、加强控制。

2. 餐饮成本分析的方法

成本分析的基本方法是比较法，即标准食品饮料成本率与实际食品饮料成本率的比较，其中实际食品饮料成本率可以从餐饮食品日报表和月报表中获得，标准食品饮料成本率的确定和计算需按照以下步骤完成。

（1）标准食品饮料成本率的确定。首先，使用各种确定标准成本的工具和数值，包括标准菜谱、每客菜肴标准分量和每客菜肴标准成本等；其次，标准成本率的确定需持续一段时间，时间越长，结果越准确，比较也就越有意义；再次，各种菜肴的食品成本率各不相同，标准成本率应是所有菜肴食品成本率的加权平均值。

（2）标准食品饮料成本率的计算。

例如：已知某餐厅甲乙丙丁四种菜品 5 月 1 日至 5 月 20 日的销售量、单价及每客成本，请计算每类菜品的成本率及该餐厅菜肴的标准成本率（标准食品饮料成本率计算过程中，相关的销售量数据可从消费者账单、收银记录和销售记录本等资料中获得）。如表 7-7 所示。

表 7-7　标准食品成本计算表

项目		销售量				合计
		甲	乙	丙	丁	
日期	1/5	12	15	35	20	
	2/5	18	21	41	18	
	3/5	24	23	42	24	
	4/5	20	16	38	16	
	5/5	15	15	30	26	
	6/5	18	18	37	18	
	……					
	20/5	16	21	40	15	

总销售量	247	286	585	319	
售价/元	49.00	111.50	23.50	29.50	
销售额/元	12 103.00	31 889.00	13 747.50	9 410.50	67 150.00
每客成本/元	13.20	33.50	9.50	8.50	
成本总额/元	3 260.40	9 581.00	5 557.50	2 711.50	21 110.40
食品成本率/%	27.0	30.0	40.4	28.8	31.4

该餐厅标准食品成本率的计算过程如下：

1）售价指各种菜肴的实际价格，销售额是各种菜肴的销售量与售价的乘积。例如，甲菜肴的销售量是247客，售价为49.00元，甲菜肴的销售额是：

247×49.00=12 103.00（元）

2）每客成本指单独销售菜肴的每客标准成本，或包括几道菜肴在内的一份客饭的标准成本。

3）成本总额指按照售出客数计算的每种菜肴成本总额。例如，甲菜肴的每客成本是13.20元，共售出247客，则甲菜肴的成本总额是：

13.20×247=3 260.40（元）

4）单个菜肴标准食品成本率是以每客成本除以售价得出。例如甲菜肴的标准食品成本率是：

13.20/49.00×100%=27.00%

5）通过加权平均，计算得出标准食品饮料成本率，即食品成本总额除以食品总销售额。本例中，标准食品成本率是：

21 110.40/67 150×100%=35.6%

通过加权平均最终得出的标准食品饮料成本率是餐饮企业应努力追求的目标。经过比较，如果实际食品饮料成本率接近标准食品饮料成本率，说明企业成本控制工作有效，可取得最佳经济效益。行业内普遍认为实际成本率与标准成本率之间的差异为1%～2%时，属于正常范围。

3. 分析成本差异产生的原因

成本差异指实际成本数额与标准成本数额之差。餐饮企业引起成本差异的原因包括正常原因和非正常原因两类。

（1）正常原因是餐饮企业由于经营方式调整或不可抗力而产生的成本差异，属于正常现象，如销售结构发生变化、企业改变会计记录程序和财务报表编制方法、餐饮原料价格突然大幅度提升、营业费用增加等。

（2）非正常原因是餐饮经营中由于管理和控制不当而造成的成本差异，如原料进货过多、验收和保管不当、领发料制度执行不严格、存在浪费和偷盗现象、每客菜肴分量不均、未按标准菜谱生产等。管理者应查明责任所在，积极采取措施，努力缩小成本差异。

（二）餐饮成本控制

成本控制是餐饮成本管理的关键。针对引起成本差异的各种原因，制定相应的改进措施，从而减少餐饮成本的不合理支出，是餐饮成本管理的根本任务。根据餐饮成本的构成，餐饮成本控制主要包括原材料成本控制、人工成本控制和经常费控制三个方面。

1. 原材料成本控制

（1）食品原材料成本控制。食品原材料成本是餐饮产品的主要成本，其成本大小主要由原材料采购、库存和生产三个环节决定，所以原材料成本控制的主要内容就是对食品原材料的采购、库存和使用环节的控制。

1）采购成本控制。采购是餐饮原材料成本形成和控制的起点，采购成本控制是在采购预算安排和采购进货原始记录的基础上完成的。一方面，采购预算安排中的各种原材料的采购数量和规定价格构成标准采购成本；另一方面，采购完成后入库验收的进货发票和原始记录构成实际采购成本。两者之间形成成本差额，表现为价差和数差。产生价差的原因通常由市场物价变动或采购人员对价格控制不严、高价进货造成的；数差则可能是由于计划数量制定不合理、实际进货数量过多或过少造成的。管理人员一般应以月度为基础进行差额分析和成本控制，在查明原因的基础上，有针对性地提出解决办法，从而实现采购成本控制。

小案例

招标会方式控制鱼翅采购成本

北京湘君府饭店在购入贵重货源如鱼翅时，为找出最合适的一家供货商，需召开一个小型的招标会。会前，调查组的成员先要确定跟供货商谈判的底价，方法是调查组在一周之内要抽出3～4天时间，去市场上调查这种鱼翅的价格，得出一个平均值，这就是鱼翅的市场价。另外，调查组还要从市场上采集回一部分样本，测出鱼翅的平均出货量。招标会上要找至少5家供货商，每个供货商提供一部分样品，5个样品分别秘密标上“1号鱼翅”“2号鱼翅”等，在验货时就没人知道到底几号是哪家供货商的。每个样品当场发制，与调查组测出的平均出货量作个比较，然后从中选最诚信而且价格也还说得过去的一家。选定以后就跟供货商签订3～5年的合同（签这么长时间是因为这种贵重原料如果换厂家太频繁，就会导致质量有波动）。合同中规定，供货商在供货前，要先交一部分押金在酒店（新签约的供货商按规定是50万元，如果信誉还可以，就可以降低到30万元），这部分押金是为了防止意外发生。例如：酒店临时急用一批鱼翅，而备货已经不够，在这种紧急关头，如果供货商送来的货验收不合格，就势必给酒店造成损失，那么这部分损失就会从押金里扣除。但这笔押金并不妨碍酒店给供货商月月结清账款。每个月结账的好处一是可以提高酒店信誉，供货商大多会比较珍惜这个机会，保证送货质量；二是使得账目清楚，有利于更好地控制成本。

资料来源：http：//9512.net/read/6678f558c781ea28d2a6d8bf.html.

2）库存成本控制。库存成本控制建立在每月盘点的基础上，目的是有效控制库存资金占用，加快资金周转。餐饮企业在库房管理中，首先要根据对原材料库存资金占用计划的编制，形成库房标准成本占用。接下来，随着厨房生产和餐厅销售业务的增加，库存原材料不断采购入库和发货，到了月底，管理人员再通过库房盘点掌握实际的库存余额及资金占用，并分析实际占用与标准占用之间的差额。库存成本控制在分析价差、数差和成本差额的基础上，要重点控制那些价格高、存量大的原材料的库存资金占用。为此，管理人员要明确指出重点控制的原材料品种和适用的控制方法，如调拨处理、暂停进货、先进先出等，从而迅速减少库存资金占用，实现库存成本控制。

3）生产成本控制。生产成本控制的实现以厨房为基础，以食品原材料为对象，并以实际成本消耗为依据。厨房餐饮产品花色品种众多，各种菜品需要事先制定标准成本（即前述“每客成本”），同时每天做好生产和销售的原始记录，根据分析得出实际成本，两者之间通过比较确定成本差额，接着寻求生产管理中存在的成本消耗问题并分析原因，最后提出改进措施。根据企业经营要求，生产成本控制可以逐日、逐周、逐月进行。成本差额分析以成本率差额为主，通常情况下应控制在1%～2%，如果发生偏差，管理者应及时查明原因，对成本率差额太大的菜品的实际成本消耗采取必要控制措施。例如改进原材料加工方法，提高净料率；控制成品菜肴配料、调料的使用，降低烹调加工损耗等。

（2）饮料成本控制。与食品原材料相比，饮料具有保存期较长、生产程序比较简单、易于携带等特点，所以饮料与食品的成本控制方法有所不同，餐厅常采用的饮料成本控制方法有以下三种。

1）消耗量控制。即对照销售数量来控制库存量。首先统计一定时期的饮料销售数量，计算出饮料的标准消耗瓶数。接下来盘点库存量，得出饮料的实际消耗瓶数。最后两者之间进行比较，实现对实际消耗量的控制。

2）潜在销售额控制。即根据实际消耗的饮料数量计算出餐厅应得的营业收入，也就是潜在销售额。如果实际销售额小于潜在销售额，说明餐厅有部分饮料的消耗没能产生收入，就需要查找原因，封堵漏洞。根据常见饮料销售方式的不同，潜在销售额计算方法有三种：

A. 整瓶销售潜在销售额=（实际消耗瓶数－应扣除项目消耗瓶数）×每瓶标准单价

例如：某中餐厅上日结存燕京啤酒160罐，本日领料230罐，今日结存140罐，其中用于招待宴请25罐，燕京啤酒售价为5元/罐，其潜在销售额为：

（160＋230－140－25）×5＝1 125（元）

$$\text{B. 零杯销售潜在销售额}=\left(\begin{matrix}\text{每瓶}\\\text{容量}\end{matrix}-\begin{matrix}\text{每瓶允许}\\\text{流失量}\end{matrix}\right)\div\begin{matrix}\text{每杯}\\\text{容量}\end{matrix}\times\begin{matrix}\text{实际消}\\\text{耗瓶数}\end{matrix}\times\begin{matrix}\text{每杯标}\\\text{准售价}\end{matrix}$$

例如：俄罗斯伏特加每瓶容量为40oz，零杯销售每杯容量是2.0oz，售价是16元，某餐厅酒吧本日消耗3.25瓶俄罗斯伏特加，每瓶允许流失量为1oz，则该酒本日的潜在销售额为：

（40－1）÷2×3.25×16＝1 014（元）

$$\text{C. 混合销售潜在销售额}=\left[\frac{\left(\text{零杯售价}\times\text{销售份数}+\text{混合销售价格}\times\text{销售份数}\right)}{\left(\text{零杯每杯容量}\times\text{零杯销售份数}+\text{混合饮料每杯容量}\times\text{混合饮料销售份数}\right)}\right]\times\left(\text{每瓶容量}-\text{允许流失量}\right)\times\text{实际消耗瓶数}$$

例如：金酒以零杯和配制成鸡尾酒两种形式进行销售，每瓶金酒容量为 32oz，允许流失量为 1oz，金酒实际消耗 25 瓶。其中以金酒为主要原料的干马提尼酒，需要 2oz 金酒，0.5oz 干味美思酒，另加冰块搅匀，用红樱桃装饰。每杯金酒容量为 1.5oz，售价 16 元，配制成鸡尾酒后售价 20 元，每杯容量 1.8oz，本月金酒零杯售出 240 份，干马提尼酒售出 280 份，其潜在销售额为：

$$[(16\times240+20\times280)/(1.5\times240+1.8\times280)]\times(32-1)\times25=8\ 467.59\ (\text{元})$$

3）标准成本控制。即先算出饮料消耗的净成本，再根据实际营业收入和标准成本率计算出标准成本额。

2. 人工成本控制

人工成本控制即是对餐饮生产、经营的总工时数和工作人员工资总额进行控制。现代化餐饮企业的经营应从生产实际和技术水平出发，合理确定定员编制，并以此为依据控制餐饮用工人数，保证工资总额稳定在合理范围内。其中有效分配工作时间与工作量，并施以适时、适当的培训是控制人工成本的最有效途径。

（1）用工数量控制。用工数量的控制即是对工作时间和总工时数的控制。餐饮企业首先应做好定额编制，根据定额要求确定用工人数；其次应加强对员工的管理，尽量减少缺勤工时、停工工时、非生产和经营工时等，提高员工出勤率和工时利用率。

（2）工资总额控制。餐饮管理人员应逐日记录每人每班的工作情况，将实际工作时间与标准工作时间进行比较和分析。如果评估发现薪资成本过高，不符合营运效益时，餐饮企业可采取下列措施降低工资总额：用机器代替部分人力劳动，工作简单化，改进分配结构，加强团队合作精神的培训等。

3. 经常费控制

餐饮企业经常费以可控成本为主，员工如果没有节约能源的习惯，会造成许多物品和能源的浪费，如水、电、纸巾等；员工不熟悉机器设备的使用方式，也会增加修理次数和企业负担。因此，管理者可通过加强餐厅的日常经营管理实现对经常费的控制，例如：教育和培训全体员工，使他们重视并掌握节约能源和正确使用机器设备的方法；经常对员工的节能工作和效果进行检查；帮助厨房和管事部制定节能措施等。

任务实施

1. 计算领用原料成本

该餐厅 10 月从仓库领用的原料及直接进料的食品成本

＝本期原料总额－原料期末余额（每月最后一天仓库存货额）

＝（原料期初余额＋本期内原料进货额）－原料期末余额

=（11 000 元+38 000 元）−17 500 元

=31 500 元

2. 物账差额月终调整

根据仓库盘存结果，该餐厅当月实际结存额小于账面库存额，差额 300 元，应计入食品成本；库外存货月终额小于月初额，差额 205 元，同样应计入食品成本。经过二次调整，食品原材料成本为：

食品成本=31 500 元+300 元+205 元=32 005 元

3. 专项调整

经过专项调整后所得的原料成本即为当月的月终食品成本。

餐厅月终食品成本=物账差额月终调整成本+从酒吧转入原料成本−转出由酒吧或其他部门消耗的原料成本−余料出售收入−为酒吧准备食物的成本−职工购买原料收入−宴请餐成本−其他杂项扣除额

=32 005 元+950 元−500 元−130 元−560 元−480 元−920 元

=30 365 元

4. 计算食品成本率

食品成本率=30 365 元/92 400 元×100%=32.86%

5. 编制食品成本月报表

根据上述计算，即可编制食品原料成本月报表，供餐厅管理者参考。具体如表 7－8 所示：

表 7－8　　餐饮成本月报表（10 月份）

制表日期：2015 年 11 月 3 日

项目	食品/元	
原料期初余额	11 000	
本期原料进货额	38 000	
实际原料期末余额		17 200
库外存货月初额	1 590	
库外存货月终额		1 385
本月食品饮料总消费额	32 005	
转食品的饮料成本	950	
转饮料的食品成本		500
余料出售收入		130
厨房间调拨原料成本		560
职工用餐		480

续前表

项目	食品/元	
招待用餐		920
其他各项扣除额		—
扣除总额		2 590
月净额成本	30 365	
食品净营业收入		92 400
标准成本率		35%
实际成本率	32.86%	

6. 食品成本月报表分析

为了使本期数据更有指导意义，餐厅应把它们与去年同期和上期的数据进行比较，以更好地检查本期经营效果。如表 7－9 所示：

表 7－9　2015 年 10 月食品成本率的同比、环比数据

时间	2015.10	2015.9	2014.10
营业收入	92 400 元	72 500 元	83 450 元
食品成本	30 365 元	30 750 元	31 290 元
食品成本率	32.86%	42.41%	37.50%

由于餐厅认为去年同期的食品成本率 37.5%基本符合要求，那么在菜单内容、操作规程和营业量等条件大致相同的情况下，本期 32.86%的食品成本率低于标准成本率，应视为控制效果较好。原因在于：上期（2015 年 9 月）餐厅营业效果不佳，成本率较高，餐厅采取了一系列措施，如控制成本、加强推销、提高营业量等加以改进。实践证明，10 月份的成本率大大低于 9 月份，说明餐厅各项改进措施颇为有效，应该成为今后经营管理中的永久性措施。

资料来源：汪焰，董鸿安．餐饮服务与管理（第二版）．上海：华东师范大学出版社，2015：203－204.

项目小结

本项目通过三个任务实施过程介绍了现代厨房的运作、餐饮生产质量的控制以及餐饮产品生产成本的管理。其中，现代厨房的运作需要了解餐饮生产活动的基本特征、组织结构设置和人员配备。控制餐饮生产质量的重点在于掌握餐饮产品生产质量流程的控制和质量控制的常用方法。生产成本控制是本项目的重点，主要内容为餐饮产品成本的构成、成本核算和成本控制方法。

思考与练习

1. 餐饮生产活动的基本特征有哪些？

2. 厨房人员数量的确定方法有哪几种?
3. 餐饮生产场所如何布局?
4. 餐饮产品质量控制的常用方法有哪些?
5. 餐饮成本主要由哪几部分构成?
6. 餐饮成本核算的常见方法有哪几种?
7. 餐饮企业可从哪些方面加强成本控制? 如何进行?

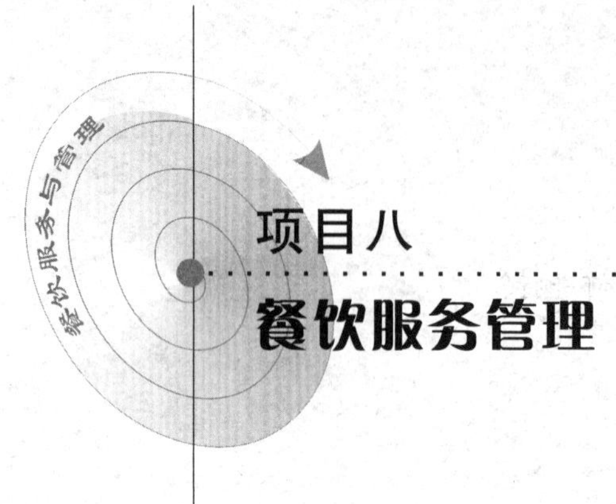

项目八 餐饮服务管理

学习重点和难点

1. 餐饮服务环境的构成；
2. 餐饮服务环境的设计与布局技巧；
3. 服务质量构成要素；
4. 餐饮服务质量的控制方法；
5. 质量监督检查的内容；
6. 处理投诉的原则及流程。

技能点

1. 能够根据餐厅特点，分析餐饮环境和布局的优缺点；
2. 掌握餐厅服务质量监督控制技巧，能够根据控制方法分析常见问题出现的原因；
3. 根据所学理论技巧，能够处理常见餐饮投诉问题；
4. 根据餐厅的具体情况，制定质量检查表。

引 例

个性服务彰显魅力

一年夏天，某机关客人在当地一大型饭店包房就餐，服务员小于正热情地招待客人，由于是常客，小于对客人的饮食习惯非常熟知，对客人的服务非常有针对性。其中有位客人喝白酒出汗非常厉害，当时虽然屋内开空调，且提供的面巾都是凉的，但仍抑制不住汗流满面，于是细心的小于赶忙将客人的面巾洗净后，把冰块包裹在内，既保证了温度，又保证了就餐的顺利进行。客人满意地点点头说："还是你们饭店的服务员好啊，真是太细心了！"随后宴请主人感觉非常有面子地说："在这我始终能够享受到尊贵的服务，非常超值！"

事后饭店餐饮部在班会上对此事进行了表扬，小于却谦虚地说："做好服务工作是我的职责，这都是我应该做的！"

思考：学习本案例后我们受到的启示是什么？

【解析】

高质量的餐饮服务能够为客人带来良好印象，可以提高客人再次光临餐厅的概率。因此服务人员要在保证服务标准的基础上，提供个性化服务，提高客人在餐厅的就餐质量。

任务一　餐厅服务环境设计

餐厅服务环境是指餐厅向宾客提供服务的场所，环境的设计与布置是餐饮企业档次高低的标志，是餐饮企业提高竞争力、吸引回头客、增加餐厅收入的重要保证。

任务导入

Windy 的店堂布局

Windy 是美国三大快餐集团之一，在全世界范围内拥有数千家连锁店，提供以汉堡包、三明治、炸薯条为主的快餐食品与服务。

该店总体形状为长方形，占地面积约 8 000 平方米。主要使用的建筑材料是砖、木板与玻璃。该店面向公路，两侧十分开阔，后面有近 70 个停车位。该店侧面还设有一个驶入式外卖窗口，为汽车驾驶者提供方便（他们不用下车就可通过该窗口买到食品和饮料）。

店内共设有 98 个座位，其中包括 15 个四座位桌、2 个三座位桌、9 个双人座位桌和 14 个单人座位桌。就餐大厅的家具以橡木制成，装饰有十分漂亮的图案。天花板为扇形，上面悬吊着许多绿色植物。就餐大厅中设有服务柜台，提供餐巾、吸管等小物品，还设有装垃圾的不锈钢罐。大厅边上设有自动饮料服务器，顾客可根据需要自行得到饮料，无须排队购买。就餐大厅占整个快餐厅一半不到的面积。顾客必须在等候服务区（由几列栏杆组成的通道）排成单行队，依次等候到服务台前购买食品。服务台后便是厨房区，所有食品加工设备及设施均摆放在此。从厨房还可以直接看到前面的服务台。厨房区再靠后便是仓库储藏区（包括冷冻室、冷藏室和干藏区）、管理员办公室、员工休息室及员工培训室。仓库区有一个后门，专供接收食品原料用。

资料来源：汪焰，董鸿安．餐饮服务与管理（第二版）．上海：华东师范大学出版社，2015：111.

思考：该餐厅的店堂布局体现了哪些先进的经营理念？哪些值得中式餐饮企业学习？

基础知识

一、影响餐厅服务环境设计的因素

餐厅服务环境一方面包括了餐饮经营服务中的硬件设施，主要指餐厅的外观、内部营业厅、厨房、员工工作环境的规划以及凡是能够影响服务水平和沟通是否通畅的任何设备设施；另一方面还包括许多无形的因素，例如通过服务所营造的具有一定氛围的餐饮服务环境，具体包括餐厅的清洁卫生环境、人文环境和文化环境等（见图 8-1）。

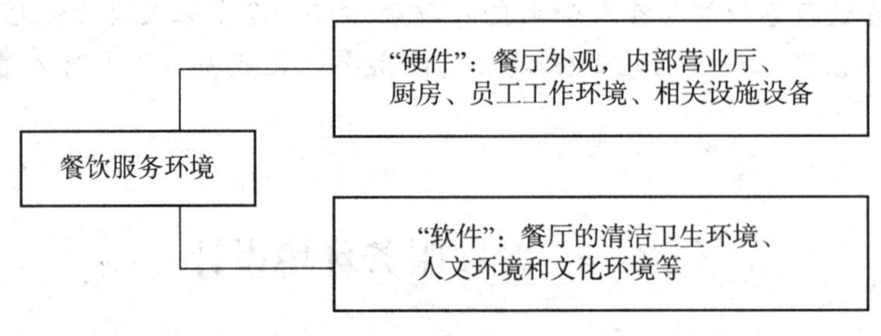

图 8-1 餐厅服务环境

（一）餐厅的市场定位

不同的客人对就餐环境的要求不一样，餐厅首先应该了解并确定自己的目标顾客，根据他们的需求来布置餐厅，确定环境的基调和主题。

（二）餐厅的建筑结构

餐厅等营业场所的建筑结构各不相同，布置安排时应因地制宜，服务设施的安排、服务路线的设计都要与现有的建筑结构相协调。

（三）餐厅的服务方式

服务方式需要相对应的环境来配合，例如，中餐和西餐无论是对装潢、气氛，还是对家具、餐具都有不同的要求，又如美式服务、法式服务等服务方式，对餐厅布置与餐具选择都不相同。

（四）餐厅的档次和规格

尽管餐厅的档次和规格由很多因素决定，但经营者在心目中必定有自己的市场定位，谨慎地选择目标市场。例如，从消费水平角度看，是选择吸引一般消费水平的宾客还是高消费水平的宾客，确定之后不仅有利于投资决策，而且也从某种程度上决定了餐厅的布置与安排。

小案例

为何没有理想的生意？

20 世纪 90 年代中期，上海一家著名的五星级饭店在宁波市中心接管了一家旋转餐厅，接管方按星级饭店的思路对就餐环境进行了包装，产品的定位为高档星级饭店产品，开门营业了一段时间之后，却经常是门可罗雀，令人大失所望。经过仔细的调查，发现宁波这个市场钟情于中、低档餐饮消费，消费者心中的旋转餐厅就应该是这个档次的定位。试分析该餐厅如何定位才能有理想的生意。

提示：

1. 分析餐厅营业地的社会大环境；
2. 分析同行餐厅的经营状况，做好餐厅定位，提倡错位经营；
3. 在内部装修、产品定位上尽可能适应所在地的消费需求。

资料来源：李勇平．餐饮服务与管理（第四版）．大连：东北财经大学出版社，2010：223.

（五）餐厅的地点和位置

不同类型的餐饮场所对位置的选择是不一样的，布置与安排也不相同。例如，咖啡厅通常要靠近大厅，一般用自然采光，在布置上要求简洁、明快，餐具要简单实用。中餐宴会厅在布置上要求金碧辉煌，热情隆重，装饰上体现中华民族传统特色，摆台讲究，餐具精致且豪华。

（六）企业的资金能力

毫无疑问，资金是决定餐厅布置、设备选择的主要因素之一。资金能力不强，会制约餐厅的环境布置和设备的购买。

在以上所列的影响服务环境安排和布置的因素中，餐厅的市场定位、企业的资金能力、餐厅的建筑结构三项因素最为重要。餐厅经营人员应根据具体情况，分清主次，做好餐饮服务环境的布置与安排。

二、餐饮服务场所的设计与布局

适当的餐厅设计有助于餐厅产品的销售，而且能产生一种吸引力，使得客人乐意到设计良好、装潢有特点的餐厅消费。因此，一家餐厅开始营业之前的设计与规划非常重要，尤其是对餐厅以何种方式经营、格调如何、空间与店面的规划设计、家具设备的配置、动线的安排、灯光与照明的选择、色彩的运用、空调与音响的安装等方面都必须经过周密的考虑，树立特殊的风格，使宾客乐意到这家餐厅用餐，这样这家餐厅的设计就算成功了。

理想的餐饮环境设计应具有如下特点：

第一，吸引力强，能吸引并招徕宾客到餐厅用餐。

第二，风格独特，能给就餐宾客留下深刻的印象。

第三，特色鲜明，能体现本餐厅经营产品的特色。

第四，富有诱惑力，能吸引客人在本餐厅多消费。

（一）餐厅内部空间、座位的设计与布局

餐厅内部空间的处理是指根据各类餐厅的规格、功能特点及其具体位置条件，运用各种处理手段，对餐厅进行空间布局。出色的空间布局是科学性与艺术性的有机结合，既要利用现代科学技术，使室内温度、湿度、光线、色彩、空间比例适合实际需要，使人感到优雅舒适，还需充分利用室外景观及各种家具设备，进行恰到好处的组合设计，即根据具体餐厅空间的大小和特点，恰当地按内在比例关系进行空间布局处理，最终达到点、线、面、空间的整体美感，产生安静舒适、柔和协调的艺术效果。

如图 8－2 所示，根据功能不同，餐厅空间布局主要包括宾客空间、管理空间和公用空间三部分。餐饮企业管理者应充分把这些具有不同功能的空间以科学的手法进行组合，要充分考虑客人的安全性与便利性、营业各环节的机能及实用效果等因素。

对餐厅空间的处理应分清主次，突出主题。首先，突出宾客需求，一切装饰布置都是

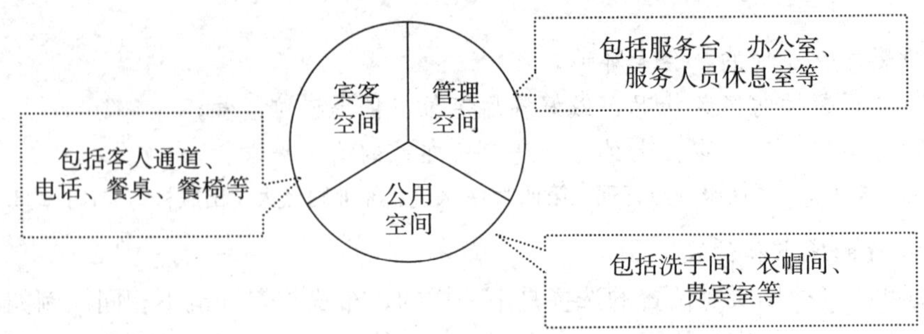

图 8-2　餐厅布局功能划分

为宾客餐饮活动服务的，应有助于宾客心情舒畅和对餐饮食品的品尝效果，装饰布局、灯光色彩的运用应围绕宾客进餐这一主题。如果装饰过于繁杂，色彩灯光让人眼花缭乱，就会分散客人的注意力，降低食品吸引力。其次，突出主桌、主席位，以正面墙壁装饰为主，对面墙次之，侧面墙再次之，餐桌照明强于餐厅其他的照明。

餐厅的餐桌、餐椅配置和安排，应以餐厅的档次、面积及经营性质来确定。餐桌、餐椅的布置应按照适用、协调、统一的原则，构成一个系统，在布置时要注意以下因素：第一，餐桌餐椅的外观形式，如立式、柜台式、卡式等。第二，餐桌餐椅的功用形式，如茶座用、零点就餐用、宴会用等，均应体现各自的功能。第三，餐桌餐椅的布置形式，如集中式、分散式、纵式、横式、纵横交错式等。第四，餐桌餐椅的餐别形式，如中餐、西餐、中西结合等。第五，餐桌餐椅的大小形式，如一人式、二人式、三人式、四人式、多人式等。

参考资料

餐桌的设计

如何确定两人桌、四人桌或多人桌的数量比例？这不仅涉及餐厅的整体布置效果，而且还涉及餐座的利用率。四人桌同时供四人使用时，其利用率是100%，但当只有两人用餐时，其使用率就下降一半，这种情况下，乍看是满座，实则利用率不高。因此，各种大小不同的餐桌的配置就值得研究。据调查，一般进入餐厅就餐的客人中，成双成对者占50%，独自一人就餐者占30%左右，三人或三人以上者占20%。一般零点餐厅的餐桌应以两人桌为主，这种两人桌最好采用标准尺寸的方形桌，这样两人桌能随时变为三人桌、四人桌，拉开翻板又可增加人数。

（二）餐厅动线的安排

餐厅动线是指客人、服务员、食品与用具在餐厅内的流动方向和路线。客人动线应以从大门到座位之间的通道畅通无阻为基本要求。一般而言，餐厅中客人的动线采用直线形，避免迂回绕道，任何不必要的迂回曲折都会使人产生一种人流混乱的感觉，影响或干扰客人进餐的情绪和食欲。餐厅中客人的行走通道要尽可能宽敞，动线以一个基点为准。

餐厅中服务人员的动线长度对工作效率有直接影响，原则上越短越好。在服务人员动线安排上，注意一个方向的道路作业动线不要太集中，尽可能除去不必要的曲折。可以考虑设置一个“区域服务台”，既可存放餐具，又可缩短服务人员行走路线的距离。

（三）餐厅的色彩与照明

餐厅环境装饰离不开色彩与照明。良好的色彩应用和照明效果能产生完美的室内空间气氛，从而增进宾客的舒适感和愉悦感。

装饰布置的色彩搭配，应根据不同场合的需要进行。例如，暖色使人们更喜欢交际，可增强食品的吸引力；但在夜总会，宾客希望逃避现实，装饰布置用冷色就比较好。使用冷色、淡色可使餐厅显得宽敞一点；深色、暖色可使餐厅显得紧凑一些；柔和色彩则能营造幽静的气氛。一般来说，明亮的光线和暖色能促进血液循环和肌肉活动，从而有助于消化，因此餐厅中的颜色应以暖色为主。

1. 餐厅环境色彩处理

色彩对于人的情感有着极大的影响作用，不同的色彩给人不同的感受，它可以使人感到愉快、恬静、兴奋，也可以使人感到恐惧、冷漠。

按色彩给人的心理感受可以将其分为暖色调和冷色调两种。暖色调给人以温暖、兴奋、光明等感受，如红色、橙色、黄色。冷色调给人以寒冷、沉静、寂寞等感受，如蓝色、绿色、紫色。不同的色彩也会对人的心境起着不同的作用：红色可起到振奋、激动的作用；黄色可起到欢快、刺激的作用；橙色可起到兴奋、活跃的作用；绿色可起到宁静、轻松的作用；蓝色可起到自由、镇静的作用；紫色可起到优美、雅致的作用。

不同类型的餐厅宜使用的色彩见表 8－1。

表 8－1　不同类型餐厅的色彩选择

餐厅类型	适宜选用的色彩
豪华餐厅	宜使用较暖或明亮的颜色，可使用暗红或橙色。地毯使用红色，可增加富丽堂皇的感觉。
正餐厅	可使用增进食欲的色彩，如橙黄、水红、青莲等。
中餐厅	一般适宜用暖色，以红黄为主调，辅以其他色彩，以创造温暖热情、欢乐喜庆的气氛，迎合就餐者热烈兴奋的心理要求。
西餐厅	可采用咖啡色、褐色之类，色暖而较深沉，以创造古朴、稳重、宁静的气氛。也可采用乳白之类，使环境明快且具有现代气息。
快餐厅	以明快为基调，因此以乳白、黄色等暖色调为宜，给人清新、畅快、舒适的感觉。

注：正餐厅相对于快餐厅而言，指以提供正式餐饮为主的餐厅。

不同的颜色不仅对人的心理和行为有不同的影响，同时，不同色彩还能够用来表达和体现宴会的主题。例如，在庆祝宴会中，选用红色为主色、黄色为辅助色，用来突显欢庆的主题；在商务宴会中，可选用主办单位标志的主色来突显企业形象。宴会厅应注意主色调的选择，颜色不宜过多，一般选择两种为宜，多了给人以凌乱之感，其他颜色应为辅助色。辅助色的选择应是与主色调同一色系的深浅变化，或在色谱中相邻的颜色。同时还要考虑季节的因素。正确选择和运用色彩，是餐厅气氛达到最佳效果的主要因素。

2. 餐厅环境照明设计

由于不同的餐厅有不同的装饰风格，因此餐厅照明与餐厅室内环境的装饰风格要相协调，以创造优美和谐的就餐环境。餐厅照明设计时要考虑光源形式，大致有三种，即自然光源、人工光源、自然光源与人工光源混合形式。餐厅采用何种形式的光源，受餐厅档次、风格、经营形式与建筑结构的制约。

灯光闪耀可增加食欲，鼓励宾客交谈；而光线暗淡，则便于宾客不受干扰。多使用烛光，可使宾客增加亲密感和神秘气氛。餐厅的灯光应避免出现黑色阴影，避免强烈灯光直接对准宾客。使用间接照明调和直接照明，会使宾客感到舒适。早餐时，应打造光线明亮、欢乐的气氛；午餐的气氛应是安静、休闲的；鸡尾酒会应有生动活泼的气氛；晚餐的气氛应富有浪漫色彩。

在中餐厅，为满足就餐者的传统心理要求，多采用人工光源，以金黄和红黄光为主，而且大多使用暴露光源，使之产生轻度眩光，以进一步增加热闹的气氛。灯具也以富有民族特色的造型见长，一般以吊灯、宫灯配合使用，要与餐厅的风格相吻合。西餐厅的传统气氛特点是静谧、幽静、雅致。为了适应西方人进餐时要求相对独立及较隐蔽环境的心理要求，西餐厅的照明应适当偏暗、柔和，同时应使餐桌亮度稍强于餐厅本身的亮度，以使餐厅空间感变小而增加亲密性。

（四）餐厅的温度、湿度和气味

餐厅中如能四季如春，不仅客人愿意停留其间用餐，而且也为员工提供了一个良好的工作环境。一般来说餐厅内的温度不是一成不变的，基本要求应是冬季暖和些、夏季凉爽些，保持室内温度25℃左右为宜。目前许多餐馆的经营往往忽略餐厅的湿度，餐厅如果过于干燥，顾客容易烦躁，尤其在北方或西北地区表现较为突出，这些地区一年中的降水量少、风沙又多，这种干燥少雨的气候特点对室内温、湿度会造成影响，尤其冬季更为明显，餐厅最佳湿度应为40％～60％。

表 8-2　　餐厅温、湿度参考标准

室外温度/℃	建议室内温度/℃	建议室内相对湿度/℃
25	23	65
26	24	65
28	24	65
30	25	60
32	26	60
35 或以上	28～29	60

资料来源：宋春亭，刘志全．旅游饭店饮食服务与管理．郑州：郑州大学出版社，2006．

餐厅中气味不佳也是中小餐馆的通病，这种现象会直接影响顾客的食欲，影响健康。有些餐馆一进门就会感到酒气熏天、烟味呛人，长期不换气、不清洁的混合气味会给顾客带来不同程度的反感，这样的餐馆虽然装修豪华，但却无法留住回头客。实际上顾客对气味的记忆要比视觉、听觉记忆更加深刻。芳香弥漫的餐厅会引起顾客的食欲，气味不正，必然会使顾客产生不良的反应和印象。

（五）餐厅的音响

饭店根据营业需要，在开业前就应考虑到音响设备的布置。音响设备包括乐器和乐队两方面。高雅的餐厅在营业时，有的会安排专业人员弹奏钢琴、小提琴等乐器，有的则播放轻松愉快的乐曲，也有的餐厅选择乐队现场演奏。根据会议要求，有时餐厅会场还要为宾客提供七种以上同声翻译的音响设备。作为餐饮企业管理者，可根据餐厅主题，按客人享受需要，在营业时增添必要的音响设备，以提高经济效益。

餐厅音响系统的调节与控制要注意如下几个方面的因素：

1. 音量的大小

餐厅就餐音乐属于典型的背景音乐，音量以不影响小方桌上面对面的两个人轻声讲话为宜。

2. 主题的选择

餐厅背景音乐的主题应以欢快、轻松为宜，这样能使就餐者在较松弛的状态下愉快地用餐；过于严肃的主题不适宜作餐厅背景音乐，试想如果在餐厅中播放贝多芬的《命运交响曲》或柴可夫斯基的《悲怆交响曲》，会是怎样的效果呢？

3. 节奏的快慢

餐厅背景音乐的节奏尤其是高档餐厅的音乐节奏应选用缓慢、舒坦、比较抒情的乐曲，忌用节奏感较快且又比较激烈的音乐，例如进行曲或者迪斯科等音乐类型就不适合在餐厅中播放。但个别情况下，餐厅如果想增加餐座周转率，可适当播放一些节奏较快的音乐。

小案例

星期五餐厅

T. G. I. Friday's 为全世界第一家美式休闲连锁餐厅。"Thank goodness，it's Friday!"（感谢上帝，终于是星期五了!），紧绷的神经终于获得释放，借由这个店名作了最佳的诠释。

T. G. I. Friday's 提供石磨全麦面包、鳄梨、豆芽以及墨西哥式开胃菜，有烤马铃薯、香酥马芝拉条、冰激凌等极受欢迎的餐点。T. G. I. Friday's 于 1995 年在北京成立第一家分店，首度将休闲餐饮的概念带进中国市场，自此掀起休闲式主题餐厅的风潮。位于上海衡山路上的星期五餐厅具有浓浓的美国乡土气息：柔和的粉色调灯光、鲜翠绿色的植物嫩叶、缓缓流动的仿古吊扇、红白相间的条纹台布、节奏明快的电视画面和舒缓的爵士乐营造了一种独特的气氛。餐厅还有珍贵而优雅的装饰物，每一件均由专人从世界各地的拍卖会及跳蚤市场搜集而来，令餐厅更具特色。

资料来源：汪焰，董鸿安. 餐饮服务与管理（第二版）. 上海：华东师范大学出版社，2015：220.

（六）餐厅的非营业性设施

餐厅中常设有非营业性公共设施，以便利客人，主要有以下三类。

1. 接待区

接待区的设立是为了在餐厅客满时，客人不必站立等候，可以在设备舒适的地方休息。接待区可提供给客人休闲设施，如电视机、报刊等，如有可能还可设立一个小酒吧。经常有小孩光顾的餐厅，还可在接待区设立儿童活动场地等。

2. 衣帽间

通常设在餐厅、雅间的进口处。

3. 洗手间

评估一个好的餐厅是从洗手间开始的，因为任何人都可以由洗手间的整洁程度来判断该餐厅对于食物的处理是否符合卫生，所以要特别重视。洗手间的设置应注意：洗手间应与餐厅设在同层，避免客人上下楼不方便；洗手间的标记要清晰醒目；洗手间切忌与厨房连在一起，以免影响客人食欲；附设的酒吧应有专用的洗手间。

任务实施

Windy餐厅的厅堂布局体现了美式快餐经营管理的几大理念：

（1）就餐区面积相对较少（前后台面积之比为1∶1），后台面积相对较大，这与其大量的外卖服务相关。

（2）后台设置专门的员工培训室与休息区，体现了管理方对员工素质提高和生活条件改善的关注，也表明了餐厅严格区分客用区和员工区的管理理念。

（3）驶入式外卖窗口的设置，说明此类顾客在Windy餐厅的客源市场中占有相当大的比例（约占50%），这也代表了未来快餐业必须重视此类顾客的发展趋势。

（4）Windy餐厅采用单队列排队等候而不是国内多见的分散多队排队，使顾客进入餐厅后无须为考虑加入哪一队而烦恼，体现了服务的公平性，也客观上提高了工作效率。

（5）自动饮料服务器的设置，节省了劳动力成本，加快了服务速度。饮料服务器搬出厨房，也减少了厨房操作的复杂性，节省了厨房空间。

重视员工、做好市场定位、体现服务公平性，应是我国快餐企业在今后环境布局方面重点考虑的因素。

任务二　餐饮服务质量控制

餐饮经营是一个复杂的整体运作系统，客人对服务的需求多种多样，无论餐饮管理多么完善，都不可能百分百地让客人满意，客人的投诉是不可避免的。投诉会让我们失去一部分宾客，更会给酒店带来不好的声誉，所以对餐饮服务质量的管理非常有必要。

任务导入

晚上8点钟，一家火锅餐厅的服务员突然找到餐厅经理，称3号台客人在锅底里面发现了一只苍蝇，客人要求赔偿5万元，服务员不知道该如何处理。经理到现场后，对这一问题进行了妥善处理。

思考：1. 如果你是经理，你将如何处理这一事件？

2. 餐饮企业应如何加强服务质量管理？

基础知识

一、餐饮服务质量的特点和内容

餐饮服务质量是指餐饮企业以其所拥有的设施、设备为依托，为宾客所提供的服务在使用价值上适合和满足宾客物质及心理需要的程度。餐饮服务质量有广义和狭义之分，广义的餐饮服务质量包括餐厅的位置、环境、设施等可见部分，狭义的服务质量是指餐饮劳务服务的质量，它纯粹是由服务员的服务劳动所提供的，不包括以实物形态提供的使用价值。通常提到的餐饮服务质量是指其狭义概念。

（一）餐饮服务质量特点

1. 餐饮服务质量构成的综合性

餐饮服务质量的构成内容包括有形的设施设备及无形的劳务服务质量等多种因素，它的实现有赖于餐饮的计划、业务控制、设备、物资、劳动组合、服务人员的综合素质、财务控制与其他部门的协同配合，以及餐饮环境、餐饮营销策略、餐饮价格策略等多方面的保证与顺利运转。餐饮管理者必须树立系统观念，多方搜集餐饮服务质量信息，分析影响质量的各种因素，把餐饮服务质量管理作为一项系统工程来抓。

2. 餐饮服务质量显现的短暂性

餐饮产品现生产、现销售，生产与消费几乎同步进行。餐饮服务质量是由一次次的不同具体服务组成的，每一次具体服务的使用价值非常短暂，如微笑服务、点菜服务等，这些具体服务不能储存，一结束就失去了其使用价值，留下的只有客人的感受。短暂的时间限制对餐饮管理及其工作人员的素质是一个考验，要求餐厅员工做好每一次服务工作，争取每次服务都能让客人感到满意，从而提高餐饮的整体服务质量。

3. 餐饮服务质量内容的关联性

餐饮服务包含众多环节，从餐饮产品生产的后台服务到为宾客提供餐饮产品的前台服务，每个环节的好坏都关系到服务质量的优劣。

在餐饮服务质量管理中有一个流行的公式：100－1＝0，即100次的服务中，只要有1次服务令客人失望，客人就会全盘否定之前的99次优质服务，从而影响餐饮企业的声誉。餐饮企业各部门、各服务过程、各服务环节之间必须互相合作、协调配合，发挥集体的才智与力量，确保每项服务优质、高效，使服务全方位全过程“零缺点”。

4. 餐饮服务质量对员工素质的依赖性

餐饮服务质量依赖于餐厅员工的素质，餐饮产品生产、销售、消费同时性的特点决定了餐饮工作人员的表现与餐饮服务质量的直接关联性。餐厅的有形实物产品都是通过员工的无形服务送达顾客的，如客人在餐厅用餐，菜肴都是通过服务人员娴熟的服务技能、热情的服务态度呈现给顾客。餐饮服务质量满足客人需求的程度，取决于服务员素质的高低和管理者管理水平的高低。餐饮服务质量对员工素质有较强的依赖性，因此，餐厅管理者应对员工进行一系列的素质培训，不断提高员工的综合服务能力。

5. 餐饮服务质量评价的主观性

尽管餐饮企业自身的服务质量水平是客观存在的，但由于餐饮服务质量的评价是由顾客享受服务后，根据其物质和心理的满足程度做出的，因而带有很强的个人主观性。顾客的满足程度越高，其对服务质量的评价也就越高，反之亦然。实际上，餐饮管理者无法要求顾客对餐饮服务质量做出与客观实际相一致的评价，更不应指责顾客对餐饮服务质量的评价存在偏见，尽管有时的确存在偏见。这就要求餐饮管理者在服务过程中通过细心观察，了解并掌握顾客的物质和心理需要，不断改善对客服务的方式方法，提供有针对性的个性化、人性化服务，提高顾客的满意程度，从而提高并保持良好的餐饮服务质量。

（二）餐饮服务质量内容

餐饮服务是有形产品和无形劳务的有机结合，餐饮服务质量则是有形产品质量和无形产品（劳务）质量的统一，有形产品质量是无形产品质量的凭借和依托，无形产品质量是有形产品质量的完善和体现，两者相辅相成，构成完整的餐饮服务质量内容。

1. 有形产品质量

有形产品质量是指餐饮企业提供的设施设备、食物产品、服务环境的质量，用以满足顾客物质方面的需求。

（1）餐饮设施设备质量。餐饮企业是凭借其设施设备完成对客服务的，设施设备是餐饮企业档次的基础，也是餐饮劳务服务的依托，更是餐饮企业接待能力的反映，所以设施设备是餐饮企业赖以生存和发展的基础，是餐饮服务质量高低的决定性因素之一。餐饮企业的设施设备包括供应设施设备和客用设施设备。供应设施设备是指餐饮经营管理所需要的生产性设施设备，如厨房设施设备等。客用设施设备是指直接供客人使用的设施设备，如餐椅、吧台、餐具等。

（2）餐饮实物产品质量。餐饮实物产品质量是影响餐饮服务产品质量的重要因素，直接满足客人的物质消费需要，它主要包括菜点酒水质量、客用品质量、服务用品质量等。餐厅所提供的菜点酒水不仅要满足宾客最基本的生理需求，还应该从其色、香、味、形、器、质及营养方面满足宾客的要求，餐厅外购原材料和酒水，一定要按照采购质量标准进行采购；餐厅客用品指的是餐饮服务过程中直接提供给客人消费的各种生活用品，包括一次性消耗品和多次性消耗品，客用物品数量要充足，供应及时且安全卫生；服务用品包括托盘等，是提高劳动效率和服务质量的必要条件，要求品种齐全、性能优良、使用方便。

（3）餐饮服务环境质量。餐饮服务环境质量是指餐厅设施的服务气氛给宾客带来感觉上的享受和心理上的满足，包括餐厅的建筑、装潢、摆设等，使得客人在满足物质享受的同时，又能满足其精神需求。由于就餐者对餐厅的第一印象很大程度上是受餐饮环境气氛影响的，为了使餐厅能够产生先声夺人的效果，管理者应格外重视对餐饮服务环境的管理。

小案例

“吃的又不是环境”

一日，某销售公司经理王先生到Y市出差，准备晚上邀请客户出来吃饭谈生意。由于王先生是第一次来到Y市，对当地环境不是很熟悉，于是就找了一家外观看起来特别豪华的饭店，进行了预订。

晚上，王先生和客户来到这家饭店，服务员带领他们来到了预订的包房。一进包房，王先生就有种不舒服的感觉，这个包房装修过于陈旧，而且没有任何的装饰。这时，客户也一同进来了，王先生感觉特别尴尬，偷偷问服务员有没有档次高一点的包房，服务员回答说，这边都是统一规格。客户已经就座，王先生也不好再更换饭店，就只得坐了下来，点菜就餐。

用完餐之后，送走了客户，王先生在结账的时候把一肚子怒气都倒了出来：“你们这家饭店外观这么高贵，包房却如此陈旧，只做表面文章，不是欺骗顾客吗？今天实在是让我丢尽了颜面!”

服务员说：“先生，我们这的菜很有特色，再说，您吃的又不是环境。”

本来王先生就来气，服务员的话让王先生怒火冲天，叫来了经理投诉，最后经理出面道歉，安抚了王先生的情绪，给这顿饭打了个贵宾折才算平息。

思考题：

1. 案例中的王先生为什么怒火冲天?

2. 如果你是服务员，应该怎样处理?

资料来源：易红燕，李萍娥. 餐饮服务与管理. 天津：天津大学出版社，2011.

提示：餐厅环境的设计与布置是餐饮企业档次高低的标志，并且餐厅的整体装修与设计应保持一致，仅仅是外观看起来豪华而包房看起来陈旧，会使目标客户对餐厅失去信心。此时，服务员切不可与客人争辩，必须提供更加细致周到的服务，才能弥补环境带来的负面情绪。

2. 无形产品质量

无形产品质量是指餐饮企业提供的劳务服务的使用价值质量，即劳动服务质量，主要满足宾客心理上、精神上的需求。主要体现在以下几个方面：

（1）礼貌礼节和仪容仪表。礼貌礼节是以一定形式向对方表示尊重、谦虚、欢迎、友好等态度的一种方式，是餐厅的基本态度和意愿。餐饮服务员要求具有端庄的仪容仪表、文雅的语言谈吐和得体的行为举止，要时时处处表现出彬彬有礼、和蔼可亲、友善好客的态度，为宾客创造一种宾至如归的亲切之感。

（2）服务技能和服务态度。服务技能是指服务员掌握丰富的专业知识，具备娴熟的操作技能，并能在不同场合、不同时间对不同客人提供服务，而且还要有宾客至上的服务意识，能够主动、热情、耐心、周到地为客人服务。

餐厅员工服务态度的好坏是很多宾客关注的焦点，尤其当问题出现时，服务态度常常成为解决问题的关键，宾客可以原谅就餐过程中服务员出现的许多过错，但往往不能忍受餐厅服务人员恶劣的服务态度，因此服务态度是无形产品质量的关键所在，直接影响着餐饮的服务质量。

（3）职业道德和安全卫生。服务员的素质和责任感影响着餐饮的服务质量，可以说许多服务质量是否到位，取决于员工的良心和责任感，遵守职业道德是餐饮服务质量的最基本要求。餐饮员工应遵循“热情友好、真诚公道、信誉第一、文明礼貌、不卑不亢、一视同仁、团结协作、顾全大局、遵纪守法、廉洁奉公、钻研业务、提高技能”的职业道德规范，真正做到敬业、乐业、爱业和勤业。

餐饮的安全一般是宾客考虑的首要问题，而安全卫生是优质服务的基本要求，时刻保证餐饮安全是餐厅的重要责任，主要包括餐饮部各区域的清洁卫生、食品饮料卫生、用品卫生、服务员个人卫生等。此外，餐饮部在环境气氛上也要制造出一种安全的气氛，给宾客心理上带来安全感。

总之，上述有形产品质量和无形产品质量的最终评判取决于客人的满意程度。客人的满意程度指客人享受了餐饮服务后的感受、印象和评价，它是餐饮服务质量的最终体现，也是实现餐饮服务质量管理系统整体性提高的重要努力方面。

参考资料

餐饮企业的质量标准，包括菜点质量标准、服务质量标准和环境质量标准等。标准化已成为现代餐饮业营销的主要标志之一。例如，肯德基的顾客导向的质量标准体现在它向全球推广的“CHAMPS”（冠军计划），其内容为：

C（Cleanliness）——保持美观整洁的餐厅；

H（Hospitality）——提供真诚友善的接待；

A（Accuracy）——确保准确无误的供应；

M（Maintenance）——维持优良的设备；

P（Product Quality）——坚持高质稳定的产品；

S（Speed）——重视快速便捷的服务。

资料来源：https：//wenku. baidu. com.

二、餐饮服务质量的控制方法

（一）餐饮服务质量分析

餐饮企业管理者在对服务质量进行分析时，常采用 PDCA 循环法、圆形百分比分析图法、因果分析法、服务质量差距模型法等。下面简单介绍常采用的服务质量差距模型法、圆形百分比分析图法和 PDCA 循环法。

1. 服务质量差距模型法

服务质量差距模型也称 5GAP 模型，是 20 世纪 80 年代中期到 90 年代初由美国营销学家帕拉休拉曼、赞瑟姆和贝利等人提出的，专门用来分析质量问题的根源。将该模型运用到餐饮服务质量管理实践中来，可以帮助餐饮企业管理者理智地找出餐厅服务质量问题产生的根源，还能在此基础上帮助餐厅管理者有针对性地改进和提高餐厅服务质量。

差距模型的核心是顾客期望与顾客感知的服务之间的差距，要弥合这一差距，就要对 4 个差距进行弥合，即不了解顾客的期望、未选择正确的服务设计和标准、未按标准提供服务、服务传递与对外承诺不相匹配。餐饮企业努力缩小这些差距，就能提高餐饮服务质量。

2. 圆形百分比分析图法

餐厅通过随机调查顾客意见，统计得出百分比分析图。

例如，某餐厅在某个月随机调查了 100 位顾客对餐厅的意见，根据数据统计得出了百分比分析图（见图 8-3）。

从图中可知，该餐厅的顾客满意度较高，达到 74%，顾客对餐厅不满意的方面主要为服务项目单一、服务员服务技能不高、卫生状况差等。因此，该餐厅当前需要重点解决的服务质量问题是增加服务项目和提高服务技能。

3. PDCA 循环法

世界各国在质量管理中普遍运用 PDCA 工作循环的方法。PDCA 工作循环是指质量管理工作是一个不断循环的过程，这种循环按其管理阶段来划分，可分为四个阶段，即计划（Plan）、实施（Do）、检查（Check）和处理（Act）。

（1）计划阶段。这个阶段的工作内容包括四个步骤：

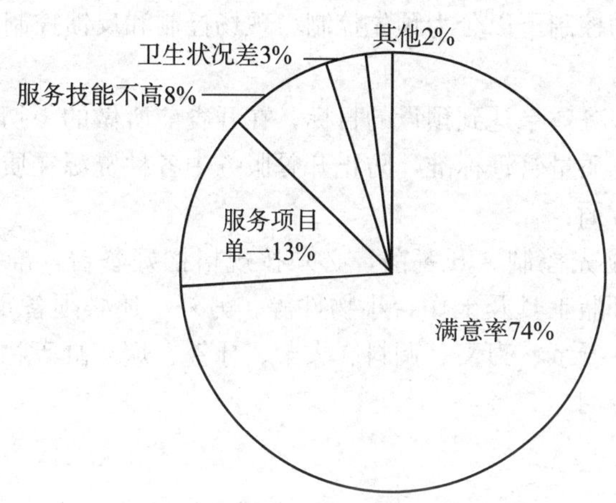

图 8－3　圆形百分比分析图例

第一步，分析现状，找出存在的质量问题。饭店可从劳务质量、设施质量等方面来分析现状，并找出存在的质量问题。如劳务质量中，服务人员的着装是不是统一、美观、大方；服务态度是不是热情、礼貌；服务方式是不是规范；服务技巧是不是熟练；服务项目是不是多样化等。在调查现状时，要注意掌握事实，用数据说话。如果问题很多，应当抓住几个主要问题作为突破口，优先解决。

第二步，分析产生质量问题的原因。产生质量问题的原因往往是多方面的，一般可归纳成五大类：人、设备、材料、环境和方法。分析时应注意对逐个问题、逐个原因进行评价分析。

第三步，找出影响质量的主要原因。影响质量问题的原因可能是多种多样的，但必须抓住主要的，作为解决问题的重点。

第四步，制订解决主要质量问题的措施计划。这一步骤很重要，所制订的措施计划要明确具体，切实可行。

(2) 实施阶段。这一阶段就是按照制订的措施计划严格执行，同时还要注意做好各种原始记录，及时反馈执行中出现的各种情况。

(3) 检查阶段。检查计划执行情况，看是否达到了预期效果。检查时要做到及时、认真、客观、公正，能真实地反映执行情况。

(4) 处理阶段。这一阶段主要是总结经验和教训。经过总结，把成功的经验纳入有关的标准、规范、制度中，使质量改进的成果得到巩固和扩大；失败的教训也可作为一种收获，总结到标准化和规范化管理中去，以免重犯错误。一时处理不了的遗留问题，需转入下个循环，并把它作为制定新的质量改进方法的依据，转到下个 PDCA 循环的第一个阶段中去。

至此，才算完成 PDCA 全过程，并可继续转入下一个 PDCA 过程，如此延续下去，成为无止境的 PDCA 循环运动。PDCA 循环法的特点是：循环不停地进行，每完成一个循环就提高一步，每次循环都有新的目标和内容，质量问题才能不断得到解决。

(二) 餐饮服务质量的控制方法

餐饮服务质量是餐饮企业生存和发展的基础。目前，餐饮企业多采用全过程质量控制法，即餐饮服务质量的控制可以分为预先控制、现场控制和反馈控制三部分。

1. 预先控制

预先控制是为使服务效果达到预设的目标，在开餐前所做的一切管理上的努力，其根本目的是根据餐饮服务质量管理标准，防止开餐服务中各种资源在质和量上产生偏差。预先控制包括以下几个方面：

（1）物资资源的预先控制。开餐前，必须按规格摆好餐台，准备好餐车、托盘、菜单、点菜单、订单、开瓶工具及工作台小物件等。另外，还必须备足相当数量的“翻台”用品，如台布、餐巾、餐纸、刀叉、调料、火柴、牙签、烟灰缸等物品。设施和用具要落实专人负责制，职责分明。

小案例

牙签盅迟到了

上午11点半，某酒店服务员正在做餐前服务准备工作。小王是新员工，刚来上班两天，她草草地做完了餐前准备工作，还没来得及检查，酒店就开始陆陆续续来客人了，小王开始忙着迎接客人。她在安排8号桌客人入座的时候，突然发现台面上少了牙签盅，她倒吸了一口气，客人点完了餐，她赶忙回到服务台，用托盘托了牙签盅来到客人桌前，紧张地小声说：“不好意思，牙签盅迟到了。”客人马上笑了起来：“原来牙签也会迟到啊。”小王顿时知道说错了，尴尬地说：“对不起，对不起，是我把牙签盅上迟了……”

资料来源：易红燕，李萍娥. 餐饮服务与管理. 天津：天津大学出版社，2011.

思考：这个案例中出现的问题与酒店的管理有何关联？

解析：服务员在开餐前务必做好餐厅预先控制，提前准备好每桌备品，同时准备好充足的“翻台”用品，避免出现“牙签盅迟到”的尴尬局面。

（2）人力资源的预先控制。餐厅应根据自己的特点，灵活安排人员班次，保证有足够的人力资源。凡是“闲时无事干，忙时疲劳战”，或者餐厅中宾客多而服务员少、宾客少而服务员多的现象，都是人力资源使用不当。开餐前，必须对员工的仪容、仪表作一次检查。开餐前，所有员工必须进入指定岗位，姿势端正地站在最有利于服务的位置上。女服务员双手自然叠放于腹前或自然下垂于身体两侧，男服务员双手背后或贴近裤缝线。全体服务员应面向餐厅入口等候宾客到来，给宾客留下良好的第一印象。

（3）卫生质量的预先控制。开餐前半小时应对餐厅卫生做最后一次全面检查，以保证餐厅给顾客带来舒适的环境和优质的服务，如餐厅和厨房用具的消毒处理等。应制定具体的规定并严格贯彻执行，避免发生责任事故。

（4）突发事件的预先控制。开餐前，餐厅主管必须与厨师长联系，核对前后台所接到的客情预报或宴会通知单是否一致，以避免因信息的传递失误而引起事故。另外，还要了解当天的菜肴供应情况，如个别菜肴缺货，应让全体服务员知道。这样，一旦宾客点到该菜，服务员就可以及时向宾客道歉，避免事后引起宾客不满。

2. 现场控制

现场控制是指现场监督正在进行的餐饮服务，从而使其程序化、规范化，并及时稳妥地处理各种意外事件，这是餐厅负责人的主要职责之一。

（1）服务程序的控制。开餐期间，餐厅负责人应始终在第一线，通过现场观察、判断，监督和指挥服务员按标准服务程序提供服务，以便发现偏差，及时纠正。尤其注意控制上菜时间，要根据宾客的用餐速度、菜肴烹制时间等上菜，既不要让客人等太久，也不应将所有菜肴一下子摆上餐桌，餐厅主管应时常注意并提醒掌握好上菜时间。

（2）意外事件的控制。餐饮服务是面对面的直接服务，容易引起宾客的投诉。一旦引起投诉，主管一定要迅速采取弥补措施，以防止事态扩大，影响其他宾客的用餐情绪。如果是由饭菜质量引起的投诉，主管除向宾客道歉外，还应替宾客换菜。发现有醉酒或将要醉酒的宾客，应告诫服务员停止添加酒精性饮料。对已经醉酒的宾客，要设法让其早点离开，以保护餐厅的气氛。

（3）人力控制。开餐期间，服务员虽然实行分区看台负责制，在固定区域服务，但主管应根据客情变化，随时调整人员分工，如果某一个区域的宾客来得太多，就应从另外区域抽调员工支援，等情况正常后再将其调回原服务区域。当用餐高峰期过去，可让一部分员工交替休息，以提高工作效率，尤其对于营业时间长的餐厅。

参考资料

补位意识

酒店行业流行一句话，“关键的时候需要关键的人出现在关键的地方解决关键的问题”。这话可以理解为在酒店管理过程中的走动式管理、现场管理、服务意识和补位意识。

客人到了大堂，行李员不在，大堂副理和问讯处员工须及时补上；到了前台，接待收银忙不过来，大堂副理和前厅经理得补上；到了餐厅，没人领位，餐饮总监，甚至总经理也得补上。

我们常说酒店的总经理是最大的服务员，是超级服务员，关键的时候要帮客人订房、带房、点菜、传菜。总经理是酒店最关键的人，最有本事解决关键的问题；在总经理之下的各级管理人员更不必说了，在员工忙不过来的时候，自然是自动补位，这样服务才没有空白点，客人的感觉才最好。所以，在管理培训中，餐饮企业要培养员工之间的默契补位意识，以便化解矛盾，避免冲突，提高客人的满意度。

资料来源：易红燕，李萍娥. 餐饮服务与管理. 天津：天津大学出版社，2011：146.

3. 反馈控制

反馈控制是指通过质量信息的反馈，及时发现问题，找出服务工作的不足，采取措施加强预先控制和现场控制，提高服务质量，使宾客更加满意。

信息反馈系统由内部系统和外部系统构成。内部系统是指信息来自服务员、厨师和中高层管理人员等。因此，每餐结束后，应召开简短的总结会，以便及时改进服务质量。信息反馈的外部系统，是指信息来自宾客和朋友。为了及时得到宾客的意见，餐桌上可放置宾客意见表，在宾客用餐后，也可主动征求客人意见。宾客通过大堂、营销部、公关部、高层管理人员等反馈回来的投诉，属于强反馈信息，应予高度重视，保证以后不再发生类似的质量偏差。建立健全两个信息反馈系统，餐厅服务质量才能不断提高，更好地满足宾客需求。

三、餐饮服务质量的监督检查

“管理的一半是检查”，服务质量的监督检查是餐饮管理工作的重要内容之一，其实施主要由部门和班组两个层次进行。部门将制定的具体质量目标分解到班组和个人，并通过现场督导、信息收集、定期检查等方法分析工作中的薄弱环节，提出改进和提高服务质量的方案、措施和建议。

服务质量检查的中心应是“我们的服务给客人带来了何等感受”。因而质量检查人员首先应具有敏锐的洞察力，对餐厅的经营主旨有明确的认识，对各部门的运作规程有清楚的了解，善于通过服务现象体察到员工的心态和情绪，从而进一步探究客人的需要。

（一）现场巡视与指导

餐饮服务所具有的特性，决定了管理必须深入现场，实地观察服务、观察客人的反应，以真正了解服务质量。因此，餐厅营业期间，管理人员必须在一线进行督导检查。这种“走动式管理”使得管理者能够第一时间掌握真实情况，便于推广好的经验，处理尚在萌芽状态的问题，提高管理决策的科学性和正确性。大多数酒店和高档餐饮企业均采用此种管理方式。

（二）质量监督检查内容

根据餐饮服务质量内容，可将质量检查归纳为以下几个方面：仪容仪表、就餐环境、服务规范、工作纪律、服务技巧、安全意识等。餐厅应根据自己的具体情况，设计质量检查表。下面给出餐厅服务质量检查样表（见表 8-3）。

表 8-3　　餐厅服务质量检查样表

岗位：　　　　时间：　　　　检查人：

检查项目	检查细则	评定等级			
		优	良	中	差
仪容仪表	1. 服务员是否按规定着装并穿戴整齐 2. 制服是否合体、清洁、无破损、无油污 3. 工牌是否端正佩戴于左胸前 4. 服装是否熨烫平整、无褶皱 5. 发型是否怪异 6. 男员工是否蓄胡须、留大鬓角 7. 女服务员是否长发披肩 8. 妆容是否过浓 9. 指甲是否修剪整齐，是否涂带色指甲油 10. 牙齿是否清洁，口中是否有异味 11. 衣裤口袋是否放有杂物 12. 女服务员头饰是否过于花哨 13. 手腕上除了手表外，是否有其他饰物 14. 是否使用刺鼻香水 15. 衬衫领口是否干净并扣好 16. 男服务员是否穿深色鞋袜 17. 女服务员是否穿肉色长袜，丝袜无破损				

续前表

检查项目	检查细则	评定等级			
		优	良	中	差
就餐环境	1. 玻璃门窗、镜面是否清洁、无灰尘、无裂痕 2. 窗框、工作台是否无灰尘和污渍 3. 地板有无碎屑及污渍 4. 墙面有无污渍或破碎 5. 盆景花卉有无枯萎或带灰现象 6. 墙面装饰品有无破损污渍 7. 天花板是否清洁，有无破损、漏水痕迹 8. 通风口是否清洁、无破损 9. 灯泡、灯管、灯罩有无脱落、破损、污渍 10. 餐厅内温度、湿度、气味是否正常 11. 餐厅通道内有无障碍物 12. 餐桌椅是否有破损、灰尘、污渍 13. 菜单是否清洁，有无缺页或破损 14. 广告宣传品有无缺页或污痕 15. 餐桌调味品等是否清洁卫生、足量 16. 背景音乐是否适合就餐气氛 17. 背景音乐是否过大或过小 18. 总体环境能否吸引宾客				
服务规范	1. 客人进入餐厅是否主动问候、表示欢迎 2. 是否协助客人入座 3. 服务是否及时 4. 客人点菜时是否仔细聆听并重复确认所点菜品 5. 能否向宾客提出建议、进行适时推销 6. 能否根据点菜单准备好必要的工具 7. 斟酒操作是否规范 8. 服务中是否用托盘操作 9. 上菜时是否报菜名 10. 是否及时撤换餐具、更换烟灰缸及是否发出过大声响 11. 宾客召唤时，能否迅速到达桌旁 12. 发现疏忽或不妥时，能否向宾客道歉 13. 结账是否迅速准确 14. 是否检查餐桌、桌椅、地面上有无宾客失落物件				
工作纪律	1. 工作时间是否相聚闲谈或大声喧哗 2. 是否有人放下手中工作干私事 3. 是否有人上班时间打私人电话 4. 有无在柜台内或值班区域随意走动 5. 有无交手抱臂或手插入衣袋现象 6. 有无在前台吸烟、喝水、吃东西现象 7. 有无在宾客面前打哈欠、伸懒腰行为 8. 值班时有无倚、靠、趴在柜台的现象 9. 有无对宾客指点或品头论足现象 10. 有无不理会宾客投诉或争辩现象 11. 态度上、动作上有无对宾客或同事撒气现象 12. 有无对熟客过分随便现象 13. 能否对所有宾客一视同仁 14. 是否对老、幼及特殊顾客提供针对性服务				

续前表

检查项目	检查细则	评定等级			
		优	良	中	差
服务技巧	1. 是否礼貌地称呼客人 2. 是否与客人过于亲密 3. 是否能积极把握各种推销机会 4. 是否准确解释菜单 5. 是否尽力满足客人个别要求 6. 是否对有病的客人、老人、儿童等需要照顾的客人给予特别关照 7. 是否能够灵活处理客人投诉 8. 是否能为客人创造愉快的用餐环境				
安全意识	1. 熟悉火情、盗窃等紧急情况的处理程序 2. 熟悉紧急疏散程序 3. 注意操作安全 4. 了解基本安全预防措施 5. 具备使用基本防火设备的技能 6. 保持消防通道通畅 7. 知道急救箱摆放位置及箱内物品的使用方法 8. 了解紧急照明系统的安放				

资料来源：桂佳，吴升旸. 餐饮服务与管理. 北京：对外经济贸易大学出版社，2013.

任务实施

1. 案例中餐厅提供的食品可能出现了卫生问题。对于餐饮服务机构而言，保证食品的安全卫生是基本要求，企业必须认真地总结经验，加强对餐饮服务质量的预先控制。对于此类事件，经理应先调查事件发生的原因，如果是由饭菜质量引起的投诉，主管除向宾客道歉外，还应在宾客同意的基础上换菜。但对于宾客提出的 5 万元赔偿款，经理应向客人解释，根据客人的实际损失进行赔偿。发生投诉时，主管一定要迅速采取弥补措施，以防止事态扩大，影响其他宾客的用餐情绪。

对于客人故意滋事的现象，餐厅经理应使用委婉的语言拒绝，如果客人继续纠缠，则可采取报警等措施。

2. 质量监督检查是餐厅日常质量保证的必要环节，根据餐厅的需求制定质量检查表，有助于服务员养成良好的仪容仪表、服务规格、工作纪律等习惯，保证餐厅质量稳定。

3. 反馈控制能够帮助餐厅管理者及时发现问题，找出服务工作的不足，采取措施加强预先控制和现场控制，提高服务质量，使宾客更加满意。

4. 请你选择当地一家知名餐厅，通过观察，分析其质量管理水平。

任务三　投诉处理与相关服务

对于从事服务性行业的工作者来讲，投诉的处理是一项非常具有挑战性的工作，而对每个餐饮管理者来讲，如何有效地处理顾客投诉也是一个急需解决的问题。

任务导入

我哪拦得住

盛夏，一位客人在某酒店餐厅就餐，在菜肴还没有上来以前，先把一杯冰啤酒几口喝光。上菜以后客人慢慢地用餐。用完餐后，他招手叫来服务员，声称有只苍蝇在附近飞来飞去，扰乱了他的就餐情绪，表示不愿付账。服务员束手无策，见这位客人有意找碴儿，只好说："先生，您好，我们这一直都没有发现苍蝇，再说苍蝇在空中飞，我哪拦得住。"客人听完，顿时火冒三丈，立即要求叫来经理，投诉服务员。

思考：如果你是本案例中的服务员，应该如何处理该情况？

资料来源：易红燕，李萍娥．餐饮服务与管理．天津：天津大学出版社，2011.

基础知识

一、顾客投诉管理的意义

投诉是令餐饮管理者头疼但又会经常遇到的问题，任何餐饮企业都不可能百分之百地确保不发生任何服务差错。一旦发生差错，就意味着服务失败，就可能会引起顾客投诉。投诉处理不当，就可能永远失去该位顾客，还可能会给餐饮企业造成极坏影响。因此餐饮管理者应正确认识投诉，加强对顾客投诉的管理。

（一）发现自己工作的疏漏和不足

顾客的投诉是顾客对餐饮行业的关心，希望得到餐厅的关注和重视。我们可以从顾客的投诉中了解到餐饮企业在管理和服务中存在的问题，发现服务工作中的弱点、漏洞和不足，以便管理者有针对性地采取措施，改进服务工作，提供高质量、高效率的服务。

（二）加深客人同酒店之间的感情

根据餐饮行业的统计，当1位顾客在投诉某个问题时，同时在他的身后大概有25位顾客有同样的感受，只是没有采取任何投诉行为，所以很多顾客对饭店的不满不是直接通过投诉表现出来，而是通过其他行为，比如，再也不会光顾，并告诫亲朋好友也不要再来。如果我们能听到顾客的意见，和顾客进行沟通，并表示愿意帮助顾客解决实际问题，满足顾客的正当需求，则会加深顾客同餐厅之间的感情，改善顾客对餐厅的印象，使其愿意经常光顾。

（三）增加客源，提高声誉，提高效益

由于顾客投诉多在公共场所或服务现场发生，若处理不当，不但会进一步激化顾客的不满情绪，还易引起其他顾客的注意和围观，给餐厅带来极大的负面影响。如能妥善处理，则会使一个满腹牢骚的顾客最终满意而去，带走的是一种良好的印象，而不是埋怨和不满。这样，就可以提高餐厅的声誉，影响潜在的客源，增加回头客，提高餐厅的经济效益。

二、顾客投诉的原因

投诉产生的原因来源于多个方面，既有有形产品，如菜品、设施等无法满足顾客需求产生的投诉，也有无形服务，如服务员工作、餐厅就餐环境等难以与顾客期许相一致而出现的投诉。主要表现为以下几点：

（一）服务员不尊重顾客

由于服务人员未摆正与顾客的角色关系，对在服务交往中可享有的权利和应尽的义务理解不到位，没能树立“客人永远是正确的”这一观念，把尊重自己与尊重顾客对立起来，所以容易出现不尊重顾客的行为。有的服务人员将顾客分成等级，以财取人，以貌取人，冷热不均，厚此薄彼，怠慢内宾，优亲厚友，这样势必会使顾客反感，从而进行投诉。

（二）语言沟通不畅

沟通，即双方或多方通过充分的交流而达到相互了解。俗话说：“一句话能逗人笑，一句话能惹人跳。”服务人员都要懂得这个道理，在接待服务的过程中巧妙地使用礼貌用语，如“您好”“对不起”“谢谢”“欢迎下次光临”等。然而，在实际工作中，服务人员却常常因使用服务规范语言不灵活、接待宾客或处理问题时语言表达欠佳、语言差异等造成沟通不畅，以致招惹宾客不悦、愤怒，甚至投诉。

（三）由服务设施引起的投诉

顾客来到酒店，都希望酒店的环境设施、服务设施尽善尽美。如果出现设施损坏、残缺不全的情况，就会引起顾客心理上的巨大落差，导致不快。例如酒店规章制度不严，工作协调衔接不上；设备失灵，保养不善，维修不及时；房间无水，物品供应不足；服务项目不全等。任何服务设施如果不能满足消费者的需要，都可能会引起顾客投诉。

（四）由于食品质量引起的投诉

顾客去酒店消费，对食品的要求越来越严，不仅注重外形的精美，更注意营养的搭配，如果酒店提供给顾客的食品不卫生，如食品变质、过期，甚至出现中毒反应，就会招致宾客不满，引起投诉。

三、处理投诉的原则及流程

在处理各种顾客投诉时，要遵循一定的投诉处理原则，而且要迅速补救，对顾客投诉的问题给予一个圆满的结果。把顾客投诉看作是一次改进管理质量的机会，只有这样才能重新获得顾客的信赖，提高酒店的效益。

（一）处理投诉的原则

1. 保持冷静，就事论事

要心态平和，保持主动、关心、友善、乐于助人的态度。

2. 把握投诉处理时机

各部门应通力合作，力争尽快全面解决问题，给顾客投诉的问题一个圆满的结果。

3. 有章可循

遵循酒店的投诉管理制度，不得隐瞒投诉、越级处理、回避问题，可向主管领导请求协助。

4. 给顾客留“面子”

做服务工作绝不能伤害顾客的面子，而且还要设法照顾他们的面子，这就需要服务人员随机应变，给顾客台阶下，维护顾客的自尊。

（二）顾客投诉处理流程

1. 接受顾客投诉

接到顾客投诉时，首先应礼貌接待，耐心倾听，不急于做任何辩解与反驳，站在顾客的立场理解对方，表示对顾客投诉的关心，向顾客真诚地道歉，尽量缩短与顾客在感情上的距离，让顾客对你产生信任感。接受投诉时，首先自己要冷静，尽可能让顾客也平静下来，不作推卸式的解释。

2. 处理顾客投诉

弄清真相，查明投诉的真正原因，分析了解顾客投诉的原因和要求，找出当事人进行查证，积极寻求办法，尽量满足顾客要求。耐心转告顾客，征求顾客对处理办法的意见，尽量与顾客达成一致。顾客接受处理意见后，向顾客表示感谢，还应立即行动，耽误时间只能引起顾客进一步的不满，扩大矛盾。整个投诉处理过程中，始终做到有礼有节，态度和蔼，使顾客满意或基本满意。

3. 记录并总结投诉原因

餐厅每天的投诉记录应交经理汇总，重要投诉报告最高领导层。投诉内容分类整理，定期分析，对带倾向性的问题，及时提出改进措施，提高服务质量。保证已经处理过的类似投诉不再重复发生。

顾客投诉过程中，需要特别注意：不能直接指正顾客的错误，应委婉地向顾客说明实际情况，并给顾客适当退步的余地。对于一些复杂的问题，先不要急于表态，弄清楚真相后再做处理，一时处理不了的，也要让顾客知道事情的进展情况。切勿认为顾客“多事”或者“找碴儿”，无论顾客投诉动机如何，从客观上讲，投诉是有利于改进服务质量的，是餐厅最大的财富。表 8－4 列出了餐饮企业常见的投诉问题及相应的处理方法。

表 8－4　　餐厅常见问题及处理方法

常见问题	处理方法
1. 顾客要点菜单上没有的菜时怎么办？	（1）表示歉意，征求顾客意见，是否可以更换相似菜品，如顾客同意，尽快上菜。 （2）若顾客坚持，应请顾客耐心等候，马上与厨房联系，如厨房有原料能马上做，应尽量满足顾客要求。 （3）如厨房无原料不能马上做，向顾客解释或请顾客预订。餐厅领班或经理再次向顾客致歉。
2. 写错菜单或送错菜怎么办？	（1）首先向顾客致歉，弄清原因并解释，征求顾客意见是否还需要，可赠送果盘或给予优惠以示歉意。 （2）如需要与厨房联系，以最快的速度烹制出来，并由领班或餐厅经理再次致歉。 （3）如顾客不需要，应给顾客撤掉。
3. 顾客在菜里吃出苍蝇、头发、玻璃等异物怎么办？	（1）先向顾客表示歉意，经顾客允许后将此菜撤回。 （2）由餐厅领班出面，征询客人意见，重新为顾客做一份，或更换一道菜，或退菜，或赠送果盘、为顾客提供优惠，向顾客深刻致歉，确保不再发生类似情况。 （3）事后组织调查，对责任人做出处理。

续前表

常见问题	处理方法
4. 上菜时台面上已摆满了菜，不够位置放怎么办？	（1）把台面上的餐碟移好位置，留出空位。 （2）如台面不能再有空位时，切忌重叠放置，应拿走剩下菜量最少的餐碟，但一定要征求顾客的同意。 （3）把剩下的菜分给顾客后再拿走，绝不能勉强顾客使其误会。
5. 服务员不小心弄脏了顾客衣物怎么办？	（1）首先给顾客递上毛巾或餐巾纸，真诚给顾客道歉。 （2）服务员可协助顾客擦拭，如是女宾，要让顾客自己擦拭。 （3）条件允许，可免费为顾客把衣服洗干净，以示歉意。
6. 为小孩服务的注意事项有哪些？	（1）应该提供儿童椅让他们坐下来，以免他们在餐厅内乱跑。 （2）注意在上菜的地方和进出口都不宜安排小孩就座。 （3）为他们提供的开水不要使用高脚杯，应使用矮身的杯子和弯头吸管。 （4）如看到小孩已跑出餐厅玩耍，应及时通知家长，以免发生意外。
7. 客人认为账单收费多不愿意付款时怎么办？	（1）服务员应耐心给顾客对账，向顾客讲清楚菜品及价格，逐一核对。 （2）切忌流露出不礼貌的表情，结账后要表示道谢。
8. 遇到顾客在餐厅里醉酒如何处理？	（1）特别留意，并向上级汇报，主动为其送上热香巾。 （2）建议顾客选择不含酒精的饮料，并婉言说明。 （3）必要时通知保安协助其离开餐厅。 （4）如顾客行为不检点，应将女服务员更换为男服务员，或同时让几名服务员前去服务，尽可能让醉酒者离开现场。
9. 顾客因服务不及时、上菜不及时发牢骚该怎么办？	（1）因服务不及时，由经理或领班向顾客道歉，再视情况做出补救措施。 （2）因上菜不及时，首先向顾客表示歉意，用“请稍等，我马上与厨房联系”“请稍等，菜马上就来”等语言稳定客人情绪，如遇到工序烦琐的菜品，可向顾客解释，随即通知厨房以最快速度上菜。 （3）由领班或者经理再次表示歉意，可赠送果盘等补救。
10. 发现顾客损坏了餐具时怎么办？	（1）服务员要马上上前清理碎片，询问客人有无伤害。 （2）尽快采取补救措施，换上新的餐具。 （3）在顾客用餐完毕婉言向客人收取赔偿费。
11. 顾客要向服务员敬酒怎么办？	（1）服务员应婉言谢绝。 （2）主动为其服务（如撤餐具、加茶水等），注意不要让客人难堪。 （3）可借故为其他顾客服务。
12. 如何向伤残人士服务？	（1）应灵活适当地帮助他们，尽量向他们提供方便，使他们得到所需的服务。 （2）千万不要感到奇怪或投以奇异的目光。 （3）尽量使他们感到你的帮助是服务不是同情。
13. 发现未付账的顾客已离开餐厅怎么办？	（1）故意不付账的顾客很少，如果发现顾客未付账离开了所在的餐厅，服务员应马上追上前有礼貌地、小声地将情况说明，请顾客补付餐费。 （2）如顾客和朋友在一起，应请顾客站到一边，再将情况说明，这样，可以照顾到顾客的面子，而不至于使顾客难堪。

续前表

常见问题	处理方法
14. 遇到衣冠不整的顾客到餐厅用餐怎么办？	（1）以友好的态度对顾客表示歉意。 （2）以婉转的语言劝导提醒顾客。 （3）切忌与顾客争论。
15. 开餐期间突然停电怎么办？	（1）保持镇静，设法稳定顾客情绪，请顾客不要惊慌。 （2）说服顾客尽量不要离座。 （3）点燃蜡烛，辅助照明，通知工程部。 （4）密切注意顾客动态，暂时不让外人入内。

任务实施

1. 服务员可能面对各种投诉，案例中面对客人的故意“找碴儿”，服务人员首先应道歉，耐心向客人解释，不能推卸责任，切勿认为客人“多事”或“找碴儿”，投诉是有利于改进工作的，对于一些复杂问题先不急于表态，弄清真相后，有礼、有理，在客人同意的基础上做出处理。

2. 餐饮服务中，要熟悉常见问题及处理方法。通过情景模拟，思考餐厅出现常见问题的处理原则，以及最佳处理方法，并总结你在情景模拟过程中的收获。每个问题都没有严格的正确答案，要根据具体的情况进行处理，以客人满意为最终目标。

项目小结

本项目通过三个任务实施过程介绍了餐厅环境设计与布局和餐饮服务质量等餐厅日常管理工作内容。作为餐厅管理者要懂得利用餐厅内部空间、照明、色彩、温度、湿度、音响等方面对餐厅的环境进行设计与布局，使消费者与员工保持心情愉悦；通过建立服务质量的标准，采取有效的方法与措施提高餐饮服务质量。对于顾客的投诉，重点是通过得当的方法了解其投诉原因，掌握处理投诉的原则和基本流程，通过一些技巧来解决问题。总体来说，餐饮服务质量管理是餐饮企业经营管理的核心内容，餐饮质量管理的效果直接影响着餐饮企业的经营绩效，是餐饮企业的命脉。

思考与练习

1. 影响餐厅服务环境设计的主要因素有哪些？
2. 餐饮服务质量的特点和内容包括什么？
3. PDCA循环法在餐饮服务质量分析中的具体应用程序有哪些步骤？
4. 餐饮服务质量的全过程控制法包括哪些具体内容？
5. 餐饮投诉的基本原则是什么？
6. 处理投诉的一般流程是什么？需要注意哪些问题？

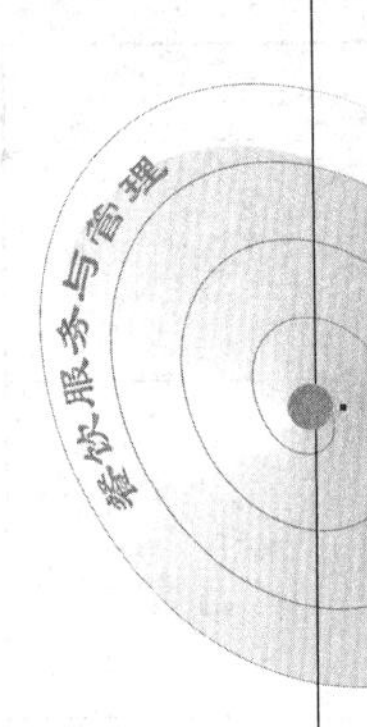

项目九 餐饮销售管理

学习重点和难点

1. 餐饮产品定价目标及方法；
2. 餐饮产品定价策略；
3. 餐饮产品销售控制内容；
4. 点菜单控制方法；
5. 销售指标控制方法；
6. 餐饮营销主要方式；
7. 餐饮营销方案策划流程。

技能点

1. 熟悉餐饮产品定价的一般方法；
2. 能够根据餐厅特点，选择恰当的定价策略；
3. 运用点菜单、销售指标等内容进行餐饮销售控制；
4. 通过调研分析，能够为餐厅制定科学的营销方案。

引 例

洋餐饮加速公益营销

继 2008 年 10 月启动“捐一元送营养”活动后，2009 年，百胜餐饮集团中国事业部再次携手中国扶贫基金会，在全国启动了新一轮为地震灾区小学生“捐一元，献爱心送营养”活动。而在此之前，星巴克乡村校长培训班公益活动刚刚结束。业内人士分析认为，跨国企业重视企业社会责任，借助公益活动结合品牌营销，这将成为未来企业品牌战略发展趋势。

“这次活动将持续半个月时间，百胜旗下全国 3 000 多家餐厅将参与此次活动，其中包括湖北 63 家肯德基餐厅和 14 家必胜客餐厅。”百胜餐饮（武汉）公司必胜客西南市场总经理黄健称，百胜进入中国市场 22 年以来，直接和间接慈善捐款已超过 1.1 亿元。汶川地震发生后，百胜集团及员工捐款超过了 2 100 万元。

据了解，2008 年该项目募捐活动，全国 240 万消费者和 21 万名百胜员工共捐赠 384 万元，支持了地震灾区 4 265 名小学生一年的营养加餐。

资料来源：http：//www. canyin168. com.

思考：阅读本案例后受到的启示是什么？

【解析】

越来越多的餐饮企业以关爱弱势群体、人类生存发展、社会进步为出发点，借助各种公益营销手段进行营销，包括提供有形的财物或无形的劳务、对社会做有意义的贡献等形式。通过与消费者互动，在产生社会公益效应的同时，使消费者对企业的产品或服务产生偏好，从而提升品牌知名度和美誉度。

任务一　餐饮产品价格制定

随着餐饮业竞争的不断加强，很多餐饮企业通过降低价格来吸引顾客的关注。价格是影响顾客来餐厅消费的重要因素。餐饮定价也是其营销策略的一种，餐饮企业既可以利用价格突出自己的市场定位，也可以利用价格吸引目标市场并且满足不同层次顾客的利益需要。

顾客对于餐饮产品价格的要求和承受程度有所不同，所以餐饮定价要以顾客利益为原则，在精心确定的价格范围内灵活运用定价营销策略，尽可能满足顾客的利益需求，同时为餐饮企业创造最大收益。当然，餐饮定价营销策略不会单独发挥作用，它只有同非餐饮定价策略结合起来，才能为餐饮企业营销计划的成功打下坚实而可靠的基础。

任务导入

王先生与客户在某三星级酒店用餐，服务员先端来了四碟小菜及酒店自制的腌菜，王先生按酒店提供的菜谱点了菜，但在结账时他发现，账单打完折 1 500 多元，比自己预想的多不少。王先生一看账单，发现自己点菜的价格约为 900 元，其中包括酒水 288 元，但没想到小菜加上自制腌菜一共收了 100 元（上菜时并未对价格作出说明），此外纸巾、服务费等也价格颇高，王先生颇为郁闷。

思考：作为酒店、餐饮企业该如何对产品定价做好自律？

基础知识

一、餐饮产品定价目标

定价目标是在判断市场需求的基础上完成的。餐饮企业的定价目标是要保持产品价格和市场需求的最佳适应性，使价格既为用餐客人所接受，又能保证企业获得必要的利润。

餐饮产品定价目标是指餐饮企业在制定餐饮产品价格时所要达到的目标。餐饮企业的定价目标在市场营销活动中的地位体现为：一方面必须符合餐饮企业的市场营销目标，与市场营销目标达到协调一致；另一方面，定价目标又是选择餐饮定价策略的依据。

（一）以经营利润作为定价目标

利润是考核和分析企业市场营销工作好坏的一项综合性指标，是企业最主要的资金来源。以利润作为定价目标有三种具体形式：预期收益、最大利润和合理利润。

（二）注重销售的定价目标

在有些情况下，餐饮管理人员出于经营的需要，在定价时会追求增加客源和菜品的销售数量。例如，餐厅所处的地点过于僻静或餐厅的知名度较低，管理人员为吸引顾客、增强菜单的吸引力，往往在一段时间内将价格定得低些，使顾客喜欢光顾，并使餐厅的知名度提高。有些餐厅在遇到激烈竞争时，为了提高或保持市场占有率，甚至为了控制市场，也以低价来增加客源。这些餐饮企业虽然会因低价而生意兴隆，但在短期内可能不会得到应得的利润，甚至不产生利润。

（三）刺激其他消费的定价目标

刺激其他消费的定价目标是指为实现企业的总体经营目标，将某一种或几种具有诱饵效应的餐饮产品价格定得很低，以此来刺激顾客对其他产品的购买。通常使用较多的诱饵产品并不是完整的餐饮产品，而是具有吸引力的菜品，以此吸引顾客增加对其他菜品或完整产品的消费。这种诱饵产品称为“亏损先导产品”。

（四）以生存为目的的定价目标

以生存为目的的定价目标是指在市场不景气或竞争激烈的情况下，餐饮企业为了生存，在定价时只求保本的一种定价目标。以生存为目的的定价目标在经济衰退期时经常使用。

二、餐饮产品定价方法

（一）成本导向定价法

成本导向定价法，是指企业以餐饮产品的成本为基础，再加上一定的利润和税金而形成价格的一种定价方法。成本导向定价法简便易行，是我国餐饮企业现阶段最基本、最普遍的定价方法。实际工作中，作为定价基础的成本分类繁多。多数餐厅主要是根据成本来确定食品、饮料的销售价格，这种以成本为中心的定价策略有各种不同的方法。

1. 成本系数定价法

以菜品原料成本乘以定价系数，即为菜品销售价格。这里的定价系数是计划菜品成本率的倒数：如果经营者计划自己的菜品成本率是40%，那么定价系数为1/40%，即2.5。

例如：已知一份青椒炒肉丝的成本为6.00元，计划食品成本率为40%，则售价为：

$P=6\div40\%=15$（元）

该方法的关键是：餐饮定价人员要合理地估计产品成本率，成本占比越高，价格就越低。所以要调高价格就应相应地降低菜品成本率。成本系数定价法的最大优点是使用方便，调整价格时只需用新的成本直接乘以不变的成本系数即可。缺点是对不同的菜肴没有考虑到它们的市场竞争状况。

一般菜品在定价时会执行不同的成本率，原材料成本额高的菜品及做工简单的菜品，成本率可高些，原料成本额低及做工精细的菜品，成本率可低些。以中餐零点菜单为例，制定不同种类菜品的成本率大致为：冷盘 50%、鱼类海鲜 70%、肉类 60%、家禽 60%、素菜 30%、汤类 25%、主食类 25%。

2. 主要成本定价法

把菜品原材料成本和直接人工成本作为定价的依据，并从损益表中查出其他成本费用和利润率，即可计算出销售价格：

菜品销售价格＝(菜品原材料成本＋直接人工成本)÷主要成本率

主要成本率＝1－(非原材料和直接人工成本率＋利润率)

例如：一份土豆炖牛腩原材料成本 10 元，直接人工成本 5 元，从财务损益表中查得非原材料和直接人工成本率及利润率之和为 60%，则这一土豆炖牛腩的价格为：

$P=(10+5)\div(1-60\%)=37.5$(元)

小案例

低价菜带来“高利润”

一个餐厅老板在兴高采烈地接了一个单位的 80 人长期订单后，却高兴不起来，原本以为有一个固定单位订单会带来较高的销售额，但是客人为了节约，点了葱烧木耳、苦瓜炒蛋、小炒牛肉、凉拌粉丝、茄子煲、青椒炒肉丝、蛋花汤等低价菜肴。面对 10 人 8 菜的点单，餐馆老板一筹莫展。

调查了解后发现，原来这是公司每月 4 次的员工例会聚餐，既然已经接了，为了留住客人，老板抱着保本的心态去做。可经过一段时间的操作后，老板喜上眉梢，原来虽然客人点餐菜价很低，一桌下来也就 200 元左右，但由于客人是集体用餐，每次都有 8～9 桌人用餐，厨房在加工时，就会集中生产。比如说苦瓜炒蛋，一次炒 1 份和 8 份的平均成本是不一样的，仅以燃料费为例，一份苦瓜炒蛋的燃料消耗是 0.8 元，8 份成本略高，大约在 1.2 元，那么集中加工的燃料成本就比零散加工的燃料成本低 $10\times0.8-1.2=6.8$（元）。此外，其他人工费、房租等分摊在单位产品上，成本都会大幅降低，所以老板自然可以得到可观的利润。这就是规模效益的魅力。

资料来源：严金明，任明哲. 餐饮服务与管理. 北京：北京师范大学出版社，2012：79－80.

（二）竞争导向定价法

以竞争为中心的定价方法不以成本为出发点，也不考虑消费者意见，这种策略往往在临时性的特殊场合下使用。定价人员必须深入研究市场，充分分析竞争对手，否则，很可能制定出不合理的菜品价格。

竞争导向定价法是企业根据市场竞争状况确定商品价格的一种定价方式。其特点是：价格与成本、需求不发生直接关系。具体做法是：企业在制定餐饮产品的价格时，主要以竞争对手的价格为基础，与竞争产品价格保持一定的比例。即竞争产品价格未变，即使本企业餐饮产品成本或市场需求变动了，也应维持原价；竞争产品价格变动，即使自身产品成本和市场需求未变，也要相应调整价格。

这种以竞争为中心的定价方法是一种按照同行价格决定自己价格，以得到合理收益且避免风险的定价策略。常见两种较为极端的定价方式：一种是追高定价法，追随市场上定价最高的餐饮企业进行定价，采用这一定价方式的基本前提是其菜点品质很高，适合高级餐厅使用；另一种是同质低价法，在相同菜品的基础上采用较低的价格，争取薄利多销，这一价格会为广大消费者所接受，但是会带来大量的竞争者，而且很容易造成行业的恶性价格竞争。

（三）需求导向定价法

需求导向定价法又称顾客导向定价法，是指餐饮企业根据市场需求状况和餐饮消费者的不同反映分别确定产品价格的一种定价方式。其特点是：平均成本相同的同一餐饮产品价格随需求变化而变化。

需求导向定价法一般以产品的历史价格为基础，根据市场需求变化情况，在一定的幅度内变动价格，甚至同一餐饮产品可以按两种以上价格销售。这种差价可以因顾客的购买能力、对餐饮产品的需求情况、餐饮产品的种类以及消费时间、地点等因素而采用不同的形式。例如以菜品为基础的差别定价，同一菜品因装盘或其他改良情况不同而售价不同，但与改良所花费的成本并不成比例；以场所为基础的差别定价，虽然成本相同，但具体销售地点不同，价格也有差别。因此，这是根据消费者对商品价值的认知程度和需求程度来决定价格的一种策略，亦有两种不同方法：

1. 理解价值定价法

根据餐厅所提供的食品原料的质量以及服务、广告推销等“非价格因素”，客人会对该餐厅的产品形成一种观念或态度，依据这种观念制定相应的、符合消费者价值观的价格。

2. 区分需求定价法

餐厅在定价时，按照不同的客人（目标市场），不同的地点、时间，不同的消费水准、方式区分定价。这种定价策略容易取得客人的信任，但不容易掌握好。

如果说以成本为中心的定价方法决定了餐厅产品的最低价格，那么以需求为中心的定价方法则决定了餐厅产品的最高价格。实际操作中可根据市场情况，分别采取以高质量高价格取胜的高价策略，或者采取以薄利多销来扩大市场、增加市场占有率为目标的低价策略，以及采用灵活的优惠价格策略，通过给客人一定的优惠，争取较高的销售额和宣传推销本餐厅的产品。

例如，在餐饮经营的旺季可以通过提高产品售价，获取超额利润；而在淡季，可以通过适当降低产品售价，争取更多的顾客，提高餐饮产品的销售额，从而达到企业盈利的目标，这种定价我们称之为优惠价格策略。企业具体的做法要经过市场调查与研究，在了解顾客需求后决定。

三、餐饮产品定价策略

餐饮产品基础价格的制定为餐厅菜单最终价格的确定提供了数量依据，但在市场经济条件下，各种产品的实际价格高低还要根据市场竞争需要来确定。在市场基价的基础上，价格可高可低，但最低一般不能低于成本。不同餐饮企业在不同情况下会有不一样的定价策略。定价时一定要考虑市场因素，即顾客的价格承受能力。常见的定价策略有以下几种：

（一）一般的定价策略

1. 合理的价位策略

所谓合理，是指顾客愿意承担，并且在餐饮企业有盈利的状况下，以餐饮成本为基础，再加上某个特定的系数所定出的售价。餐饮企业自行制定餐饮成本比例，并希望能控制所有的餐饮成本在该比例之下。

2. 高价位策略

适用于同竞争对手相比产品有差异，如餐饮产品独特、畅销，且知名度高的企业。

3. 低价位策略

这是薄利多销的定价策略，适用于新产品促销、出清存货、变现周转等情况。

4. 固定价格策略

大部分的餐饮企业皆用此法，因餐饮产品原料成本比重大，人事费用较多，弹性取消材料或临时调度有经验的服务人员皆不易。故为了使企业营运正常，必须使用固定的菜单操作及管理。

以目录价格印在菜单或贴在招牌价目表上，代表在一段时间之内，不会随意更改价格。但是仍可用促销及折扣来增加营业额，例如季节性的时令菜，可不列入固定菜单中，而是由服务人员推销或设计成特殊的套餐。

（二）价格歧视策略

该策略的优点是可以根据市场进行灵活调度，或依据客人的需求，量身制定其价格。但是千万记得生意是“一分钱，一分货”，如果餐饮产品要维持一定的水准，价格的弹性不可能太大。其缺点是容易得罪客人，当客人发现价格有差异时，将怀疑企业的信誉及产生不良的反感情绪，同时也会造成价格的混乱，破坏市场的行情。

1. 团体优惠策略

团体优惠策略是采用“以量定价”的方法。销售的数量多将会降低单位餐饮成本，故有降低价格的空间。例如，旅行社因经常会给餐厅带来大量的客源，因此具有较高的议价能力，一般情况下自助餐厅都会给旅游团队提供“十六免一”“十免一”等类似的优惠，吸引客源。

2. 常客优惠策略

餐厅应该把经常光顾的客人好好地把握住，可利用累积数量的方法，吸引顾客继续上门。折扣的幅度可视常客光顾的次数和消费的数额而定。

3. 时间价格歧视策略

不同时段采用不同的价格。例如下午 2 点至 5 点用餐，或是提早使用晚餐（下午 5 点至 7 点）可适当便宜，7 点后恢复原来定价再接待另外的客人，增加翻台率。例如必胜客餐厅推出的下午茶套餐，所有饮料还可以免费续杯，具有很强的吸引力。

（三）修正定价策略

除了成本考虑外，餐厅必须考虑顾客愿意付出的价位是多少。一般的做法是在成本分析、初步定价后，再按顾客需求考虑修正部分。

1. 声誉定价策略

有声誉的餐饮企业需要支出较高的原材料及人工成本，以确保出菜的品质、服务的水准、顾客的良好反应，故菜品价钱不会低，且拥有高层次的固定客源。如果削价贱售，顾客反而会怀疑而不再光顾。

2. 低价诱饵策略

某些受欢迎的菜品，用降低售价来吸引消费者并刺激人气，是一般餐厅常用的手法，选择诱饵菜必须是顾客熟悉且成本不高的。这里的低价一般在成本之上。例如，一家全国连锁的“姑奶奶厨坊”餐厅，其代表菜之一“姑奶奶鱼香茄子”非常受欢迎，仅售 6 元，来餐厅的客人几乎都要点这道招牌菜。

3. 需求导向策略

调查顾客的需求，以需求来设计菜单和售价。例如针对婚宴、下午茶、谢师宴等商机设计专用的菜单菜式，吸引餐饮客源。

4. 系列产品定价策略

可以针对一系列不同目标顾客设计可接受的菜品价位，也可针对一系列不同价位的菜价来设计菜式，而不是以单一菜品的成本为考虑。例如，很多餐厅将菜点分为大份、中份、小份，从而制定出不同的价格。

（四）以竞争为中心的定价策略

此法需要密切注意及追随竞争者的价格，而不是单纯考虑成本及需求与定价之间的关联。使用时可先考虑需求与成本之后，再与竞争者的价格比较，在此基础上制定出自己的价格。

1. 随行就市策略

一般小型独立餐厅选用此法较多。因无足够的资金及技术力量，而采取以市场上同类产品的价格为定价的依据，跟随竞争者定价。其优点是定价过程简单、顾客接受容易、不需较多的人力、可维持较好的同行关系等。缺点则是缺少新意、竞争者较多。

2. 差异化定价策略

该策略是指在竞争过程中，餐饮企业形成并具有一定竞争优势，同竞争对手相比，在菜品特色、产品品牌或服务等方面优于竞争对手而采用的高价策略。

3. 同质低价策略

该种策略实际是采取薄利多销的方式。该策略下的餐饮产品仍需维持一定的品质，否则将缺少竞争力，慢慢会被市场淘汰。

（五）以顾客为中心的定价策略

以顾客为中心的定价策略是指针对消费者的不同消费心理，制定相应的产品价格，以满足不同类型消费者需求的策略。一般包括尾数定价、整数定价等具体形式。

1. 尾数定价策略

尾数定价又称零头定价或奇数定价，指餐饮企业针对顾客的求廉心理，在商品定价时有意制定一个与整数有一定差额的价格。这是一种具有强力刺激作用的心理定价策略。尾数定价策略适用于经济型的餐厅。例如盘菜价格 29.9 元，不要定为 30 元；汤品价格 19.8 元，不要定为 20 元。多数客人乐于接受尾数定价，认为是在某一整数范围内的开支。

2. 整数定价策略

将餐饮产品价格有意定为整数。整数定价与尾数定价相反，针对的是消费者的求名、求方便心理。由于同类型餐饮产品的生产者众多、花色品种各异，在许多交易中，顾客往往只能将价格作为判别产品质量、性能的“指示器”。同时，在整数定价的餐饮产品中，整数能给人一种方便、简洁的印象。对于餐厅来讲，整数定价的优点在于方便计价、结账和数据统计。

任务实施

1. 王先生用餐的餐厅定价显然不合理。在客人用餐前服务员应对菜品及服务的价格予以说明，征得客人同意后才能上菜，同时，餐厅定价不能随意而为，定价一定要有依据，最常见的就是成本导向定价法。在成本分析、初步定价后，还要修正定价，使得价格具有吸引力，避免案例中点菜以外的费用太高而引发的不必要的矛盾。

2. 请你选择当地一家餐饮企业，分析其定价的主要方法。思考餐厅定价策略是仅仅选用一种，还是组合使用，说出一个案例，并进行分析。

3. 请你自己设计一家餐厅，并选择相适应的定价策略。

任务二　餐饮产品销售控制

餐饮销售控制是保证餐饮产品最终变化为生产者所期望的餐饮商品的过程。这一过程的最终实现，需要餐饮企业管理者建立一个完整的餐饮销售控制体系，包括对点菜单、出菜检查过程、收银员和酒吧销售等多方面的控制以及各种销售控制指标和销售报表的建立。

任务导入

哈尔滨的某餐厅老板李先生是个非常开朗乐观的“好先生”，每次客人来吃饭，只要提出让老板优惠的想法，李先生为了吸引客人再次光临，往往满口答应。例如客人用餐价格为 1 100 元，只要随便一说，李先生就给优惠到 980 元。没多久，餐厅就因为入不敷出而面临倒闭。

思考：餐饮产品在销售过程中，可以随意调整价格吗？

基础知识

一、餐饮销售控制的意义

销售控制的目的是要保证厨房生产的菜品和餐厅向客人提供的服务都能产生相应收入。成本控制固然重要，但销售的产品若不能得到预期的收入，则成本控制的效率就不能实现，因此餐饮企业应对销售过程进行严格控制，防止销售不当，使企业利润流失等问题。销售控制不力通常会出现以下现象：

（一）吞没现款

对客人所点食品和饮料不记账单，将向客人收取的现金全部吞没。

（二）少计品种

对客人所点食品和饮料少记品种或数量，而向客人收取全部价款，二者的差额装入自己腰包。

（三）不收费或少收费

服务员对前来就餐的亲朋好友不记账、不收费，或者少记账、少收费，使餐厅蒙受损失。

（四）重复收款

服务员对某一位客人所点菜品不记账单，用另一位客人的账单重复向二位客人收款，之后私吞一位客人的款额。在营业高峰期往往容易出现这种投机取巧的现象。

（五）偷窃现金

收银员（或服务员）将现金柜的现金拿走并抽走账单，使账、钱核对时查不出短缺。

（六）欺骗顾客

在酒吧中，将烈性酒冲淡或销售给顾客的酒水分量不足，从而将每瓶酒超额的收入私吞。

如出现上述现象，说明餐厅对销售控制不严格，餐饮管理存在很大漏洞。

二、餐饮产品销售控制方法

（一）点菜单控制

点菜单是餐厅服务员根据客人点菜的内容和要求开立的用于到厨房、酒吧拿取菜肴、酒水等物品的凭证，同时也是收银员开账单、收取餐饮账款的依据，是餐饮收入发生过程中所需要的第一张单据。

1. 点菜单的作用及基本内容

（1）点菜单的作用。

搞好销售控制的第一个环节是要求将客人所点菜品及其价格清楚而正确地记载在客人的点菜单上。客人点菜单具有以下作用：

1）帮助服务员记忆客人所点菜品，以便向厨房下达生产指令，厨房必须凭点菜单生产。

2）作为向客人收费的凭证之一。

3）书面记载各菜品销售的份数和就餐人数，以利于生产计划、人员控制、菜单设计等。

4）核实收银员收款的准确性和各项菜品的出售是否都产生收入。

5）是餐厅收入的原始凭证，也是收取营业税的基础。

（2）点菜单的内容。

点菜单包括基本信息、点菜信息、存根等内容，如样表 9－1 所示。

表 9－1　　餐厅客人点菜单样表

<table>
<tr><td>台号</td><td>客人数</td><td colspan="2">服务员</td><td>日期</td><td>编号</td></tr>
<tr><td></td><td></td><td colspan="2"></td><td></td><td></td></tr>
<tr><td>序号</td><td colspan="2">菜品</td><td colspan="2">数量</td><td>金额</td></tr>
<tr><td></td><td colspan="2"></td><td colspan="2"></td><td></td></tr>
<tr><td></td><td colspan="2"></td><td colspan="2"></td><td></td></tr>
<tr><td></td><td colspan="2"></td><td colspan="2"></td><td></td></tr>
<tr><td></td><td colspan="2"></td><td colspan="2"></td><td></td></tr>
<tr><td rowspan="2">食品</td><td rowspan="2" colspan="4"></td><td>序号或账单号</td></tr>
<tr><td></td></tr>
<tr><td rowspan="2">饮料</td><td rowspan="2" colspan="4"></td><td>签名</td></tr>
<tr><td></td></tr>
</table>

1）基本信息：包括时间、台号、服务员姓名或工号、客人数等。

2）点菜信息：包括客人所点菜品及数量和价格。

3）存根：客人点菜单下方有两联用于存根和向厨房发菜。服务员向收银员送交点菜单和客人付款后，收银员在点菜单和存根上加盖“现金收讫”字样，并将存根交服务员保存。

有的餐厅采用专门定制的点菜单，例如印上餐厅的名称和店徽、订餐电话，有的还注明需加服务费。使用定制点菜单可以防止有人购买普通点菜单冒充使用，用假点菜单向客人收款私吞现金。

随着科技的发展与电子网络技术水平的提高，很多餐厅购买了餐饮管理系统，例如手持 POS 点菜系统、点菜宝等，借助系统规避了餐饮产品销售中的风险，提高了菜单控制水平，但是该种点菜系统弱化了餐饮产品的服务性，所以在一些高档餐厅仍然坚持使用手写点菜单，以提高顾客的服务体验度。

2. 点菜单的检查核对

点菜单通常一式三份：第一联交收银处开立或打印账单，并附在账单后，作为账单的根据；第二联厨房留存，作为厨房发菜的根据；第三联由开单人（餐厅服务员）留存备查。还有部分餐厅，点菜单一式四联，第四联交给传菜人员，保证厨房菜品正确地传送到客人面前。

对点菜单最严密最有效的控制方法是将厨房留存的一联与餐饮账单逐项核对检查。这是堵塞餐饮收入漏洞、防止舞弊行为的一个关键环节。但在现实工作中，实施这种控制难度较大，这是因为一方面点菜单分散，一个餐厅点菜单往往分散到几个厨房；另一方面点菜单数量多，核对起来工作量大。因此，现实工作中通常采用一些比较简便的方法。

（1）印章审核法。即只审核厨房交来的点菜单上有无收银员印章的方法。收银员检查点菜单内容后盖章或签字，收银员留一联，把其余点菜单交由服务员送至厨房，各个厨房根据收银员盖章或签字的点菜单发菜，审核时只需逐张检查点菜单上有无收银员的印章即可。

（2）编号审核法。餐厅将点菜单统一编号，在营业时间结束时收银员核对点菜单编号，可以很快查出点菜单是否短缺，一旦发现点菜单短缺，管理人员要查明原因。若确是故意损失，则要追查责任，采取措施，堵塞漏洞。

（二）出菜检查员控制

具有一定规模的餐厅，需要在厨房中设置一名出菜检查员。在西方国家的饭店，出菜检查工作通常由厨师长亲自兼任。出菜检查员必须熟悉餐厅的菜品品种与价格，要了解各种菜品的质量标准。出菜检查员是食品生产和餐厅服务之间的协调员，是厨房生产的控制员，他的岗位常设在厨房通向餐厅的出口处。

出菜检查员主要职责是保证每张点菜单上的菜品都应得到及时生产，并保证服务员取菜正确和将菜品送到合适的餐桌。保证厨房只根据账单副联所列的菜名生产菜品，每份送出厨房的菜都应在点菜单副联上有记载。这样可以防止服务员或厨师无点菜单私自生产并擅自免费把食品送给客人。

有的餐厅要求出菜检查员检查客人账单上所填价格是否正确，防止服务员为某种私利或因为粗心将价格写错或写低。大致检查每份生产好的菜品的份额与质量是否符合标准。注意防止客人账单副联丢失。

（三）餐饮收银控制

餐饮收入活动涉及钱、单、物三个方面。三者的关系是，物品消费掉，账单开出来，货币收进来，从而完成餐饮收银活动的全过程。在钱、单、物三者之间，物品是前提，因为不消费物品，其余二者都是空的；货币是中心，因为所有控制都是紧紧围绕款项收进而进行的；单据是关键，因为物品是根据单据制作和发出的，货币是根据单据计算和收取的，失去了单据，控制就失去了依据。因此，设计餐饮收入内部控制的基本程序，既要把握三者的有机联系，进行综合考虑，又要对三者分开单独进行考察和控制。而“三线两点”控制方法正是对这一原则的具体体现。所谓“三线两点”是指把钱、单、物分离成三条互相独立的线路进行传递，在三条传递线的终端设置两个核对点，以联络三线进行控制（见图 9－1）。

1. 物品传递线

一般来说，餐饮物品的传递是自厨房取出开始，送至餐桌到客人消费掉为止。但从内部控制的角度看，餐饮物品从送至餐桌上到客人消费掉，仍不能看作是物品传递的结束，而应该把这部分物品传到财务成本部门计出成本为止。这一传递线主要是由代表实物的单据的传递构成的，这个单据即点菜单。

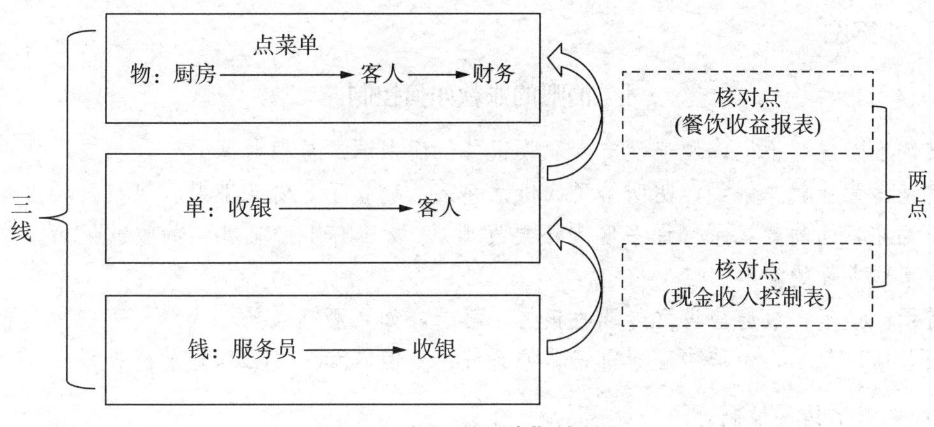

图 9-1　"三线两点"控制图

2. 账单传递线

收银员将点菜单的内容键入收银机（没有收银机的则开立账单），打印出账单，并把点菜单附在其后，按餐台号码的顺序排放好，等待客人结账。如果客人添菜或酒水，收银员将服务员送来的加菜单输入收银机，重新打印出账单。客人结账时，根据账单的最后总金额向客人收款，并把结完账的账单按餐桌的编号顺序放好。

每班结束时，根据账单编制本班收银员报告，并在收银机上打印出本班的收入情况记录纸带，将此纸带与收银员报告核对时，连同账单一起交给夜间稽核处。夜间稽核员把一天的账单及收银员报告全部审核一遍，做出当日"餐饮收益日报表"一并交给日间稽核员，由其再作进一步稽核。

3. 货币传递线

收银员根据账单向客人结算收款。有些餐厅的结账收款采用柜台方式，而正规的方式是餐台收款，即服务员从收银台拿来账单，把账单放在托盘上，送到餐台递给客人。这种结账方式，一方面避免收银员直接接触客人，减少发生舞弊的机会，另一方面餐厅提供了全方位服务，方便了客人。

收银员下班时，按币种、票面清点现金，填写交款信封，将现金装进封妥后，投进指定的保险箱内。总出纳员与监点人一起打开保险箱，点收当日全部收银员投交的现金，并将现金送存银行。根据现金送存银行的回单，编制"总出纳员报告"，并把银行回单附在此报告上，送交日间收入稽核员审核。

4. 点菜单与账单核对点

收入稽核员将厨房交来的点菜单与收银员交来的账单进行核对，以检查或测试账单上的项目是否与点菜单的项目相符，即账单是否完全根据点菜单的内容开立，有无遗漏。

5. 账单与货币核对点

收入稽核人员将根据账单编制的餐饮收益日报表中的各币种现金结算数与总出纳员交来的总出纳员报告及银行存款回单等有关单据的数额进行核对，根据核对的结果，编制现金收入控制表，并对现金溢缺写出追查结果的报告。

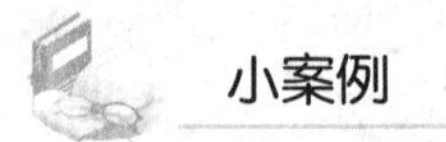

酒吧的账款如何控制

某饭店因规模不大，酒吧没有专职收银员，而由调酒员兼收银员。经抽查，发现调酒员经常克扣营业款。例如，明明给了5份龙井茶，也收了5份营业款，可在发票上却没有这5份龙井茶的收款记录（许多客人不要发票），或只有1份龙井茶的收款记录。试问该如何堵塞这方面的漏洞。

提示：第一，饭店应设立专职收银员；第二，如果酒吧隶属于大堂，可安排总台收银员兼收款项；第三，饭店应配置电子监控系统；第四，加强员工职业道德教育。

（四）酒水销售控制

酒水的销售管理不同于菜肴食品的销售管理，有其特殊性，历来是很多酒店的薄弱环节。究其原因，一方面管理人员缺乏应有的专业知识，另一方面酒水销售成本相对较低，利润较高，少量的流失或管理的疏漏不会引起管理者的注意。因此加强酒水销售管理，要求管理者了解酒水销售的过程和特点，有针对性地采取相应措施，使用正确的管理和控制方法，从而达到有效控制酒水销售的目的。

常见酒水销售形式有三种：零杯销售、整瓶销售和混合销售。这三种销售形式各有特点，管理和控制的方法也各不相同。

1. 零杯销售

零杯销售是酒吧经营中常见的一种销售形式，销售量较大，它主要用于一些烈性酒，如白兰地、威士忌等的销售，葡萄酒偶尔也会采用零杯销售的方式销售。销售时机一般在餐前或餐后，尤其是餐后，客人用完餐，喝杯白兰地或餐后甜酒，一方面消磨时间，相聚闲聊，另一方面饮酒帮助消化。零杯销售的控制首先必须计算每瓶酒的销售份额，然后统计出每一段时期的总销售数，采用还原控制法进行酒水的成本控制。

由于各酒吧采用的标准计量不同，各种酒的容量不同，在计算酒水销售份额时首先必须确定酒水销售标准计量。目前酒吧常用的计量有每份30毫升、45毫升和60毫升三种，同一饭店的酒吧在确定标准计量时必须统一。标准计量确定以后，便可以计算出每瓶酒的销售份额。以人头马（Remy Martin）为例，每瓶的容量为700毫升，每份计量设定为1盎司（约30毫升），计算方法如下：

销售份数＝（每瓶酒容量－溢损量）÷每份计量＝（700－30）÷30＝22.3（份）

计算公式中的溢损量是指酒水在存放过程中的自然蒸发损耗和服务过程中的滴漏损耗，按照国际惯例，这部分损耗控制在每瓶酒1盎司（约30毫升）左右被视为正常。根据上述计算结果可以得出每瓶人头马可销售22份，核算时可以分别计算出每份或每瓶酒的理论成本，并将之与实际成本进行比较，从中发现问题并及时纠正销售过程中的差错。

零杯销售关键在于日常控制，日常控制一般通过酒吧酒水盘存表来完成（见表9-2），每个班次的当班调酒员必须按照表中的要求对照酒水的实际盘存情况认真填写。

表 9-2 **酒吧酒水盘存表**

酒吧 ________ 日期 ______________ 班次 ________ 制表

编号	品名	基数	领进	调进	调出	售出	实际盘存	备注
单位/oz								

盘存表的具体填写方法是，调酒员每天上班时按照表中品名逐一盘点，填写存货基数，营业结束前统计当班销售状况，填写售出数，再检查有无内部调拨情况，若有则填上相应的数字。最后，用"基数＋调进数＋领进数－调出数－售出数＝实际盘存数"的方法计算出实际盘存数填入盘存表中，并将此数据与酒吧存货数进行核对，以确保账物相符。酒水领货按照惯例一般每天一次，此项可根据饭店实际情况列入相应的班次。管理人员必须经常不定期检查和盘点表中的数量是否与实际贮存量相符，如有出入应该及时检查，及时纠正，堵塞漏洞，减少损失。

2. 整瓶销售

整瓶销售模式常见于大饭店经营及一些经营状况较好的酒吧，普通档次的饭店和酒吧则很少出现。为了鼓励客人消费，以确保经济效益为目的，大饭店或酒吧酒水对外整瓶销售的价格常低于零杯销售的10%～20%，这种差价会导致一些问题，即在利润诱惑下，调酒员和服务员私下勾结，往往将零杯销售的酒水收入按照整瓶酒的售价入账。为避免出现这种现象，保证酒水销售的收益，饭店或酒吧经常利用整瓶酒水销售日报表（见表 9-3）来严格控制整瓶销售。每天日报表中需要填写当天整瓶销售的酒水品种及其数量，经主管签批后附上订单，由财务部和酒吧各存一联。

表 9-3 **整瓶酒水销售日报表**

酒吧 ______ 日期 ______________ 班次______ 制表 ______ 主管______

编号	品名	规格/ml	数量/瓶	单价/元	金额/元	备注

3. 混合销售

酒水混合销售又称为酒水调制销售。酒水混合销售的控制较为复杂，常用方法是建立标准配方，配方的内容主要包括：酒名、各种调酒配料及其用量、成本、载杯和装饰物等。建立标准配方是为了保证每一种混合饮料的质量统一，同时能够确定各调配材料的标准用量，便于加强成本核算。在混合销售的成本控制中，以标准配方作为基础，这样能有效避免浪费，并能有效指导调酒员调制酒水。另外，酒吧管理程序方面可以按照鸡尾酒的配方，利用还原控制法来实施酒水的控制。

具体方法：

(1) 按照鸡尾酒的配方，计算出每一种酒品在某段时期的使用数量；

(2) 再按标准计量还原成整瓶数。计算公式如下：

酒水的消耗量=配方中该酒水用量×实际销售量

以马提尼酒为例，其配方是金酒 2 盎司，干味美思 0.5 盎司。假设某一时期共销售马提尼酒 200 份，那么，根据配方可计算出金酒的实际用量为：

2 盎司×200 份=400 盎司

每瓶金酒的标准份额为 20 盎司，则实际耗用整瓶金酒数为：

400 盎司÷20 盎司/瓶=20 瓶

(五) 销售指标控制

餐饮销售额是指餐饮产品和餐饮服务的销售总价值。该价值可以是现金形式，也可以是保证未来支付的现金值，例如支票、信用卡等。餐饮销售总额高低通常会受到以下控制指标的影响。

1. 平均消费额

平均消费额是指平均每位客人每餐支付的费用。它反映了菜单的销售效果和餐饮销售工作的成绩，能帮助管理人员了解菜单的定价是否过高或过低，了解服务员和销售员是否努力推销高价菜和饮料。平均消费额的计算方法是：

平均消费额=总销售额÷就餐人数

管理人员应经常注意平均消费额的高低，如果连续一段时间平均消费额都过低，就必须检查食品饮料的生产、服务、推销或定价存在哪些问题。就餐人数应包括当天不同时段来餐厅用餐的总人数。

2. 每座位销售额

每座位销售额是以平均每座位产生的销售额来表示，这一数据可用于比较相同档次、不同饭店的经营好坏程度。计算方法如下：

每座位销售额=总销售额÷座位数

例如：A 餐厅的年销售额为 485 万元，具有餐座 200 个，B 餐厅的年销售额为 250 万元，具有餐座 100 个，A 餐厅的每座位销售额为 485 万元÷200=24 250 元，而 B 餐厅的每座位销售额为 250 万元÷100=25 000 元，可见 B 餐厅的经营效益要好一些。

每座位销售额也常用于评估和预测酒吧的销售情况。在酒吧中，一位客人也许喝一杯饮料就匆匆而去；也许整个下午都在商谈公务，要订几十次饮料。这样难以通过座位销售额的统计来计算这一段时间该种饮料的销售状况。

3. 座位周转率

座位周转率是以一段时间的就餐人数除以座位数而得。具体计算公式如下：

座位周转率=某段时间就餐人数÷（座位数×餐数×天数）

例如，上例中如果 A 餐厅的就餐人数为 24 万，而 B 餐厅的就餐人数为 11 万，两个餐厅每天都供应两餐，它们的年座位周转率分别为：

A 餐厅座位周转数＝240 000÷（200×2×365）＝1.64

B 餐厅座位周转数＝110 000÷（100×2×365）＝1.51

座位周转率反映了餐厅吸引客源的能力。上例中，A 餐厅吸引客源的能力高于 B 餐厅，但每座位产生的收入却低于 B 餐厅，说明 A 餐厅的菜单价格较低或销售低价菜的比例较高。

4. 每位服务员销售量

每位服务员销售量有两种指标。首先以每位服务员服务的顾客人数来表示，这个数据反映服务员的工作效率，为管理人员配备员工、安排工作班次提供基础，也是评估员工成绩的基础。当然，该数据要有一定的时间范围才有意义，因为服务员每天、每餐、每小时服务的客人数是不同的。采用不同餐饮服务方式，每位服务员能够服务的客人数也不同，如高档餐厅不如快餐厅服务的人数多，一天当中早、中、晚餐能服务的客人数也不相同。

其次每位服务员的销售量也可以用销售额来表示。每位服务员的客人平均消费额是用服务员在某段时间中产生的总销售额除以服务的客人数而得。例如某餐厅对服务员一天工作成绩进行比较如表 9－4 所示：

表 9－4　服务员销售对比

	服务员甲	服务员乙
服务客人数	30 人	32 人
产生销售额	9 675.00 元	10 080.80 元
客人平均消费额	322.5 元	315.0 元

上述数据明显地反映出，服务员乙无论在服务的客人人数，还是产生的销售额方面都超过了服务员甲，说明他在积极主动接待客人方面以及工作量方面都比服务员甲出色。但是他服务的客人平均消费额却比服务员甲少，说明服务员乙在推销高价菜、劝诱客人追加点菜和点饮料方面不如服务员甲。

5. 时段销售量

某时段（各月份、各天、每天不同的钟点）的销售量数据对于计划人员的配备、餐饮推销和计划餐厅最佳的开始营业与打烊时间都特别重要。

时段销售量可以用两种形式表示：一段时间内所服务的客人数和一段时间内产生的销售额。例如某咖啡厅下午 3:00—6:00 所服务的客人数为 40 位，产生的销售额为 900 元，而在 6:00—9:00 所服务的人数为 250 位，产生的销售额为 7 000 元。很明显，在这两个时段应配备不同的职工人数。又如某餐厅原定于午夜 12:00 停止营业，但晚上10:00—12:00 只产生 60 元的销售额，管理人员经过计算发现这两小时开业时间的费用和成本会超过收入，因此决定提前停业。

6. 销售额指标

销售额是显示餐厅经营好坏的重要指标。一般时间的销售额指标可以通过下式来计算：

$$\frac{一段时间的}{销售额指标}=\frac{餐厅}{座位数}\times\frac{预计平均每}{餐座位周转率}\times\frac{每位客人}{平均消费额}\times\frac{每天}{餐数}\times 天数$$

由于各餐每位客人平均消费额相差较大，故销售额计划往往要分餐进行。例如：A餐厅计划明年晚餐每位客人的平均消费额为30元，晚餐平均座位周转率为1.6，该餐厅共有座位200个，则A餐厅计划明年晚餐的销售额指标为：

200×1.6×30×365=3 504 000(元)

（六）餐饮销售报表

为了能及时反映餐厅的经营情况，餐厅每日都需编制营业日报表。营业日报表上一般反映各餐厅每餐的就餐人数、销售额和客人的平均消费额等数据。为了综合反映饭店的经营情况，许多企业都将销售报表与成本报表合在一起制作（具体见项目七表7－5餐饮营业日报表）。

 任务实施

1. 案例中李先生缺少对销售过程的严格控制，因而出现了企业利润流失等问题。如果餐厅对销售控制不严，会使餐厅蒙受损失，管理人员忽视销售控制这一环节会造成很大的漏洞。例如，某餐厅售出金额为1 000元的食品，耗用原料的价值为350元，食品成本率为35%。如果餐厅销售控制不好，只得到900元的收入，则成本率会提高至38.9%，这样毛利额就减少100元，成本率就提高了3.9%。

2. 请你说明收银控制的三个重要内容，并解释餐饮销售控制的意义。

3. 请说明酒水销售管理控制的方法，并分析酒水控制的难度，以及如何能有效减少酒水的损耗，提高餐厅经济效益。

任务三 餐饮营销

餐饮营销指餐饮经营者为了促进餐饮产品销售，使宾客满意，并实现餐饮经营目标而开展的一系列有计划、有组织的活动。餐饮营销是一个完整的过程，管理者通过确定企业经营方向，明确营销目标，决定产品、渠道、价格等策略，最终实现人员、价格、渠道、产品、包装和促销等多要素的最佳组合。

北京某四星级酒店的西餐厅有100多个餐位，由于平时客人较少，上座率仅有40%左右，日均营业额总徘徊在5 000元上下。在西方情人节到来之际，餐厅准备推出“烛光晚餐”活动，如果你是该酒店餐饮销售人员，请制定一份餐饮营销策划方案。

基础知识

一、常见餐饮营销方式

（一）广告营销

广告营销是指餐饮企业通过购买某种宣传媒介的时间或空间，来向广大就餐者或特定餐饮市场的潜在宾客进行宣传或推销的一种营销工具，是餐饮业最常用的营销手段。在餐饮营销中，广告必不可少。

1. 电视广告

电视广告形象生动、覆盖面广、重复率高，表现手段丰富多彩、视听并存，是一种感染力很强的广告形式。缺点为播放时间短、成本费用昂贵、制作过程复杂，同时还受到播放时间和频道等因素的限制。该种方式多适合于市场覆盖面广、影响力大的高档酒店或连锁餐饮企业。

2. 广播广告

该种形式的优点是及时性强、重复率高、价格相对较低，实行过程中可采用热线点播、邀请嘉宾互动等形式加强效果。不足之处在于受众面较窄，无法对消费者产生直观的视觉冲击，广告效果差。比较适用于以本地和周边地区消费群体为主要市场的餐饮企业，以及新开张的餐厅。

3. 报纸杂志广告

报纸杂志的特点是传播面广、使用率高、成本较低、便于携带、容易保存等，但同时还存在广告不够醒目、形象性差、出版周期长等弊端。该种方式适合于餐饮企业进行美食节等活动宣传，还可以在报纸杂志上刊登餐厅优惠券，让读者剪下后凭优惠券享受餐厅优惠服务，从而扩大宣传。

4. 户外广告

餐饮企业户外广告包括在道路指示牌、交通工具、建筑物等载体上制作的广告画、广告牌和空中广告等。优点是费用较低、位置醒目、流动性强、可持续时间长。缺点是内容比较简单，应注重突出餐饮产品特色和创造性。这种方式通常适合做餐饮企业的形象宣传广告。

5. 印刷品广告

该种广告形式指在电话号码本、市区地图、旅游指南、旅游景点门票等处刊登的餐饮广告。优点是形式灵活、针对性强、成本低，缺点是不易引起就餐者重视，一般适用于坐落在旅游景区周边、以外地游客为主要消费对象的餐厅。

6. 互联网广告

指利用互联网网站上的广告横幅、文本链接和搜索引擎等方法或专门的美食网站进行餐饮广告宣传的方式。优点在于不受空间和时间限制、制作和修改容易操作、费用较低、消费者选择性强等，但该种方式受到电脑和网络普及程度的影响，一般适合于潜在顾客以年轻人为主、中低档次餐厅的产品宣传。

7. 邮寄广告

指餐厅将商业性信件、餐厅新闻稿件、宣传小册和明信片等直接邮寄给重点客户的广告形式。这种方式较为灵活，针对性强，给人亲切和被重视的感觉，不易引起竞争对手注意，但成本较高、费工费时。多用于巩固老顾客感情、餐厅新开业或举办特殊餐饮活动、推出新菜品活动等情况。

小案例

“御龙塘烤全鱼”的餐饮微信营销

御龙塘烤全鱼位于杭州市临海银泰城4楼，主打产品“烤全鱼”采用杭城沿袭数百年的古法秘方烹制而成，深受消费者喜欢。但是，好东西也需要好的宣传，才能让更多人有口福！御龙塘经过多方考虑，最终选择了借力微信第三方平台进行品牌宣传推广。不到一个月，这家烤鱼店迅速爆红于网络。成功的秘诀总的来说，分为三步骤。

第一步，开通微信红包。御龙塘餐厅商圈周边的人群，只需要扫一扫二维码，关注餐厅微信公众号就可以抢得微信红包。在中国，“送钱”永远是最好的宣传吸引客户的方式。短短3天时间内，每天吸引粉丝800～1 000名，微信公众平台粉丝数量迅速突破3 000个，而且都是本地真实的活跃粉丝。

第二步，当有了足够多数量的本地精准微信粉丝之后，就可以定期通过微信免费推送信息，并向粉丝推送御龙塘的微官网（微官网就是企业在微信上展示自己品牌形象及产品的平台）。

第三步，静候客户光顾。每天都有很多客户通过微信得知在本市有一家全国有名的微信订餐主题的餐厅，门庭若市，财源滚滚。

微信推广方式有其不足之处，通常只能帮助企业吸引到第一次到店的客户，如果企业希望客户能够长期多次重复消费的话，就需要依靠产品和服务的硬实力。

资料来源：http：//www. xuexila. com/success/chenggonganli/479428. html.

（二）餐厅形象营销

餐厅形象营销包括外部形象营销和内部环境营销两个方面。外部形象主要指餐厅的地理位置、外观、店名、装修风格等容易引起消费者注意的部分；内部环境则主要包括餐厅的情调和氛围、卫生和舒适度、服务质量和水平等需要消费者逐渐去感受的部分以及餐厅各类内部宣传品等。

1. 餐厅外部形象营销

（1）店名推销。好的餐厅名字必须既适应目标顾客的层次，增强对顾客的吸引力，同时又反映餐厅的经营宗旨和情调。餐厅名字应易读、易记。一是笔画简洁，从远处容易分辨；二是字数要少，符合一般人的记忆习惯，餐厅名称字数不应超过5个；三是文字排列要规范，竖排避免上下两字连在一起，如“一”与“十”连排容易被误认为“千”，横排应对自左向右念或自右向左念有明确的引导；四是独特性，餐厅名称应含义清楚、与众不同；五是餐厅名字还应易念，尽量避免使用生僻字和容易混淆的字。

（2）招牌推销。一块精致的招牌，能起到点缀餐厅、加深顾客对餐厅印象的作用。餐厅常见招牌形式有霓虹灯，灯箱招牌，直立式招牌，人物、动物造型招牌，壁式招牌和悬吊式招牌等。餐厅招牌的制作要大而醒目，一般印制有餐厅名称、客人就餐图案、餐具和食物照片或餐厅经营理念等，以突出餐厅特色。

(3) 外观和橱窗推销。餐厅外观设计要美观大方，门口和橱窗可摆放或种植花草树木，以给客人增加舒适感；餐厅四周最重要的是保证清洁卫生，特别是树木的叶子和装饰物上面应没有灰尘，追求干净和整洁是现代就餐者选择餐厅的首要因素；另外中低档次的餐厅可在门口或橱窗列出餐厅供应的菜肴及价格，从而吸引客人放心进入餐厅就餐。

2. 餐厅内部环境营销

(1) 气氛和情调。良好的餐厅气氛和情调是客人就餐经历的重要组成部分，应与餐厅的经营风格和档次保持一致，通常通过餐厅的装潢和布局、家具和摆设品、灯光和颜色、音乐和服务方式等烘托出来。例如，外国餐厅的布置要体现异国情调，餐桌上要摆放各国国旗，周围陈列各国民族工艺品，还可现场演奏各国名曲，服务员穿着极具各国民族风情的服装等。

(2) 清洁卫生。餐厅内部的清洁卫生体现在方方面面。首先，大厅地面、桌椅干净整齐，墙壁没有剥落，餐具无破损或污渍，服务员服装干净统一；其次，餐厅的食品生产区，即厨房要保证原材料和整个菜品制作过程的清洁卫生；最后，卫生间往往是餐饮管理者容易忽视的地方，餐厅除保持卫生间基本的干净整洁外，还应配备明亮的镜子、没有杂物的垃圾桶、新鲜的绿色植物等提高客人满意度。

(3) 服务质量和水平。“服务是最好的营销”，餐饮企业服务员应该以熟练的服务技能和高超的服务艺术，获得宾客赞誉，为餐厅树立好的形象。

(4) 餐厅内部宣传品。餐厅最主要的内部宣传品是菜单，除此之外，还有定期印刷的活动目录单、临时制作的菜品宣传册、可让宾客带走做留念的“迷你菜单”等。这些宣传品通常放置在餐厅的电梯旁边、门口，或前厅服务台等处，供宾客随时取阅。

（三）餐饮特色活动营销

为了搞活餐饮经营、活跃客人就餐气氛、提高餐厅和食品的吸引力，餐饮企业可结合行业和自身特点，进行各类特色营销活动。

1. 特殊活动促销

(1) 节日促销。节日是世界各地人们欢聚在一起共同娱乐和庆祝的时光，也是餐饮企业举办各种促销活动的大好时机。随着文化的交流，如中国的春节、国庆节、中秋节和西方的圣诞节、情人节等都可以举办各类活动。餐饮企业在节日期间，应结合各地区的民族风俗习惯和节庆传统组织促销活动，从菜品的品种、摆设，到餐厅装饰和服务员服装，再到餐厅举办的各种游艺活动，都尽量体现节日氛围，满足客人的新鲜感。

(2) 清淡时段促销。餐厅清淡时段指餐厅正常营业周期中的低谷期或个别酒店和餐厅的淡季（如北方地区 2—4 月为宴会的淡季）。餐厅为增加客源和提高座位周转率，可在清淡时段举办各种促销活动。例如常见的方式有咖啡不限次续杯、推出下午茶套餐、个别餐食“买一赠一”或宴会达到一定桌数可以打折等。

(3) 季节性促销。餐厅根据顾客在不同季节的饮食习惯和不同季节中新鲜原材料的供应情况，可制定各种推销活动。例如夏天推出冷饮、解暑菜，冬天推出火锅、砂锅系列菜品等，其中最常见的是时令菜的推销活动。

2. 赠品促销

餐饮企业经常会通过赠送礼品以实现促销的目的，常见的赠送礼品方式有以下几种：赠送给经常光顾餐厅的大客户的商业赠品；在节日或生日之际免费向客人赠送的个人礼品；印有餐厅的推销性介绍、可大量分发的广告性赠品，如打火机、火柴等；还有在抽奖活动中赠送给客人或者根据客人光顾餐厅次数和消费金额的多少给予的礼品等，这部分礼品称为奖励性赠品，多会选择价值较高的物品。为使赠品达到最佳效果，赠品的选择要符合不同年龄接受者的心理需要，赠送的礼品要附上卡片，还需要包装精致。在赠送礼品时，还要尽可能营造热烈的气氛。

3. 食品展示促销

指利用视觉效应，吸引顾客进餐厅就餐，激发顾客的购买欲望，并刺激客人追加点菜。常见的食品展示促销方式有以下四种。

（1）原料展示促销。原料展示的目的是让客人相信餐厅使用的原材料都是新鲜的，所以陈列原料的基本要求是“鲜”和“活”。常见的方式就是经营海鲜的餐厅在门口用水族箱饲养一些鲜活鱼虾，供顾客挑选。此外，原料展示要注意视觉上的舒适感，如牛蛙、蛇等食材的展示则会产生适得其反的作用。

（2）成品陈列促销。餐厅将烹制特别美观的菜品陈列在展示柜里，强化顾客对于产品的直观感受，从而起到促使客人购买的作用。应该注意的是，可做陈列促销的菜品应是暂时放置一段时间不会发生变色和变质的菜品，甜点、色拉和酒水的陈列往往推销效果较好。

（3）推车服务促销。指餐厅安排服务员推着装有点心、菜肴的小车，行走于座位之间向客人推销的方式。推车上的菜品多为客人冲动性购买决策商品，即客人如果看不到这些菜品，不一定产生购买动机，但看到后就可能冲动性地产生购买动机和行为，所以推车服务促销是增加餐厅额外销售额的有效措施。

（4）现场烹饪促销。该种促销方式多用在西餐厅或高档餐厅中，通过在客人面前现场烹饪，食物在制作过程中散发出的香味和声音会激发客人兴趣，使其产生想要品尝的欲望。现场烹饪促销要注意做到几点：食物原料外观新鲜完整，选择烹调方法简单且速度快的食物，烹调器具保持清洁光亮等。

（四）员工推销

餐饮企业应树立全员营销的理念，任何一名工作人员都有帮助企业招揽顾客、推销产品的责任。餐饮员工推销包括形象、语言和电话推销三种方式。

1. 员工形象推销

服务人员清新的工作服、适宜的妆容、规范的仪表、真诚的微笑等都是对餐饮产品的无形推销。餐厅一线服务员着装的统一要求是：清洁整齐、有统一感，强化企业形象，兼具功能性和推销性。

2. 员工语言推销

服务员推销餐饮产品时，应注意使用以下几点语言技巧：

（1）主动服务，抓住机会。主动服务首先表现为主动招呼，这一服务方式能对吸引顾客发挥很大作用。例如，有的顾客走进餐厅，环视一下四周便准备离开，这时如果服务员主动上前，热情问候“先生中午好，欢迎光临”，同时引领顾客入座，顾客可能就会选择在本餐厅用餐。主动服务还强调在待客过程中，注意观察顾客需要，主动上前提供服务。例如，在餐饮企业负责提供酒水的宴会中，餐厅应多准备酒水饮料，当看到顾客杯子空了时，立刻斟满。这样宴会过程中出现饮酒高潮时，顾客就不会因为杯中无酒而错过，餐厅的酒水销售量自然会增加。

（2）熟悉产品，适时介绍。餐饮一线服务员要熟悉菜单产品的相关内容，包括主料、配料、烹饪方法、制作时间和口味等。在此基础上，服务员才能根据客人的特点有针对性地推荐相应菜品。首先，推销过程中，服务员应尽量推销高价菜，并适时地帮助客人做出点菜决定。其次，菜品的介绍要能充分调动客人的购买欲望，除介绍菜品基本知识外，还可以强调菜品的烹调特点和典故来历，以引起客人的兴趣。再次，基于消费者对菜品的品尝和评价会受到多种因素的影响，服务员对菜品的介绍要强调“新”和“独特”，如“本餐厅的特色菜”“本季节的时令菜”等，从而影响和引导顾客对于菜品的评价。

（3）提高档次，增加销售。餐饮企业员工的语言推销有三种类型。一是自动销售，即顾客主动要求点菜，服务员被动提供菜品，没有通过介绍和推荐菜品等服务方式增加销售机会。自动销售最容易，也最普遍，服务员对菜品推销的作用最小。二是提高档次销售，即服务员通过推荐和介绍引导客人改点高价菜品。例如，如果遇到客人准备点低档菜品时，服务员可以提醒说：“××是我餐厅知名厨师烹制的特色菜，您要不要换换口味?”这种推销可增加餐厅收入，对餐厅的利润贡献较大。三是制造性销售，即通过服务员适当推销，使得原本没想购买或犹豫不决的顾客决定购买某种餐饮产品。这种推销对服务员的推销技巧和服务热情要求较高，对餐厅的贡献也最大。

参考资料

点菜员如何做好与客人初次见面时的寒暄?

1. 眼神交流时应从正面与对方目光相交

点菜员的目光应是坦然、和善、热情的，注视位置应以对方双眼为底线、唇部为顶角的倒三角形区域内，这种正面与对方目光相交的注视令人感到舒服且有礼貌，一种和谐的社交气氛也会随之营造出来，让客人感到友善。

2. 身体略向前倾、面带微笑

身体略向前倾表示友善、谦恭。微笑是人内心喜悦的自然流露，它是自信、礼貌的表示，是真诚、热情、友好、尊敬、赞誉的象征，面带微笑给客人带来的感受是宽慰。

3. 精神饱满地与客人交流

精神饱满是健康体魄的象征，点菜员与客人交流时，要保持精神饱满，切勿萎靡不振，更不能对客人的疑问置之不理。

4. 根据表情确定寒暄内容

不同的客人表情不同，点菜员与其寒暄的内容也不尽相同。

第一，对于喜上眉梢的客人，可以用同样的微笑问候客人“您好”。

第二，对于忧郁、闷闷不乐的客人，点菜员应加倍关心，主动问候：“天气寒冷，请到里面靠暖气的位置坐下点菜可以吗?”这种嘘寒问暖、关心客人的态度，可以让客人忧郁的心情有所缓解。

第三，表情热烈的客人多半是战友、同学、同乡久别重逢，点菜员要以祝贺的语气欢迎大家到餐厅就餐。

第四，对于表情严肃的客人，点菜员对其寒暄时要真诚而且有度，不能频繁与其交流，否则会引起对方的反感。

资料来源：段青明. 餐厅员工服务细节培训手册. 北京：人民邮电出版社，2012：138.

3. 员工电话推销

电话推销是指餐饮销售人员与宾客通过电话进行的双向沟通。工作人员要善于运用自己的听觉，在很短时间内了解和判断顾客的要求、意图和情绪。推销过程中语音语调要悦耳、礼貌，表达要精准，重点应突出，并做好电话记录。电话推销不宜确定细节性内容，因此还需要注意跟客人商定面谈。

小案例

一元钱吃一斤基围虾

20 世纪 90 年代中期，南京某新开业的酒店推出了"一元钱吃一斤基围虾"的宣传促销活动，活动的第一天 50 张餐桌全部满座，销售基围虾 300 余斤，各式各样的消费者都有，有点了基围虾再要其他菜肴的，但一多半几乎是光要基围虾的。有人说这家酒店的老板是傻瓜，也有人讲这家酒店的经营者精明。负责酒店财务工作的经理是这么认为的："推出基围虾特价销售后，每斤虾贴 60 元，300 斤是 18 000 元，等于部分广告开支，我们是用一种常人罕用但印象深刻的方法做了次广告。"

资料来源：李勇平. 餐饮服务与管理（第四版）. 大连：东北财经大学出版社，2010：189.

二、餐饮营销策划

餐饮营销策划是餐饮企业针对未来的营销行为和活动，围绕某一具体目标，整合相关资源，充分激发创意所进行的筹划。这种筹划建立在餐饮企业充分了解市场环境和竞争形势的基础上，通过综合考虑企业自身资源条件和优劣势，以及外界的机会与威胁，编制出程序化、规范化、与目标一致的行动方案，并从构思、分析、创意到拟定策略，再进行实施、跟踪、调整和方案的评估。餐饮营销策划的三个关键点是创意独特、目标明确和操作性强。

（一）餐饮营销策划的特点

1. 创新性

餐饮营销的策划过程就是发挥团队创造性思维的过程。只有先有了好的创意，再提炼出主题，才能衍生出各种方案，并加以实施。餐饮营销多是围绕某一问题或具体目标展开的，要想在激烈的市场竞争中脱颖而出，餐饮企业必须具有创新性，打破传统思维定式，充分发挥想象力，运用新颖的构思、周密的策划，呈现出最好的营销效果。餐饮营销的创新包括菜品的创新、价格和渠道的创新、促销方法的创新、技术的创新以及多种营销方式的组合创新等。

2. 应变性

营销策划是根据事物之间的内在关系，对餐饮企业未来的营销行为进行的当前决策，提供在将来可供选择的一种行动方案。但从制定到实施方案往往需要很长时间，餐饮企业会受到来自企业内部和外部环境，以及各种突发状况的冲击和影响，这些因素都可能会使精心策划的营销方案难以实施，因此餐饮营销策划要具有较强应变性。一方面，餐饮企业应对可能发生的各种情况进行周密分析，建立相应预警系统，制定防范措施；另一方面，一旦发生影响餐饮营销策划顺利实施的意外事件时，餐饮企业要即刻采取应变措施，降低因此带来的不良影响，努力达到预期目标。

3. 可行性

餐饮营销策划制定的出发点是为了实现某一具体目标和任务，因此策划不能抽象，要充分考虑操作的可行性。所谓可行性是指餐饮企业在目前的人、财、物和信息等资源条件约束下，餐饮营销策划可以实现的程度。可行性高的策划在制定过程中应具备完整和具体的内容、严密的程序和行动步骤、易于操作的实施方案等。在实施过程中则需要原料供应商、消费者、各类新闻媒体和社会公众等多方面的密切配合、积极参与，让其了解方案的可行性，以确保策划方案的顺利实施。

（二）餐饮营销策划的基本程序

餐饮营销策划是一个科学与艺术相结合的过程，具有较强的逻辑性，包括六个基本步骤，依次是确定目标、分析环境、创意策划、制定方案、具体实施和评估绩效。

1. 确定餐饮营销策划目标

确定目标是开展餐饮营销策划工作的第一步。只有明确了餐饮营销策划要解决的问题或要达到的目标，才可为整个餐饮策划明示方向，并且奠定良好基础。

2. 分析餐饮企业内外部营销环境

（1）分析内部环境。指正确认识餐饮企业自身的竞争优势和劣势。包括企业地理位置和就餐环境如何，餐饮产品的知名度和美誉度高低，餐饮服务设施是否齐全、档次如何，管理和服务水平是否具有竞争力等。

（2）分析外部环境。指餐饮企业面临的市场状况和竞争者状况。主要分析消费者市场的需求和购买行为，分析行业竞争者的竞争情况，以及如何确定细分市场和选择目标顾客等。

3. 进行餐饮营销创意策划

创意是通过对现实存在事物的理解以及认知，所衍生出的一种新的抽象思维和行为潜能①，即不同于别人的构思和想法。就餐饮企业而言，创意是餐饮营销策划的核心，直接关系到营销策划的成败。餐饮营销创意策划是一个完整的过程，主要包括以下三个方面：

（1）促销创意。

（2）产品创意。包括环境布置、菜肴组合、服务方法等方面的创新。

（3）定价创意。结合不同的餐饮活动特点和消费者需求，可采用各种心理定价策略，如整数定价策略、尾数定价策略、声望定价策略等。

4. 制定营销策划书

创意完成后，应由餐饮销售人员制定营销策划书，即餐饮营销策划方案。完整的营销策划书应包括以下八项内容。

（1）封面。封面的构成要素包括呈报对象、营销策划名称、策划者姓名、所属部门、呈报日期、编号及总页数等。

（2）目录。通过目录可以让阅读者对策划书有概括的了解。在目录中具体应该有主标

① http：//baike. so. com/doc/3849922 - 4042244. html.

题、附件或资料及其页码。

（3）前言。前言中要清楚表述方案所阐述的重点问题，包括策划目的和意义、策划书的内容、希望达到的效果、致谢等。

（4）环境分析。即分析餐饮企业在实施本次营销策划过程中所面临的内外部形势。

（5）创意展示。具体介绍针对于本次餐饮活动的促销、产品和定价方面的创意内容，这是营销策划书的重点。

（6）活动目标。明确活动举办所要实现的目标或改善的重点。包括经济收入目标、社会效益目标等。

（7）任务分配。说明本次营销活动的举办需要哪些部门的配合。

（8）实施日程安排。对策划方案的各工作项目，按照实施时间的先后顺序排列，形成实施时间表。

5. 实施餐饮营销方案

餐饮营销方案制定并经销售决策人员通过后，就进入具体实施阶段。实施过程中，相关负责人应对营销策划进行监督和管理，保持策划的连续性和权威性，尽量减少人为因素产生的随意更改。

（1）准备工作。正式活动开始前，要做好相关准备工作，以迎接客人的到来。包括餐厅布置、餐桌摆放、灯光音乐的调试、分配任务等。

（2）引领服务。明确引领员的具体工作，体现餐厅的细微和创意之处。

（3）餐桌服务。明确盯台服务员和传菜员的具体工作，注意服务工作与进餐节奏的配合。

6. 评估方案实施的绩效

活动结束后，餐饮企业应对方案的设计效果做出科学评价，衡量费用预算、经济效益等是否达到预期目的，以及餐厅的知名度、美誉度是否因此得到提高等。

任务实施

通过综合考虑，以及与相关各部门的沟通，该餐厅情人节“烛光晚宴”活动的营销策划方案简单介绍如下：

1. 确定目标

该餐厅举办本次活动的目的是吸引客源、增加营业额、扩大餐厅的知名度。

2. 分析营销环境

第一，需求预测。北京作为中国一线大城市，交通发达、信息便捷，年轻人非常喜欢追求时尚消费。每年情人节到来之际，到处可见手捧鲜花的情侣，而且各类餐厅都被情侣占满。

第二，购买行为分析。西餐在普通消费者中的受欢迎程度不高，但由于情人节是西方传统节日，加之西餐厅安静优雅的环境，适合情侣们谈情说爱。因此，环境好的西餐厅会成为情侣们的就餐首选地。

第三，行业竞争者分析。该餐厅所在区域内，中高档的西餐厅有十几家，远远无法满足情人节当天的市场需求。因此，该酒店西餐厅应在情人节当天扩大服务规模，最大限度地接待消费者。

3. 进行策划创意

第一，促销策略。情人节到来的前十几天，酒店营销部应选择在当地销量较大、目标顾客是年轻人的报刊刊登广告，在酒店门口或酒店内部张贴宣传画、发放小册子等。西餐厅接受提前七天预订。

第二，产品策略。根据情人节特殊要求，西餐厅当天应提供温馨的环境、高品位的“情侣套餐”和适宜的服务。套餐以西餐为主，伴有体现浪漫情调的红葡萄酒，菜品名称可为“红粉佳人”“心心相印”等。

第三，定价策略。情人节当天，套餐供应将呈现供不应求的状况，同时考虑消费者的心理需求，餐厅可采取高价与吉祥尾数定价相结合的策略，例如399元，意为“天长地久”。

根据以上三方面分析，餐饮销售人员可编制“营销策划书”，报送相关决策人员。批准后，该营销方案即可实施。

项目小结

本项目通过三个任务实施过程介绍了餐饮销售管理的基本内容。销售管理是餐饮企业管理的重要组成部分，也是实现餐饮企业利润最大化的有效手段。通过本项目学习，学生可以了解餐饮企业产品定价、销售和营销的基本知识，理解餐饮产品的定价目标和各种销售额指标，掌握制定餐饮产品价格的基本方法与常见的定价策略、多种餐饮产品销售控制的方法和餐饮企业常见的营销方式，并综合本项目所学知识，根据企业具体情况，制定详细的营销策划方案。

思考与练习

1. 常见的餐饮产品定价方法有哪些?

2. 餐厅定价策略是仅仅选用一种，还是组合使用?说出一个案例，并进行分析。

3. 如何有效地做到点菜单的核对检查?

4. 如何做到餐饮收银控制中的“三线两点”?

5. 请说明酒水销售管理控制的方法，并分析酒水控制的难度。如何能有效减少酒水的损耗，提高餐厅经济效益?

6. 常见的餐饮销售指标有哪几个?各个指标如何实现对餐饮销售活动控制的目的?

7. 分析各种广告营销方式的优缺点是什么，以及它们分别适用于哪种餐饮企业或餐饮产品。

8. 常见的餐饮特色营销有哪几种?

9. 完整的餐饮营销策划书应包括哪些方面的内容?

参考文献

[1] 易红燕，李萍娥. 餐饮服务与管理. 天津：天津大学出版社，2011.
[2] 何丽萍. 餐饮服务与管理. 北京：北京理工大学出版社，2014.
[3] 桂佳. 餐饮服务与管理. 北京：对外经济贸易大学出版社，2013.
[4] 李勇平. 餐饮服务与管理（第四版）. 大连：东北财经大学出版社，2010.
[5] 宋春亭，刘志全. 旅游饭店餐饮服务与管理. 郑州：郑州大学出版社，2006.
[6] 杨慧. 餐饮服务与管理. 成都：电子科技大学出版社，2009.
[7] 王志民，吉根宝. 餐饮服务与管理. 南京：东南大学出版社，2007.
[8] 汪焰，董鸿安. 餐饮服务与管理（第二版）. 上海：华东师范大学出版社，2015.
[9] 刘勇，马磊. 餐饮服务与管理（第二版）. 北京：化学工业出版社，2012.
[10] 孟庆杰，李正喜，刘颖. 餐饮服务与管理. 北京：首都经济贸易大学出版社，2011.
[11] 段青明. 餐厅员工服务细节培训手册. 北京：人民邮电出版社，2012.
[12] 陈觉. 餐饮服务要点及案例评析. 沈阳：辽宁科学技术出版社，2004.
[13] 杜建华. 酒店餐饮服务技能. 北京：清华大学出版社，北京交通大学出版社，2009.
[14] 沈群. 餐厅服务手册（第二版）. 北京：旅游教育出版社，2009.
[15] 姜文宏，王焕宇. 餐厅服务技能综合实训（第二版）. 北京：高等教育出版社，2006.
[16] 冯飞. 餐饮服务与管理一本通. 北京：化学工业出版社，2012.
[17] 王生平，腾宝红. 餐饮管理365天超级管理手册. 北京：人民邮电出版社，2013.
[18] 吴克祥. 餐厅领班读本. 沈阳：辽宁科学技术出版社，2004.
[19] 马开良. 现代厨房管理. 北京：旅游教育出版社，2013.
[20] 姜文宏. 餐厅服务. 北京：高等教育出版社，2015.
[21] 李晓冬. 现代饭店管理理论与实务. 北京：中国人民大学出版社，2013.
[22] 朱蔚琦，何炬. 现代餐饮管理. 武汉：武汉理工大学出版社，2010.
[23] 王志敏，许莲. 餐饮服务与管理实务. 南京：东南大学出版社，2014.
[24] 吴呤颗. 餐饮服务与管理实训教程. 上海：上海财经大学出版社，2008.
[25] 朱水银. 餐饮原料采购与管理. 上海：上海交通大学出版社，2012.
[26] 邵万宽. 现代厨房生产与管理（第二版）. 南京：东南大学出版社，2014.
[27] 马开良. 现代厨房管理. 北京：旅游教育出版社，2015.
[28] 陈玉伟. 厨房综合管理. 北京：中国物资出版社，2011.
[29] 钱蕾蕾，陈长芳，辛燕，等. 最新厨房管理案例精选. 济南：山东出版传媒股份有限公司，山东数字出版传媒有限公司，2015.